KB170174

감정평가사가 알려주는
스타트! 소액 특수 경매

Copyright ⓒ 2022, 차건환
이 책은 한국경제신문*i*가 발행한 것으로
본사의 허락 없이 이 책의 일부 또는 전체를 복사하거나 무단 전재하는 행위를 금합니다.

감정평가사가 알려주는

스타트!
소액 특수 경매

차건환 지음

한국경제신문*i*

특수 경매(물건)에 입문하는 분들께

특수 경매라는 영역에 입문하는 대다수의 분들은 특수 경매 물건은 권리상 하자나 법적인 문제만 해결하면 바로 수익이 실현된다고 생각한다. 하지만 이것은 착각이다.

시중의 책이나 매체들은 법적인 문제를 해결하는 소송의 지엽적인 부분만을 서술하고 부각시킨다. 이를 본 독자들은 이런 내용의 공부가 끝인 것으로 판단한다.

정작 중요한 것은 법적인 문제나 권리상 하자가 해결이 되어도 마무리가 안 되어 어쩔 수 없이 보유하게 되는 물건이 있고, 문제 해결이 안 되더라도 잘 팔리는 물건이 있다는 것이다. 즉 하자나 문제 해결만으로 끝이 아니고 수익을 실현해야 진정한 끝이라는 것을 알아야 한다.

그러기 위해서는 결국엔 하자의 해결 여부와 상관없이 마무리가 가능한 돈이 되는 물건을 선별하는 능력이 있어야 한다.

이 책에 소개한 다양한 실전 사례를 보면서 하자와 상관없이 매도가 가능한 물건을 선별하는 각자의 기준을 뽑아볼 수 있을 것이다.

책에서 미흡한 부분은 앞으로 강의를 통해서 여러분에게 물건을 선별하는 요령을 제시할 것이다.

특수 경매의 수준을 한 단계 업그레이드

필자가 부동산 법원 경매와 인연을 맺은 지 어언 20년이 지났다. 초기에는 특수 경매에 관한 폭넓은 인식도 없었을뿐더러 특수 경매 투자자도 특별한 지식보다는 용기만으로도 수익을 쉽게 창출할 수 있는 시장이었다.

시간이 흐르면서 특수 경매 분야의 문턱도 낮아지고 다양한 교재와 강의가 나오고 있다. 소설류의 무용담에서부터 세밀한 이론을 정리한 교재도 발간되고 있고, 초기 유명세를 떨친 강사의 고액강의에도 수강생들이 줄을 설 정도가 되었다.

그런데도 몇몇을 제외하고는 특수 경매 투자에서 만족할 만한 성과를 이끌어내지 못하고 있다.

많은 이유가 있겠지만 급한 마음에 이론적인 공부를 생략하고 바로 고액의 실전 투자반 또는 물건 추천을 통해서 바로 투자 수익을 실현하려고 한다.

물건을 처리하고 해결하는 과정은 다사다난한 경우가 많은데, 강사가 끝까지 케어해주는 경우는 많지 않다. 여기에서 수강생들은 실망하고 결국은 특수 경매를 포기하게 된다.

최소한 이 책이라도 학습하고 실전 투자반을 경험하시길 바란다. 이 책은 실전 투자에서 일어날 수 있는 다양한 상황을 간접적으로 체험해 보면서 이론 중심의 강의와 실전 투자에서 발생하는 괴리감을 최소화하는 데 도움을 드리려고 한다. 이 책 한 권으로 이론과 실전 사례를 동시에 학습하는 효과를 얻을 것이다.

부동산 경기와 규제의 무풍지대, 특수 경매

세계적으로 미국이나 중국에서 다양한 경제 이슈가 쏟아지고 있다. 대표적으로 미국의 테이퍼링(tapering)정책과 맞물려 금리 인상에 대한 빈번한 대두와 현실적으로 에너지 가격 급등에 따른 인플레이션 압력을 예상하고 있다. 중국 내 2위 부동산 건설업체인 헝다그룹의 파산 시나리오가 점차 현실화하고 있다.

이에 따라 우리나라 역시 주가지수가 3,000포인트를 넘나들며 불안정한 방향성을 보이고 있다.

정책적으로도 현 정권에서는 예전에 비해 더욱 강력한 세제 정책으로 부동산 투기를 근절하려는 의지를 보이고 있다. 보유 주택의 수에 따른 규제, 부동산 대출의 제한 등으로 소액 투자자들은 갈 곳을 찾지 못하고 있다.

또한 2022년은 자산 거품이 꺼지는 쪽으로 전망하는 경제학자들의 의견이 쏟아지고 있다.

이러한 상황에서 막연하게 수도권의 집값 상승을 추종하기보다는 방향성이 확정될 때까지는 특수 경매 분야로 전환하는 것을 추천한다. 한번 배워두면 평생 활용이 가능한 강력한 투자 무기로 추가할 수 있을 것이다.

일정 수준이 될 때까지는 한 우물만 파야 한다

필자가 이제까지 접해본 투자자들을 보면 이 강의, 저 강의 두루두루 섭렵하는 경향이 많다는 것을 느꼈다.

그 마음을 이해하지 못하는 것은 아니다. '이 강의에는 뭔가 있겠지? 저 강의에도 뭔가 있겠지?'라는 기대감 때문일 것이다.

한 분야에서 뚜렷한 결과물이 없다 보니 늘 방황하게 된다. 배운 게 많으니 당장은 어디 가서 조금 아는 체는 할 수 있지만, 시간이 지나면 우리의 기억 저편으로 사라지게 된다.

예를 들면 단독주택의 구옥을 철거하고 신축을 위한 토지의 조건이나 건축의 허가 등에 관해 비싼 수강료를 내고 배울 때는 새로운 세상을 접한 것처럼 희열을 느끼지만, 배운 내용을 바로 실천하고 진행하는 수강생은 거의 찾아볼 수 없었다.

그렇게 되면 이제껏 배운 것은 잊어버리게 된다. 따라서 당장 실행할 여건이 안 되는 분야는 사전단계로 비싼 수강료보다는 저렴하지만 효율적인 책을 통한 학습을 권한다.

부디 한 분야에서 결과를 내보고 필요에 따라 다양한 강의를 수강하길 바란다. 수익과 직결되지 않는 고액의 유명강의는 일시적인 지식의 희열만 충족시켜줄 뿐이다.

책의 수준은 높아졌지만 큰 변화가 없는 강의 행태

필자가 2000년 초 모 경매 정보업체의 부동산 경매 과정을 수강했던 적이 있다. 약 5명의 강사가 진행했고, 나름의 체계적인 학습을 기대하면서 첫 수강을 했다. 하지만 필자의 기대는 첫날부터 어긋나버렸다. 강의 때마다 강사들의 자랑으로 진행이 되었다. 결국에는 경매 과정 수료장만 손에 쥐게 되었다.

지금은 필자의 지인들에게서 다양한 강의와 후기를 접할 수 있다. 수

강할 만한 강의도 있지만, 아직도 예전의 강의 행태를 벗어나지 못하고 수강생들의 피 같은 돈만 챙기는 강의가 심심치 않게 귀에 들린다.

어떤 경우는 시중의 물건 추천반에서 수강료만 챙기고 수강생 낙찰 물건의 처리 상담을 하려면 강사가 타박해서 할 수 없이 필자에게 문의하는 경우도 자주 있다. 한편으로는 황당하기까지 하다.

적어도 고액의 강의로 추천한 물건이라면 마무리까지 관심을 가져주는 강의 풍토가 자리 잡았으면 하는 바람이다.

이 책의 출판에 도움을 주신 '스피드옥션'의 송재근 이사님께 감사의 말씀을 드리고 싶다.

끝으로 필자에게 늘 애정 어린 조언과 격려를 아끼지 않으신 두드림미디어 한성주 대표님, 원고의 교정에 심혈을 기울여주신 직원 여러분께도 진심으로 감사의 말씀을 전한다.

차건환

차례

PART 03　가등기

PART
01

법정지상권

법정지상권의 탄생배경

우리나라 법제에서는 토지와 건물을 별개의 부동산으로 본다. 따라서 독립한 거래가 가능하다. 토지와 건물이 각각 다른 사람에게 귀속되면 건물 소유자는 아무런 권원 없이 타인의 토지를 사용하는 결과가 된다. 토지 소유자가 철거하길 원하면 건물을 철거당할 처지가 되고, 사회경제적으로도 상당한 손실이 생긴다. 법정지상권은 이를 방지하기 위해 만들어졌다.

> **민법 제366조**(법정지상권)
> 저당물의 경매로 인하여 토지와 그 지상 건물이 다른 소유자에 속한 경우에는 토지 소유자는 건물 소유자에 대하여 지상권을 설정한 것으로 본다. 그러나 지료는 당사자의 청구에 의하여 법원이 이를 정한다.

법정지상권은 당사자의 계약에 의하지 않고 법률의 규정에 의해 당연히 성립되는 권리다. 어떤 원인으로 토지와 건물의 소유자가 달라지면, 토지 이용권에 대한 분쟁이 발생할 수 있다. 이때 건물을 철거하지 않고 그대로 유지하는 것이 사회·경제적으로 바람직하다는 차원에서 인정된 제도다.

법정지상권의 종류

법정지상권에는 6가지의 종류가 있다. 이 중 경매 물건에서 가장 많이 취급되고 중점적으로 알아야 할 것은 2가지인데, '저당권과 법정지상권'과 '관습법상의 법정지상권'이다.

1 건물의 전세권과 법정지상권

대지와 그 지상 건물이 동일인의 소유에 속한 경우에 건물에 대해서만 전세권을 설정한 후 경매 등 사유로 대지 소유자가 변경된 경우 대지 소유자는 전세권 설정자에 대해 지상권을 설정한 것으로 본다(민법 제305조 제1항).

2 저당권과 법정지상권

토지와 그 지상 건물이 동일인에게 속한 경우에 적어도 어느 하나가 저당권이 설정된 후 경매로 인해서 토지와 건물의 소유자가 다르게 된 때는 토지 소유자는 건물 소유자에 대해 지상권을 설정한 것으로 본다(민법 제366조).

3 가등기담보권과 법정지상권

토지와 그 지상 건물이 동일인에게 속한 경우에 그 토지 또는 건물에 가등기담보권, 양도담보권 또는 매도담보권이 설정된 후, 이들 담보권의 실행 또는 담보가등기에 기한 본등기가 이루어져 토지와 건물의 소유자가 다르게 된 때는 건물의 소유를 목적으로 토지 위에 지상권이 설정된 것으로 본다('가등기 담보 등에 관한 법률' 제10조).

4 입목법과 법정지상권

토지와 그 지상의 입목이 동일인에게 속한 경우에 경매 기타의 사유로 토지와 입목의 소유자가 다르게 된 때에는 토지 소유자는 입목의 소유자에 대해 지상권을 설정한 것으로 본다('입목에 관한 법률' 제6조).

5 관습법상의 법정지상권

토지와 그 지상의 건물이 동일한 소유자에게 속했다가 토지 또는 건물이 매매나 기타 원인으로 인해서 양자의 소유자가 다르게 된 때에는 그 건물을 철거하기로 하는 합의가 있었다는 등의 특별한 사정이 없는 한 건물 소유자는 토지 소유자에 대해서 그 건물을 위한 관습상의 지상권을 취득하게 되고, 그 건물은 반드시 등기가 되어 있어야만 하는 것이 아니고 무허가건물이라고 해도 상관이 없다(대법원 1991. 8. 13. 선고 91다16631 판결).

6 분묘기지권과 법정지상권

자기 소유의 토지에 분묘를 설치한 자가 분묘에 관해서 별도 특약 없이 토지만을 타인에게 처분한 때에 성립한다(판례).

법정지상권의 성립요건(민법 제366조)

1 토지에 저당권이 설정될 당시 건물이 존재해야 한다

법정지상권이 성립하려면 토지에 저당권이 설정될 당시 건물이 존재해야 한다. 무허가거나 미등기 건물도 상관이 없다.

토지에 저당권설정 당시 지상 건물의 건축 정도는 저당권이 설정될 당시 그것이 사회관념상 독립된 건물로 볼 수 있는 정도에 이르지 않았다 하더라도 건물의 규모, 종류가 외형상 예상할 수 있는 정도까지 건축이 진전되어 있었다면 가능하다. 그 후 경매 절차에서 매수인이 매각대금을 다 낸 때까지 최소한의 기둥과 지붕 그리고 주벽이 이루어지는 등 독립된 부동산으로써 건물의 요건을 갖춘 경우에는 법정지상권이 성립한다(대법원 2011. 1. 13. 선고 2010다67159 판결).

창원지방법원에서 사용하는 소유권이전등기 촉탁신청서

법정지상권 관련 사안(완화)

강제집행과 관련 사안(엄격)

강제집행과 관련된 사안 - 엄격

법정지상권 관련 사안인 건물 상태를 보면 법 적용 기준이 완화된 것으로 보인다. 그러나 강제집행과 관련된 사안인 실무에서는 엄격하게 적용되고 있다.

공정율이 80% 정도라고 해도 건물의 골조가 완성되고 내부 미장공사나 배선 등만이 남은 경우 '완성된 건물'로 본다. 그래야 경매 신청의 대상으로 판단한다.

말소된 선순위근저당이 건물 존재의 기준시점이 되었다 - 말소된 시점이 중요

낙찰자는 감정가액 112,757,400원인 지상의 건물(주택)을 신축이다 보니 높은 입찰경쟁률을 의식해서 신건 최저가의 172%인 75,615,000원에 낙찰받았다. 높은 경쟁률을 뚫고 낙찰은 받았지만, 낙찰가율을 감안한다면 단기매도계획은 잠시 유보해야 한다.

건물주와의 협상이 여의치 않자 건물주를 상대로 '건물철거 및 토지인도(지료포함)청구'를, 임차인을 상대로 '퇴거청구'의 소를 제기했다(대구지법 2019가단11118).

● 쟁점 사항

법정지상권 성립이 가능한 건물의 존재를 판단하는 시점을 어느 근저당으로 할 것인가?

【 을 구 】 (소유권 이외의 권리에 관한 사항)				
순위번호	등 기 목 적	접 수	등 기 원 인	권리자 및 기타사항
1	근저당권설정 **어느 시점에 선순위 근저당이 말소되었는지 체크한다.**	2009년9월18일 제25698호	2009년9월18일 설정계약	채권최고액 금292,500,000원 채무자 주식회사답건축 대구광역시 북구 고성동3가 ●● 근저당권자 주식회사대구은행 170111-0000141 대구광역시 수성구 수성동2가 ●● 공동담보목록 제2009-470호
2	지상권설정	2009년9월18일 제25699호	2009년9월18일 설정계약	목 적 건물 기타 공작물이나 수목의 소유 범 위 토지의 전부 존속기간 2009년 9월 18일부터 30년으로 한다. 지 료 무료 지상권자 주식회사대구은행 170111-0000141 대구광역시 수성구 수성동2가 ●● (상인남지점)
3	근저당권설정	2009년12월24일 제35230호	2009년12월24일 설정계약	채권최고액 금200,000,000원 채무자 주식회사답건축 대구광역시 북구 산격동 ●●●● ●● ●● 근저당권자 이동● 591120-******* 대구광역시 달서구 진천동 ●● 공동담보목록 제2009-632호
4	근저당권설정 **경매 신청 채권인 근저당**	2009년12월29일 제35520호	2009년12월28일 설정계약	채권최고액 금100,000,000원 채무자 주식회사●건축 대구광역시 북구 산격동 ●●●● ●● ●● 근저당권자 신순란 760418-******* 대구광역시 달성군 논공읍 북리 ●●●
5	3번근저당권설정등	2010년11월5일	2010년11월4일	

◎ 피고(건물주)의 주장

경매 신청 채권자가 근저당을 설정한 2009년 12월 29일 당시 건물의 규모와 종류를 알 수 있는 정도로 건축이 진행되었다. 이미 이 사건에 각 건물이 있었으므로, 임의경매를 통해 이 사건 토지 소유권이 원고(낙찰자)에게 넘어갔을 때 피고는 법정지상권을 취득한다.

◎ 법원의 판단

피고 B(건물주)에 대한 법정지상권 성립이 부정됨으로써 피고 C(임차인)의 퇴거 의무가 없다는 항변도 이유없다(기각).

이 사례의 판결문 일부(피고 B: 건물주)

> 이때 소멸은 후순위 근저당 설정 이후를 말하며 후순위 근저당이 설정되기 전에 소멸한 선순위 근저당은 의미가 없다.

> 1) 2개 이상의 저당권이 설정된 토지에 법정지상권이 성립하려면, 최선순위 저당권 설정 당시 토지 위에 건물이 있어야 한다. 선순위 저당권이 변제 등의 이유로 소멸됨으로써 나중에 설정된 저당권의 순위가 올랐더라도 마찬가지이다. 후순위 저당권을 설정받은 사람은 최선순위 저당권 설정 당시 건물이 없었다면 법정지상권이 생기지 않을 것으로 믿고 토지 가치를 평가했을 텐데, 앞선 저당권이 소멸한다는 우연한 사정으로 예상치 못한 손해를 입게 해서는 안되기 때문이다.

3) 피고 B은 2009. 7. 16. 영천시장에게, 이 사건 토지 일대에 2층 규모 주택 15채를 짓겠다고 신고했다(을나 제3호증). 그 후에야 공사가 시작되었을 이 사건 각 건물이, I은행이 근저당권을 취득할 2009. 9. 18. 즈음에는 규모와 종류를 알아볼 수 있을 만큼 지어졌다고 인정할 아무런 증거가 없다(앞서 보았듯이 I은행은 이 사건 토지 담보 가치를 온전히 확보하기 위해 지상권까지 설정받았다. 그런 I은행이, 법정지상권 발생이 예상될 정도로 이 사건 각 건물 건축이 진행되었는데도 이 사건 토지를 담보로 삼았다는 것은 거래관념에 어긋난다).

▲ 해당 건 지상의 건물

건물의 철거청구가 권리남용에 해당하는지?

1심에서 패소한 피고는 원고의 건물철거청구는 권리남용이라고 주장했다. 항소(대구지법 2020나312276)했지만 이 역시 기각으로 끝이 났다.

피고의 구체적 항소 이유는 '원고는 이 사건 토지상에 주택이 존재한다는 사실을 알면서 경매 절차에서 토지를 매수했다. 이 사건 토지는 전원주택 단지 외에는 활용할 수 없어서 피고를 상대로 철거를 구할 아무런 이익이 존재하지 않은데도 철거를 청구했다. 이것은 권리남용에 해당한다'라는 것이었다.

○ 항소법원의 판단

> 권리 행사가 권리의 남용에 해당한다고 할 수 있으려면, 주관적으로 그 권리 행사의 목적이 오직 상대방에게 고통을 주고 손해를 입히려는 데 있을 뿐 행사하는 사람에게 아무런 이익이 없는 경우이어야 하고, 객관적으로는 그 권리 행사가 사회질서에 위반된다고 볼 수 있어야 한다. 이와 같은 경우에 해당하지 않는 한 비록 그 권리의 행사에 의하여 권리행사자가 얻는 이익보다 상대방이 잃을 손해가 현저히 크다고 하여도 그러한 사정만으로는 이를 권리남용이라 할 수 없다(대법원 2010. 2. 25. 선고 2009다58173 판결 등 참조).

2 저당권설정 당시 토지와 건물의 소유자가 동일

(1) 설정 이후에도 계속 동일 소유자에게 속해야 하는 것은 아니다

(2) 명의신탁자를 위한 법정지상권의 성립 여부

대지를 매수했으나 그 명의로 소유권이전등기를 적법하게 마치지 않고 이를 타인 명의로 신탁한 경우에는 신탁자는 수탁자 이외의 제삼자에게 자기의 소유임을 주장해서 대지와 그 지상 건물이 동일인의 소유임을 전제로 한 법정지상권을 취득할 수 없다(대법원 1991. 5. 28. 선고 91다7200 판결).

담보가등기권자의 경매 신청(근저당권과 동일)

대한민국 No.1 법원경매정보 **스피드옥션** (speedauction.co.kr) **SPEED** auct/on

2018 타경 3959 (임의)		매각기일 : 2019-01-21 10:00~ (월)		경매2계 033-259-9710	
소재지	강원도 홍천군 홍천읍 진리 OO-O				
용도	대지	채권자	이OO	감정가	19,680,000원
토지면적	40㎡ (12.1평)	채무자	조OO	최저가	(70%) 13,776,000원
건물면적		소유자	조OO	보증금	(10%) 1,377,600원
제시외	제외 : 69.09㎡ (20.9평)	매각대상	토지만매각	청구금액	23,485,753원
입찰방법	기일입찰	배당종기일	2018-11-08	개시결정	2018-08-07

기일현황

회차	매각기일	최저매각금액	결과
신건	2018-12-17	19,680,000원	유찰
2차	2019-01-21	13,776,000원	매각
	낙찰16,290,000원(83%)		
	2019-01-28	매각결정기일	허가
	2019-03-08	대금지급기한 납부 (2019.02.21)	납부
	2019-03-18	배당기일	완료
	배당종결된 사건입니다.		

물건현황/토지이용계획	면적(단위:㎡)	임차인/대항력여부	등기사항/소멸여부
한국국토정보공사홍천지사 남동측 인근에 위치	**[토지]**	배당종기일 : 2018-11-08	소유권 / 이전 토지
주위는 근린생활시설 및 단독주택 등이 혼재	진리 OO-O 대지 일반상업지역	- 매각물건명세서상 조사된 임차내역이 없습니다	1961-12-18 홍OOOOOOO 보존
본건 인근까지 차량 접근 가능하며, 대중교통 등 전반적인 교통사정은 보통			소유권 / 이전 토지 2004-12-02 조OO 매매
사다리형 평지			담보가등기 / 토지소멸기준 2009-07-06 토지 이OO
본건 토지 인접지인 62-8번지 6M 내외의 아스콘포장도로와 지를 통해 출입 가능함			담보가등기 경매신청채권자 배당후 소멸
도시계획구역, 제한보호구역, 구역			가등기 / 소멸 2016-01-28 토지 하OO
일반상업지역(진리 OO-O)	시멘트블럭조시멘트기와		담보가등기 / 소멸 2017-09-11 토지 이OO 담보가등기 경매신청채권자 배당후 소멸
※ 감정평가서상 제시외건물가격이 명시되어있지않음. 입찰시 확인요함.			
감정평가현황 (주)경일감정			압류 / 소멸 2012-08-20 토지 국OOOOOOO (세원관리과-3663)
가격시점	2018-08-28		
감정가	19,680,000원		가압류 / 소멸 2012-12-18 토지
토지	(100%) 19,680,000원		

> 토지와 건물의 소유자 동일 기준 시점이며, 담보가등기권자 경매 신청을 했으므로 별도의 배당요구신청은 필요가 없다. 따라서 법원 문건 접수내역에서 보전가등기인지, 담보가등기인지 확인도 불필요하다.

> 나지상정가격은 감정평가서상에서 확인해야 한다.

◉ 담보가등기 설정(2009. 7. 6.) 당시 소유자 동일성 여부

이 사건 토지(진리 62-7)의 소유자는 조경○이며, 건물 1동의 소유자 장경○, 2동의 소유자 조규○으로 애초부터 소유자가 동일했던 적이 없다.

1 (전 1)	소유권보존	1961년12월18일 제2994호		소유자 홍천군농업협동조합 서울 중구 충정로1가 74
1-1 (전 1-1)	1번등기명의인표시 변경	1998년2월27일 제2967호	1981년1월15일 소멸	홍천군농업협동조합의 성명(명칭) 농업협동조합중앙회
				부동산등기법 제177조의 6 제1항의 규정에 의하여 1번 내지 1-1번 등기를 2001년 08월 25일 전산이기
1-2	1번등기명의인표시 경정	2004년12월2일 제22377호	신청착오	농업협동조합중앙회의 주소 서울 중구 충정로1가 75
2	소유권이전	2004년12월2일 제22378호	2004년11월30일 매매	소유자 조경○ 710522-******* 강원도 홍천군 홍천읍 진리

대지위치	강원도 홍천군 홍천읍 진리		지번	
구분	성명 또는 명칭	면허(등록)번호		
건축주	장○○	281102-1******		
설계자				

> 2010년 9월 조성○으로 소유권 이전됨, 따라서 2009. 7. 6 당시에는 장경○이 건물 1동의 소유자

대지위치	강원도 홍천군 홍천읍 진리		지번	
구분	성명 또는 명칭	면허(등록)번호		
건축주	조○○	351025-1******		
설계자				

> 2016년 12월 조한○, 조금○로 소유권 이전됨, 따라서 2009. 7. 6 당시에는 조규○이 건물 2동의 소유자

◉ 신건 최저가 1,968만 원이나 나지상정가격은 2,812만 원이다

법정지상권 관련 투자에서는 나지상정가격과 건물 소재로 제한받는 가격을 확인하는 것이 중요하다. 법원에 따라 나지상정가격으로 진행

토지 감정평가명세표

일련 번호	소재지	지번	지목?용도	구 조	면 적 (㎡)		감 정 평 가 액		비 고
					공 부	사 정	단 가	금 액	
1	강원도 홍천군 홍천읍 진 리	○○-○	대	일반상업지역	40	40	492,000	19,680,000	제시외건물 소 재
				나지상정가격은 703,000원 × 40 = 28,120,000원					
				<제시외 건물이 소재하지 않을 시 토지 단가 : 703,000원/㎡>					
	합 계							₩19,680,000.-	
				이		하	여	백	

하는지, 제한받은 가격으로 진행하는지를 확인해야 한다. 나지상정가 격을 알아야 입찰상한가격 결정 또는 건물주에게 지료를 청구할 때나 건물주에게 되팔 때, 매도 하한선이 될 수 있기 때문이다.

● 피고의 답변서 중 내용 일부

이 건 토지상의 건물주인 공유자를 상대로 철거 및 토지인도 소 송 제기했고, 피고가 답변서를 제출했으나 별 의미 없는 내용으로 법원에서 조정회부결정을 했다. 건물주와 협상 끝에 매도 완료 후 '건물철거 및 토지인도청구' 소를 취하했다(건물주의 설득으로 매도가 완 료되기 전에 소를 취하해서는 안 된다).

이 사건 토지 옆 건물 터인 홍천읍 진리 ○○-○ 대 109㎡ 토지와 지상 건물인 홍천읍 진리 ○○-○ 제1호 건물은 조규○의 소유였다 가 2016. 12. 2. 피고 1 조한○, 피고 2 조금○가 매매로 소유권을 이 전했습니다만, 피고 3 조성○의 건물을 포함한 이 부동산들의 실질적 인 소유자는 조규○입니다.

피고들은 이 사건 토지 매수청구를 위해 조정하기를 바라고 있습니다.
원고가 이 사건 토지의 지상 건물에 대한 철거 및 대지인도를 구하는 것을 별론으로 하더라도 피고들 건물은 그 존립상 필요불가결한 부분인 바 건물 일부를 철거까지 구하는 것은 권리남용이라 할 것으로 피고들은 원고와 합의해서 적정한 가격에 원고 소유 이 사건 토지를 매수하고자 합니다.

3 토지와 건물 중 적어도 어느 하나에 저당권 설정

저당권설정 당시 토지와 건물 한쪽 또는 양쪽 모두에 저당권이 설정되어야 한다.

4 경매로 인해서 토지와 건물의 소유자가 각각 달라져야 한다

민법 제366조의 법정지상권이 성립하려면 반드시 (임의)경매로 인해 토지와 건물이 소유자를 달리해야 한다.

관습법상 법정지상권의 성립요건

1 토지와 건물이 처분 당시 동일인 소유에 속할 것

① 토지와 그 지상 건물이 애초부터 원시적으로 동일인의 소유에 속했을 필요는 없다. 그 소유권이 유효하게 변동될 당시에 동일인이 토지와 그 지상 건물을 소유했던 것으로 족하다.

② 소유자의 동일 여부 판단기준시점(= 처분 당시)

소유자의 분리 원인	변동될 당시
매매, 교환, 증여 등	처분행위 시
강제경매, 공매(국세징수법)	압류의 효력발생 시
가압류에 의한 강제경매	가압류 시
선 저당권 후 가압류의 강제경매	저당권 설정 시

○ 주의

관습법상 법정지상권의 소유자 동일 여부 시점의 판단은 강제경매 당시가 아닌 최초에 토지와 건물의 소유자가 분리된 시점으로 판단해야 한다. 한번 성립한 관법습상 법정지상권은 그 후 토지·건물의 소유자가 변동하더라도 존속기간 동안 유지되기 때문이다(폐쇄등기부의 확인 필요).

가압류가 본압류로 이행된 경우

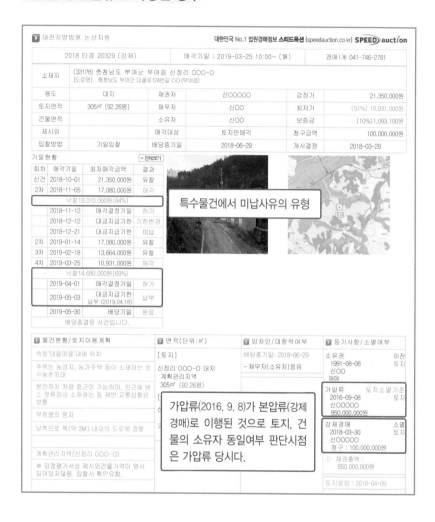

● 사건 개요

2016년 9월 8일 가압류 당시뿐만 아니라 이전부터 채무자 겸 토지 소유자(신수○)와 건물 소유자(문남○의 사망 후 상속인)가 동일했던 적이 없다. 따라서 관습법상 법정지상권이 성립되지 않는 것으로 분석되었다.

이 사례는 잔금 납부 이후 협상이 결렬되어 철거소송 제기 이후 조정 회부 및 조정성립으로 매도완료했다.

다만, 소장제출 이후 피고(건물주)가 답변서를 제출하면서 부동산(토지)의 점유취득시효를 주장했다. 그러나 부동산의 점유취득시효에 대한 개념을 명확히 이해하지 못한 내용이었다.

이 사례에서는 건물주의 점유취득시효는 완성되었으나 건물주가 토지에 대한 소유권이전등기를 하기 전에 경매 낙찰로 낙찰자가 소유권 이전등기를 먼저 했기 때문에 피고의 주장은 무의미하게 되었다.

● 철거소장제출만으로 소송이 종결되지 않는다

시중에서는 법정지상권 성립 여부가 문제되는 경우 필승소장이라는 것을 내세우며 무조건 승소할 것처럼 말한다. 하지만 세상에 무조건 승소하는 필승소장이라는 것은 없다. 사전에 법리적인 검토를 통해 승소할 수 있는 법정지상권 물건을 낙찰받으니 승소하는 것일 뿐이다.

이러한 경우라도 소장제출만으로 끝나는 것이 아니다. 때에 따라 피고의 답변서 제출 이후 원·피고 상호 간의 주장을 반박하는 준비서면이 몇 차례 오고 가야 소송이 종결될 수 있다.

따라서 독자들은 철거소장만 알아서는 안 된다. 틈틈이 준비서면을 스스로 작성할 수 있는 수준이 되도록 민법상의 관련된 내용을 학습할 필요가 있다.

※점유취득시효 완성 후 토지소유자가 바뀐 경우

제245조(점유로 인한 부동산소유권의 취득기간) ①20년간 소유의 의사로 평온, 공연하게 부동산을 점유하는 자는 등기함으로써 그 소유권을 취득한다.

②부동산의 소유자로 등기한 자가 10년간 소유의 의사로 평온, 공연하게 선의이며 과실없이 그 부동산을 점유한 때에는 소유권을 취득한다.

제168조(소멸시효의 중단사유) 소멸시효는 다음 각호의 사유로 인하여 중단된다.

1. 청구
2. 압류 또는 가압류, 가처분
3. 승인

보통 남의 토지를 20년 이상 점유하게 되면 부동산점유취득시효가 완성되며, 시효를 완성한 점유자가 토지 소유권을 취득하기 위해서는 '자신의 명의로 소유권이전등기까지 마쳐야' 한다.

즉 시효의 완성으로 점유자는 토지 소유자에 대해 소유권이전등기청구권이라는 권리를 취득할 뿐인 것이라서, 만약 시효완성 이후에 토지소유자가 토지를 매각하는 등으로 제3자가 토지소유권을 취득해버리면 새롭게 소유권을 취득한 제3자에게는 시효 취득으로 대항할 수 없게 된다.
(대법원 1991. 4. 9. 선고 89다카1305 판결)

특수물건에서의 미납사유

미납으로 인한 재매각 물건을 보면 우선 궁금증이 발생한다. 왜 미납했을까? 좋은 물건으로 판단해서 낙찰받았는데 무엇이 문제여서 미납한 것일까? 그런데 임대차 관련 일반물건이 아닌 특수물건에서는 입찰자의 권리분석 착오로 미납하는 사례보다는 아래의 3가지 사유가 많다.

① 이해관계인의 설득과 입찰보증금+@ 제공
② 낙찰 후 이해관계인을 만나보니 본인은 감당할 수 없을 것 같은 느낌
③ 입찰보증금이 몇십만 원대 물건의 경우 상습적으로 일단 낙찰받

아놓고 판단하는 경우

따라서 특수물건을 미납했다고 너무 겁먹을 필요는 없다는 것이다. 그런 물건일수록 신중한 분석이 전제된다면 입찰을 망설일 이유가 없다.

참고로 특수물건에 입찰하는 경우 시세 조사에 집착하기보다는 감정가 내지 신건 최저가를 참고해서 입찰가를 결정한다. 어차피 이해관계인에게 재매도를 계획하고 있고, 이해관계인도 시세를 떠나서 필요해서 매수하는 상황이라는 것을 기억하기를 바란다.

2 매매 기타 적법한 원인에 의해서 토지와 건물의 소유자가 달라져야 한다.

적법한 원인으로 강제경매, 공매, 매매, 증여, 대물변제, 교환, 공유물분할(경매) 등을 들 수 있다.

3 철거특약의 부존재

법정지상권과 달리 관습상의 법정지상권은 당사자 간 철거약정이 있으면 성립하지 않는다.

법정지상권의 성립 시기

⦿ 법정지상권과 관습법상 법정지상권 비교

종류	공통점	차이점	토지, 건물 소유자 동일성 판단 시점	성립 시기	(배제) 특약
법정지상권	* 토지, 건물 존재 * 동일인 소유	임의경매	(최선순위) 저당권 설정 당시	대금 납부 시	불인정
관습상 법정지상권		강제경매, 공매, 매매 상속, 증여, 공유물분할 등	처분될 당시 * 압류, 가압류, 저당권설정		인정

매매의 경우 법정지상권 성립 시기 : 소유권이전등기가 완료되었을 때

법정지상권의 존속기간

법정지상권의 존속기간은 지상물의 종류에 따라 다르다. 특별한 규정이 없으면 일반 지상권에 준한다.

민법 제280조, 제281조

존속기간 지상권의 목적	최단 존속기간	존속기간을 약정한 경우		존속기간을 약정하지 않은 경우
		약정기간 ≥ 최단존속기간	약정기간 < 최단존속기간	
석조, 석회조, 연와조, 이와 유사한 견고한 건물이나 수목	30년	약정기간	최단존속기간	최단존속기간 보장
기타 건물, 공장물의 종류와 구조를 정하지 않은 때	15년			
건물 이외의 공작물의 소유	5			

민법 제280조(존속기간을 약정한 지상권)

1. 석조, 석회조, 연와조 또는 이와 유사한 견고한 건물, 수목 : 30년
2. 1호 이외의 건물 : 15년
3. 공작물 : 5년

07 지료

1 월임료의 산정

(1) 지료는 당사자 간의 협의에 의해 결정하는 것이 원칙이나 협의
가 안 되는 경우 당사자의 청구(지료청구소송)로 법원이 결정한다.

감정평가서에서 나지상정가격 산정하기

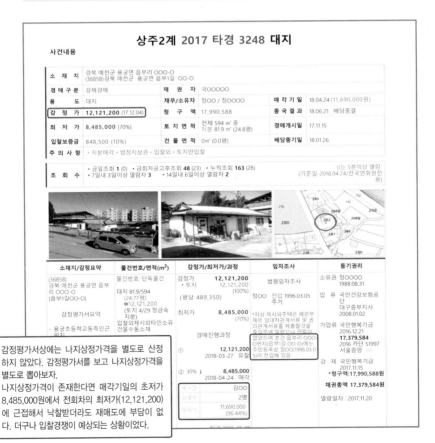

상주2계 2017 타경 3248 대지

사건내용

소 재 지	경북 예천군 용궁면 읍부리 000-0 (36858)경북 예천군 용궁면 읍부1길 00-0				
경 매 구 분	강제경매	채 권 자	국00000		
용 도	대지	채무/소유자	정00 / 정0000	매 각 기 일	18.04.24 (11,690,000원)
감 정 가	12,121,200 (17.12.04)	청 구 액	17,990,588	종 국 결 과	18.06.21 배당종결
최 저 가	8,485,000 (70%)	토 지 면 적	전체 594 ㎡ 중 지분 81.9 ㎡ (24.8평)	경매개시일	17.11.15
입찰보증금	848,500 (10%)	건 물 면 적	0㎡ (0.0평)	배당종기일	18.01.26
주 의 사 항	· 지분매각 · 법정지상권 · 입찰외 · 토지만입찰				
조 회 수	· 금일조회 1 (0) · 금회차공고후조회 48 (23) · 누적조회 163 (28) · 7일내 3일이상 열람자 3 · 14일내 6일이상 열람자 2			0는 5분이상 열람 (기준일-2018.04.24/전국연회원전용)	

소재지/감정요약	물건번호/면적(m²)	감정가/최저가/과정	임차조사	등기권리
(36858) 경북 예천군 용궁면 읍부 리 000-0 [읍부1길00-0] 감정평가서요약 - 용궁초등학교북측인근 위치	물건번호: 단독물건 대지 81.9/594 (24.77평) ₩12,121,200 (토지 4/29 청금숙 지분) 입찰외제시외타인소유 건물수동소재	감정가 **12,121,200** ·토지 12,121,200 (100%) (평당 489,350) 최저가 **8,485,000** (70%) 경매진행과정 ① **12,121,200** 2018-03-27 유찰 ② 30%↓ **8,485,000** 2018-04-24 매각	법원임차조사 정00 전입 1996.03.05 주거 ·지상 제시외주택은 폐문부 재로 임대차관계서류 및 권 리관계파악을 제출않았을 수 없었으므로 본건 소유자 000 이버지나(읍부1길 00-0)에는 주민등록상 정00(1996.03.0 5)이 전입되어 있음	소유권 정0000 1988.08.31 입 류 국민건강보험공 단 대구중부지사 2008.01.02 가압류 국민행복기금 2016.12.21 **17,379,584** 2016 카단 51997 서울중앙 강 제 국민행복기금 2017.11.15 *청구액:17,990,588원 **채권총액 17,379,584원** 열람일자 : 2017.11.20

> 감정평가서상에는 나지상정가격을 별도로 산정
> 하지 않았다. 감정평가서를 보고 나지상정가격을
> 별도로 뽑아보자.
> 나지상정가격이 존재한다면 매각기일의 초저가
> 8,485,000원에서 전회차의 최저가(12,121,200)
> 에 근접해서 낙찰받더라도 재매도에 부담이 없
> 다. 더구나 입찰경쟁이 예상되는 상황이었다.

◉ 감정평가서에서 나지상정가격(17,316,000원) 산정하기

토지 평가명세표

[기준시점 : 2017-12-04]

일련번호	소재지	지번	지목 용도	용도지역 및 구조	면 적 (㎡)		감 정 평 가 액		비 고
					공 부	사 정	단 가	금 액	
1	경상북도 예천군 용궁면 읍부리	OOO-O	대	계획관리지역	4 594x-- 29	81.9	148,000	12,121,200	정OO氏 지분전부 제시외건물 감안평가
	합 계							₩12,121,200.-	
					이	하	여	백	

제시외건물의 소재한 제한받는 가격(12,121,200원)만 평가했다는 내용이다. 그렇다면 나지상정가격을 유추해보자.

2) 개별요인 비교 (대상물건 기호 1) 토지/비교표준지 ①)

개 별 요 인			비교내용	비교치
조건	항목	세항목		
가로 조건	가로의 폭, 구조 등의 상태	폭, 포장, 보도, 계통 및 연속성	대등함.	1.00
접근 조건	교통시설과의 접근성	인근 대중교통시설 과의 거리 및 편의성	열세함.	0.90
	상가와의 접근성	인근상가와의 거리 및 편의성		
	공공 및 편익 시설과의 접근성	공공 및 편익시설 과의 거리 및 편의성		
환경 조건	일조 등	일조, 통풍 등	대등함.	1.00
	자연환경	조망, 경관, 지반 등		
	인근환경	인근토지의 이용 상황 및 적합성		
	공급 및 처리 시설의 상태	상,하수도 등		
	위험 및 혐오시설 등	위험 및 혐오시설의 유무 및 그 거리		
획지 조건	면적,접면너비,깊이,형상 등	면적, 접면너비, 깊이, 형상 등	열세함.	0.95
	방위, 고저 등	방위, 고저, 경사지		
	접면도로상태	각지, 2면획지 등		
행정적 조건	행정상의 규제정도	용도지역, 지구, 구역 등	대등함.	1.00
		규제의 정도		
기타 조건	기 타	장래의 동향	열세함.	0.70
		기 타		
개별요인 비교치 누계			1.00 x 0.90 x 1.00 x 0.95 x 1.00 x 0.70 ≒ 0.599	

개별요인비교표다. 표준지와 이 건의 우열을 비교하는 것이다. 획지조건의 경우 비교치가 0.95인 것은 이 건이 표준지에 비해 토지의 형상 등에서 5%가 열세하다는 의미다.

일반적으로 이 건을 평가하기 위한 비교표준지는 이 건과 가장 유사한 토지를 선정한다. 이 사례에서 이 건과 표준지의 기타조건 비교치가 0.70이다.

이것은 비교표준지는 나지상정한 상태인데, 이 건은 지상에 제시외 건물이 소재해서 표준지에 비해 30% 열세라는 의미다.

여기서 역산해서 이 건의 나지상정가격을 구해보면 12,121,200원 ÷ 0.70 ≒ 17,316,000원이다. 이것이 나지상정가격이다.

● 낙찰 이후 과정

– 토지 공유지분 건물 단독 소유(법정지상권 불성립)

① 2018. 4. 24. 낙찰

② 2018. 5. 15. 잔금 납부(법무사 대행)

③ 2018. 6. 25. 내용증명

④ 2018. 7. 6. 여동생과 통화(오빠는 장애인이고 힘들게 산다)

⑤ 2018. 7. 12. 매매계약 및 잔금 마무리

현장방문의 최소화

소액물건인 경우 빈번한 현장조사와 이동은 시간적, 비용적으로 비효율적이다. 현장에 답이 있는 것도 맞지만, 요즘에는 인터넷에도 답이 있는 소액 특수물건들이 널려 있다. 막무가내로 현장조사에 집착하기보다는 사무실이나 집에서 해결이 되지 않고 의문이 있는 경우 현장조사를 병행하는 것을 추천한다.

이 사례의 경우 현장조사는 생략했고 입찰 때만 법원을 방문했다. 곧바로 상경해서 잔금 납부는 5만 원의 비용으로 물건지 법원 근처 법무사 사무실에 의뢰했다. 이후 매도는 개인 사정으로 내려갈 여건이 안되니 이쪽으로 오시라고 해서 매도인의 거주지역에서 매도했다.

현장조사에 대해서 덧붙여 말하자면, 물건지 현장에서 차량번호나 눈에 띄는 것들을 사진을 찍거나 기록하기 바란다.

물건에 따라 현장에서 본 차량이 입찰 당일 법원에 주차되어 있다는 것은 이해관계인이 입찰할 수도 있다는 것을 의미한다. 여기서 입찰가에 대해서 새롭게 고민할 필요가 있다.

또한 소액 특수물건에 투자하다 보면 알게 모르게 법원에서 자주 보이는 얼굴들이 있다. 그것은 그 사람들도 내가 입찰할 물건에 입찰하러 왔다고 생각해도 무방하다. 그렇게 되면 낙찰받기 위해 서로가 높은 가격을 쓸 수밖에 없다. 입찰 종료 직전까지 움직이지 말고 차량에서 쉬면서 눈에 익은 얼굴들이 보이는지 체크해보는 것이 더 낫지 않을까 한다.

(2) 법원은 감정시점의 기초가격을 구하고 여기에 국공채이율, 은행장기대출금리, 일반시중금리, 정상적인 부동산 거래이윤율, '국유재산법'과 '지방재정법' 소정의 대부료율 등 제반사정을 참작해서 결정한 기대이율을 곱한 후 여기에 대상물건을 계속 임대하는 데 필요한 제경비를 합산해서 지료를 결정한다.

$$월임료 = \{(기초가격 \times 면적 \times 기대이율) + 필요경비\} \div 12개월$$

2 기대이율

법원의 평가 명령에 따른 감정평가에서 정해지는 기대이율은 부동산의 유형별 및 실제이용상황에 따른 일반적인 기대이율의 범위를 정한 '기대이율 적용기준율표(한국감정평가사협회 발표)'에서 지역여건이나 해당 토지의 상황 등을 고려해서 그 비율을 증감 조정할 수 있다.

〈별표 7의 2〉 기대이율 적용기준율표(제49조 제4항 관련)

대분류	소분류		실제 이용상황	
			표준적 이용	임시적 이용
I	주거용	아파트 수도권 및 광역시	1.5~3.5%	0.5~2.5%
		아파트 기타 시도	2.0~5.0%	1.0~3.0%
		연립·다세대주택 수도권 및 광역시	1.5~5.0%	0.5~3.0%
		연립·다세대주택 기타 시도	2.5~6.5%	1.0~4.0%
		다가구주택 수도권 및 광역시	2.0~6.0%	1.0~3.0%
		다가구주택 기타 시도	3.0~7.0%	1.0~4.0%
		단독주택 수도권 및 광역시	1.0~4.0%	0.5~2.0%
		단독주택 기타 시도	1.0~5.0%	0.5~3.0%
	상업용	업무용	1.5~5.0%	0.5~3.0%
		매장용	3.0~6.0%	1.0~4.0%
	공업용	산업단지	2.5~5.5%	1.0~3.0%
		기타 공업용	1.5~4.5%	0.5~2.5%
II	농지	도시근교농지	1.0% 이내	
		기타농지	1.0~3.0%	
	임지	유실수 단지 등 수익성이 있는 임지	1.5% 이내	
		자연임지	1.0% 이내	

기대이율에 대한 환상을 버려야 한다

3. 기대이율의 결정

본건 임료산출에 적용할 기대이율은 한국감정평가사협회 실무매뉴얼 기대이율 적용기준율 표 중 대상물건과 지역의 특성을 반영한다고 판단되는 공업용 (기타공업용) 표준적 이용 기대이율(1.5% ~ 4.5%)을 기준으로 임대기간 기초시점 평균금리에 부동산가격 변동률을 감안하여 다음과 같이 정함.

부동산 가격변동률은 국토교통부 발표 지가변동률 중 기초시점 이후 1년간 경기도 양주시 녹지지역 지가변동률 추정치로 하였음.

임대기간 기초시점	평균금리 (%)	부동산가격 변동률(%)	기대이율 (%)
2018-11-17	2.533	2.782	2.4%

◎ 기대이율 2.4%는 실제 공매낙찰 후 소송에서 감정평가가 진행되어 결정된 것이다.

법정지상권 관련해서 시중에서는 낙찰 후 건물주에게 되팔기 위한 압박으로 지료청구 소송 시 지료는 경매 사건의 감정평가액에 통상적으로 기대이율 5%를 적용해서 청구한다. 그러면 압박에 못 이긴 건물주가 되사갈 것이라고 강의를 하는 경우가 많다. 그러나 사실과 다르다.

물론 낙찰 후 건물주와의 협상을 위한 내용증명을 발송 시 이때는 기대이율 약 5%를 적용해도 무방하다. 그러나 실제 소송에서는 피고 측에서 기대이율 5%를 적용한 임료를 순순히 받아들일 리 만무하다.

그래서 감정신청을 진행하게 된다. 이때 감정평가는 주택의 경우 감정평가사마다 조금씩 차이는 있지만, 일반적으로 약 2.5% 내외에서 기대이율이 결정된다.

따라서 당장 매도가 곤란해서 지료만 받는다는 가정하에 임료가 일정금액 이상이 되어야 압박이 될 수 있다. 그러므로 낙찰 전에 숙고해야 한다.

예를 들면 감정가 2,000만 원인 물건을 1,800만 원에 낙찰받았다면 기존의 기대이율을 적용했을 때 2,000만 원×5% = 100만 원(년) 월임료 83,000원이 되어 건물주의 입장에서도 토지를 다시 사가야 할 수준이나 현실적으로는 2,000만 원×2.5% = 50만 원(년), 월임료 41,600원이 지료로 압박하는 것은 큰 도움이 되지 않는다는 것을 알아야 한다.

3 지료결정 시점

지료청구권은 법정지상권이 성립하는 시점에 발생한다. 즉 토지 매수인이 매각대금을 납부했을 때 발생한다.

4 지료증감청구권

지료가 토지에 관한 조세 기타 부담의 증감이나 지가의 변동으로 인해서 상당하지 않을 때는 당사자는 그 증감을 청구할 수 있다.

5 지료연체의 효과

1) 지상권자가 2년 이상의 지료를 지급하지 않은 때는 지상권 설정자는 지상권의 소멸을 청구할 수 있다(민법 제287조).

2) 지료 연체의 기준은 기(期)가 아닌 연(年)이다. 연체 시 2년의 의미는 연속개념이 아닌 통산 기준이다. 지료 지급을 연으로 했을 경우 1년

차 납부, 2년 차 미납, 3년 차와 4년 차 납부, 5년 차 미납이면 연체로 본다. 월납의 경우도 통산 연체 횟수가 24개월이면 땅주인은 지상권의 소멸을 청구할 수 있다.

6 지료청구의 상대방

지료는 건물주에게 청구한다. 건물주가 여러 명인 경우 모두에게 청구할 수 있고, 특정인에게 청구할 수도 있다. 건물주가 여러 명인 경우 부당이득반환채무는 불가분채무로 각 채무자는 채무 전부를 이행할 의무가 있다. 즉, 특정인은 일부 지분만의 공유자라고 할지라도 토지 전체 면적에 대한 부당이득을 반환할 의무가 있다. 토지 매수인은 건물주 중 재력이 좋은 특정인을 상대로 지료 청구를 할 수 있다(대법원 2001. 12. 11. 선고 2000다13948 판결).

08 법정지상권의 소멸

	존속기간의 만료
물권 공통의 소멸원인	혼동 ⇒ 지상권자의 소유권 취득
	토지 멸실, 건물 멸실
	토지의 수용 ⇒ 원시취득
법정지상권 특유의 소멸원인	지상권 소멸청구(민법 제287조)
	법정지상권의 포기

1 법정지상권의 포기, 당사자 간 계약(임대차계약)

대지상 건물만을 매수하면서 대지에 관한 임대차계약을 체결한 경우 관습상 법정지상권의 포기 여부(적극)

⇒ 대지상의 건물만을 매수하면서 대지에 관한 임대차계약을 체결했다면 이 건물 매수로 인해서 취득하게 될 습관상의 법정지상권을 포기했다고 볼 것이다(대법원 1991. 5. 14. 선고 91다1912 판결).

법정지상권 건물주와의 임대차계약 체결

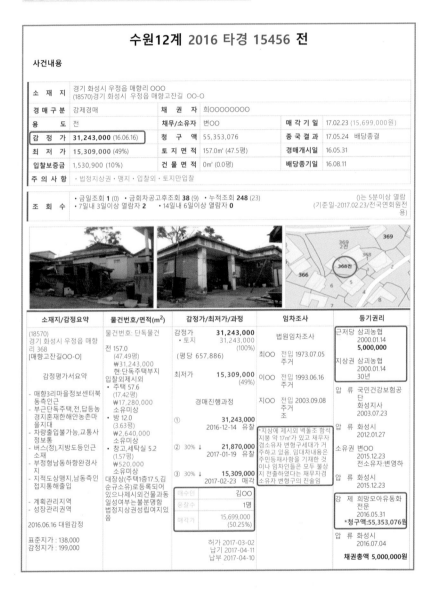

수원12계 2016 타경 15456 전

사건내용

소 재 지	경기 화성시 우정읍 매향리 OOO (18570)경기 화성시 우정읍 매향고잔길 OO-O				
경매구분	강제경매	채 권 자	희OOOOOOO		
용 도	전	채무/소유자	변OO	매 각 기 일	17.02.23 (15,699,000원)
감 정 가	31,243,000 (16.06.16)	청 구 액	55,353,076	종 국 결 과	17.05.24 배당종결
최 저 가	15,309,000 (49%)	토 지 면 적	157.0㎡ (47.5평)	경매개시일	16.05.31
입찰보증금	1,530,900 (10%)	건 물 면 적	0㎡ (0.0평)	배당종기일	16.08.11
주 의 사 항	·법정지상권 · 맹지 · 입찰외 · 토지만입찰				
조 회 수	·금일조회 1 (0) · 금회차공고후조회 38 (9) · 누적조회 248 (23) ·7일내 3일이상 열람자 2 · 14일내 6일이상 열람자 0			()는 5분이상 열람 (기준일-2017.02.23/전국연회원전용)	

소재지/감정요약	물건번호/면적(㎡)	감정가/최저가/과정	임차조사	등기권리
(18570) 경기 화성시 우정읍 매향리 368 [매향고잔길OO-O] 감정평가서요약 - 매향3리마을정보센터북동측인근 - 부근단독주택,전,답등농경지혼재한해안농촌마을지대 - 차량출입불가능,교통사정보통 - 버스(정),지방도등인근소재 - 부정형남동하향완경사지 - 지적도상맹지,남동측인접도통해출입 - 계획관리지역 - 성장관리권역 2016.06.16 대원감정 표준지가 : 138,000 감정지가 : 199,000	물건번호:단독물건 토지 157.0 (47.49평) ₩31,243,000 ·현:단독주택부지 입찰외제시외 · 주택 57.6 (17.42평) ₩17,280,000 소유미상 · 방 12.0 (3.63평) ₩2,640,000 소유미상 · 창고,세탁실 5.2 (1.57평) ₩520,000 소유미상 대장상(주택1층17.5,김순규소유)로등록되어있으나제시외건물과동일성여부는불분명함법정지상권성립여지있음	감정가 **31,243,000** · 토지 31,243,000 (100%) (평당 657,886) 최저가 **15,309,000** (49%) 경매진행과정 ① **31,243,000** 2016-12-14 유찰 ② 30% ↓ **21,870,000** 2017-01-19 유찰 ③ 30% ↓ **15,309,000** 2017-02-23 매각 매수인 김OO 응찰수 1명 매각가 15,699,000 (50.25%) 허가 2017-03-02 납기 2017-04-11 납부 2017-04-10	법원임차조사 최OO 전입 1973.07.05 주거 이OO 전입 1993.06.16 주거 지OO 전입 2003.09.08 주거 조 *지상에 제시외 벽돌조 함석지붕 약 17㎡가 있고 채무자겸소유자 변명구세대가 거주하고 있음. 임대차내용은 주민등재사항을 기재한 것이나 임차인들은 모두 불상지 진출하였다는 채무자겸소유자 변행구의 진술임	근저당 삼괴농협 2000.01.14 **5,000,000** 지상권 삼괴농협 2000.01.14 30년 압 류 국민건강보험공단 화성지사 2003.07.23 압 류 화성시 2012.01.27 소유권 변OO 2015.12.23 전소유자:변영하 압 류 화성시 2015.12.23 강 제 희망모아유동화전문 2016.05.31 *청구액:55,353,076원 압 류 화성시 2016.07.04 **채권총액 5,000,000원**

이 사례의 토지는 채무자에게 상속되었다. 건물은 공부와 현황이 불일치했다. 건물의 관리상태나 현황으로 볼 때 피속상인이 건축했을 가

능성도 배제할 수 없었다. 따라서 건물도 채무자에게 상속되었다는 가정하에서는 관습법상 법정지상권의 성립을 긍정할 수 있을 것이다(이러한 소액물건에서 법정지상권에 관해서 첨예한 대치상황이 아님에도 미리 무허가, 미등기 건물의 건축주를 탐문조사하는 등의 열정은 아껴두었다가 나중에 꼭 필요한 곳에 쏟자).

2017년 4월 10일 잔금 납부 후 채무자의 간곡한 사정으로 토지 임대차 계약을 체결해서 월세 15만 원을 받기로 했다.

이 사례처럼 소액물건인 경우, 수도권 특히 화성에서 현황이 대지일 때는 감정평가액의 50% 낙찰금액은 단기매도뿐만 아니라 장기적으로 재매도하기에 더 좋은 금액이다.

2 지료 연체와 지상권소멸청구

(1) 지상권소멸청구권(형성권)

관습상 법정지상권도 2년분 이상의 지료를 연체하면 민법 제287조에 따라 지상권소멸청구의 의사표시에 의해 소멸하는지 여부(적극)다.

관습상의 법정지상권에 대해서는 다른 특별한 사정이 없으면 민법의 지상권에 관한 규정을 준용해야 한다. 지상권자가 2년분 이상의 지료를 지급하지 않았다면 관습상의 법정지상권도 민법 제287조에 따른 지상권소멸청구의 의사표시에 의해서 소멸한다(대법원 1993. 6. 29. 선고 93다10781 판결).

(2) 지상권소멸청구의 시기

민법 제288조(지상권소멸청구와 저당권자에 대한 통지)
지상권이 저당권의 목적인 때 또는 토지에 있는 건물, 수목이 저당권의 목적이 된 때에는 전조의 청구는 저당권자에게 통지한 후 상당한 기간이 경과함으로써 그 효력이 생긴다.

지료에 대한 확정판결이 난 시점이 법정지상권의 성립시점으로부터 2년이 경과했다면 어떻게 될까? 이미 지료에 대한 채무가 2년분에 이르게 되었으므로 확정판결 후 바로 지료지급청구를 하고 지급하지 않으면 바로 법정지상권의 소멸을 청구할 수 있을까?

신의칙상 상당기간 동안은 소멸청구권의 행사가 유예되어야 할 것이며, 여기서 상당한 기간이란 무엇일까?

원고의 지료청구에 따른 판결확정일로부터 약 1개월 반 이상이 지난 1991년 9월 12일 원고로부터 이 지료의 지급을 다시 청구받고도 다시 약 2개월에 걸쳐 지료를 지급하지 않았다. 원고의 이 지상권소멸청구의 의사표시가 기재된 이 사건 소장이 같은 피고에게 송달된 1991년 11월 7일에는 신의칙상 판결확정일부터 지료지체책임이 유예되는 상당한 기간이 이미 경과했다. 이 의사표시로써 그 지상권소멸청구의 효력이 발생했다고 판단했다(대법원 1993. 3. 12. 선고 92다44749 판결).

통상적으로 판결확정일로부터 4개월 이내이거나 지료지급청구를 받은 후 2개월 이내를 상당한 기간으로 보고 있다.

법정지상권 성립 후 지료가 2년 연체된다면?

● 입찰배경 및 잔금납부 이후

법정지상권이 불성립하는 것으로 분석했다. 지상의 건물 상태도 양호하다 보니 높은 가격으로 낙찰받았다. 그런데 건물주와의 매도협상이 여의치 않자 낙찰자들은 '건물철거 및 토지인도청구'의 소송을 제기했다. 그러나 2심까지 가는 소송에서 오히려 법정지상권이 성립하며,

지료만 받을 수 있는 원고(낙찰자) 패소 판결을 받았다.

법원에서 법정지상권이 성립하는 근거로 2011년 8월 9일 최초의 근저당 설정 당시 토지와 무허가건물의 소유자가 동일인이라는 것이 인용되었기 때문이다.

이후 건물주는 지료조차도 지급하지 않은 채 잔금 납부 후 2년이 훨씬 지난 상태다. 그래서 지료 연체 2년이 충족되었으니 법정지상권이 소멸했다는 이유로 낙찰자들은 다시 '건물철거 및 토지인도청구'의 소송을 제기해서 드디어 철거판결을 받았다.

● 낙찰자들이 법정지상권이 성립하지 않는다고 판단한 근거는?

근저당의 실행에 의한 임의경매 사건인데, 근저당 설정일인 2011년 8월 9일 당시 토지와 건물의 소유자가 다르다고 판단한 것이다.

그렇다면 왜 토지, 건물의 소유자가 다르다고 판단했을까?

1) 2011년 8월 9일, 최초 새마을금고에서 근저당을 설정할 당시 토지 소유주와 건물대장상의 건물 소유주가 현황과 불일치했다. 즉 현황의 건물은 무허가건물이라는 것이다.
2) 그렇다면 왜 근저당설정 당시의 무허가건물의 소유를 토지 소유주의 소유가 아니고 다른 사람의 소유라고 생각했을까? 토지등기부의 분석에서 착오를 한 것이다.

2000년도에 이희○이 토지의 소유자가 되었다가 2006년에 매도를 했다. 2011년 8월 8일에 다시 토지를 매수한다. 즉 2006년부터 2011년 8월까지는 이희○의 소유가 아니고 황윤○의 소유였다.

즉 그 당시의 토지 소유자인 황윤○이 무허가건물을 지었다고 판단했다. 그런데 토지등기부를 조금 더 들여다보면 2006년부터 2011년 사이에는 토지는 이희○의 소유가 아니고 황윤○의 소유였지만, 건물은 비록 현황과 다른 공부상이라도 2000년 이후 줄곧 이희○의 소유로 있었다.

이런 경우는 극히 드문 일이다. 토지등기부를 보면 이희○에게 매번 빚이 생긴다. 가압류, 근저당 등 그전부터 이희○은 경매를 예감하고 있었을 것이다. 그렇다 보니 토지의 소유명의를 타인 명의로 돌려놓았던 것이다(명의신탁).

명의만 바꾼 채 이희○은 2000년 이후부터 이 사건의 토지와 건물에 계속 거주하고 있었던 것이다. 거주하는 사람이 이희○이라면 지상의 무허가건물도 이희○이 건축한 것이라고 판단하는 것이 가장 합리적일 것이다.

◉ 이희○이 지은 것이라면 언제 지었는가?

건물의 상태도 양호하다. 그리고 중앙에 주차장도 만들어놓았다.

▲ 건물의 상태도 양호하다. 그리고 중앙에 주차장도 만들어놓았다.

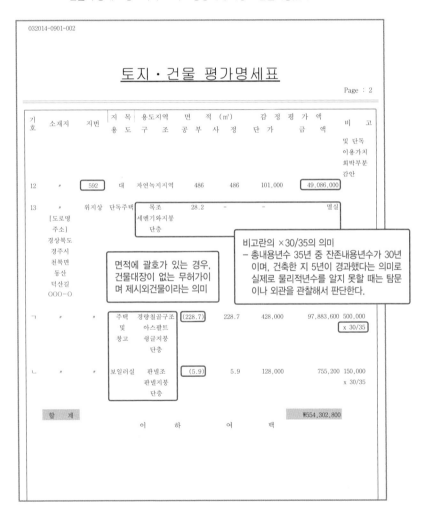

032014-0901-002

토지·건물 평가명세표

Page : 2

기호	소재지	지번	지목 용도	용도지역 구조	면적(㎡) 공부	면적(㎡) 사정	감정평가액 단가	감정평가액 금액	비고 및 단독 이용가치 희박부분 감안
12	〃	592	대	자연녹지지역	486	486	101,000	49,086,000	
13	〃 [도로명 주소] 경상북도 경주시 천북면 동산 덕산길 ○○○-○		위지상	단독주택	목조 세멘기와지붕 단층	28.2	-	-	멸실	
ㄱ	〃	〃	주택 및 창고	경량철골구조 아스팔트 셀글지붕 단층	(228.7)	228.7	428,000	97,883,600	500,000 x 30/35
ㄴ	〃	〃	보일러실	판넬조 판넬지붕 단층	(5.9)	5.9	128,000	755,200	150,000 x 30/35
	합계			이 하 여 백				₩554,302,800	

> 면적에 괄호가 있는 경우,
> 건물대장이 없는 무허가이
> 며 제시외건물이라는 의미

> 비고란의 ×30/35의 의미
> – 총내용년수 35년 중 잔존내용년수가 30년
> 이며, 건축한 지 5년이 경과했다는 의미로
> 실제로 물리적년수를 알지 못할 때는 탐문
> 이나 외관을 관찰해서 판단한다.

경과년수를 5년으로 책정했다. 감정평가를 위한 기준시점 2014년 9월 23일을 기준으로 약 5년 전인 2010년 전후로 무허가건물이 지었다고 판단했다.

이 건처럼 무허가건물의 연식은 실제로는 오래되었더라도 건물의 외관이 깨끗하고 관리상태가 양호하면 경과년수가 줄기도 한다.

따라서 사진과 감정평가서의 내용만으로 무허가건물이 언제 건축되었는지 단정 짓기에는 좀 무리가 있다.

정확한 것은 그 당시 항공사진을 보는 것이다. 그 당시의 항공사진이 화질이 떨어져 현재의 항공사진과 비교해본다.

현재의 카카오맵 항공지도와 국토지리정보원의 항공사진(1996년 촬영, 2004년 촬영)을 보겠다. 이 사진은 원장의 직인만 받으면 나중에 소송 중에 증거자료로 인정이 된다. 먼저 현재의 카카오맵의 항공사진이다. 중식도처럼 생긴 건물의 지붕이 잘 보이는가? 중식도라면 손잡이 부분은 진입로고, 칼 부분은 무허가건물이다.

1996년에 촬영한 항공사진을 보면 현황과 다른 공부상의 면적(약 28 m²)의 주택같은 것만 보이고, 현황처럼 큰 지붕은 보이지 않는다. 따라서 적어도 1996년에는 지금과 같은 규모의 무허가건물이 없었다는 이야기다.

그리고 이를 뒷받침하는 증거가 토지등기부에 있다. 이희○이 2000년에 토지를 매수할 당시의 소유자는 서울에 거주하는 김동○으로 이 토지를 모르고 있었다. 1994년에 '조상 땅 찾기 운동'으로 이 땅의 존재를 알게된 것이다. 그런 사람이 곧바로 무허가건물을 지었다고 생각하는 것은 지리적 측면에서 좀 무리가 있다고 볼 수 있다.

이 말은 무허가건물은 적어도 2000년에 토지 소유자가 된 이희○이후로 지어졌다는 의미다.

2004년 촬영한 항공사진을 보면 하얀 지붕이 2개 보인다. 중간에 검은 줄이 보이는데, 이것은 처음에 무허가 2개 동을 지었다가 나중에 2

개 동을 연결해서 연결한 부분은 주차장으로 사용하는 것이다. 따라서 현재 상태의 무허가건물은 2004년을 포함한 이전에 건축되었다. 2004년을 포함한 이전의 토지 소유자는 결국 이희○다.

○ 참고로 2000년 매매로 이희○가 소유권을 확보했다. 경매로 잔금납부(2016. 11. 16.)때도 이희○의 소유였지만 중간(2006~2011. 8)에만 황윤○의 씨의 소유로 된 상황을 어떻게 해석해야 할까?

등기부를 보면 2006년에 이희○으로부터 토지를 매수한 황윤○이 포항에 거주한다. 물론 이것까지는 아무 의미가 없다. 그런데 2010년 황윤○의 사망으로 상속한 부인인 백순○의 주거지도 포항이다. 이것이 강력한 신호다. 즉 황윤○ 부부는 토지를 명의신탁받은 상태에서 계속 포항에 거주했다는 의미다.

그래서 이희○은 토지를 채무 등의 문제(잠재적 채무 등에 의한 가압류 등을 예감)로 명의신탁한 상태에서 이 사건 토지에 계속 거주했다는 것이다.

그리고 명의신탁받은 토지를 상속한 백순○ 입장에서는 내 토지도 아닌데 이래저래 신경쓸 것도 많고 하니 이희○에게 빨리 명의를 가져가라고 압박을 한다. 이에 따라 이희○은 연줄이 있는 새마을금고에게 토지만 담보로 대출을 받으면서 2011년 8월 8일 소유권 이전을 했다 (이희○ 입장에서는 장래 예상되는 잠재적 채무를 고려하면 대출을 끼고 사면 나중에 가압류 등이 줄줄이 들어와도 나쁠 이유가 없다).

● 2년 이상의 지료가 연체된 경우

이론적으로 지상권자가 2년분 이상의 지료를 지급하지 않았다면 관습상의 법정지상권도 민법 제287조에 따른 지상권소멸청구의 의사표시에 의해 소멸한다. 하지만 현실적으로 지상권자가 이에 순순히 응할 리가 없다. 결국에는 한 번 더 '건물철거 및 토지인도청구'의 소를 제기해서 법원의 판결을 받아야 한다.

대구지방법원 경주지원

판 결

사 건 2020가단15129 건물 등 철거

원 고 이규O

피 고 이희O

최후주소 경주시 천북면 동산덕산길 OOO-O(덕산리)

변 론 종 결 2021. 7. 21.

판 결 선 고 2021. 8. 18.

주 문

1. 피고는 원고에게,

　가. 별지 목록 기재 토지 중 별지 도면 표시 1, 2, 3, 6, 7, 8, 9, 10, 11, 12, 1의 각

　　점을 순차로 연결한 선내 (가) 부분 경량철골구조 아스팔트 싱글지붕 단층주택

　　및 창고 약 228.7㎡, 같은 도면 표시 3, 4, 5, 6, 3의 각 점을 순차로 연결한 선

　　내 (나) 부분 판넬조 판넬지붕 단층 보일러실 약 5.9㎡를 각 철거하고,

　나. 별지 목록 기재 토지를 인도하라.

2. 원고의 나머지 청구를 기각한다.

3. 소송비용은 피고가 부담한다.

4. 제1항은 가집행할 수 있다.

> 건물철거 판결과 건물명도라는 상반된 주장으로 건물명도 부분이 기각되었다.

> 기각 부분은 원고가 청구 취지를 잘못 기재해서 법원이 명확하게 판단한 부분으로 "건물을 철거하고, 토지를 인도하라"고 기재해야 하는 것을 "건물을 명도하고 철거하며, 토지를 인도하라"라고 잘못 기재했다.

- 1 -

법정지상권의 해법

1 법정지상권 권리분석

유치권은 책상에서 10%를 알고 나머지 90%는 현장조사가 필요하다고 한다. 반면 법정지상권은 책상에서 90%를 알고 나머지 10%는 현장조사를 통해 알 수 있다고 한다. 그만큼 법정지상권은 말 그대로 공부상의 서류열람만으로 권리분석이 용이한 편이다.

2 성립 여부를 확인하기 위한 자료

(1) 현재 건물에 대한 토지등기부등본과 건물등기부등본, 토지대장과 건축물대장(허가일자, 착공일자, 사용승인일)은 기본으로 열람하고 폐쇄등기부등본도 확인해야 한다.

(2) 건축허가를 득한 건물이라면 아직 건축물대장, 보존등기가 되어있지 않더라도 시·군·구청 건축과에서 건축허가와 관련된 내용을 확인한다. 허가일자, 착공일자 그리고 건축주 이름과 건축주 변경 여부도 확인한다. 다만, 건축주의 인적사항 등은 개정정보보호 차원에서 이러한 내용의 확인은 쉽지가 않다 이때는 탐문조사를 통해 확인해야 한다(최근에는 '건축행정시스템 세움터'로도 확인할 수 있다).

(2) 무허가건물은 무허가건축물대장이나 재산세부과대장을 확인하고 멸실된 건물은 멸실건축물관리대장을 확인한다.

국토지리정보원의 항공사진

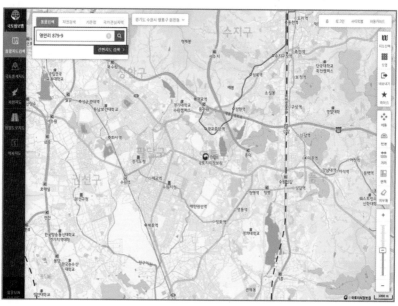

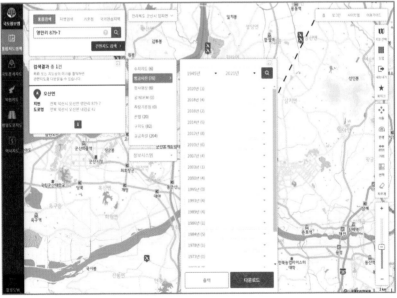

갑 제6호 증

10 차지권

1 개념 및 성립요건

(1) 건물 소유 목적의 토지 임대차계약

다른 목적으로 임대차했다가 건물을 건축하고 등기하더라도 민법 제622조의 적용을 받지 못한다.

甲이 대지와 건물의 소유자였던 을(乙)로부터 이것을 임차했다. 그 후 甲이 건물을 강제경매 절차에서 경락받아 그 대지에 관한 이 임차권은 등기하지 않은 채 그 건물에 관해서 甲 명의의 소유권이전등기를 경료했다. 그렇다면 甲과 乙 사이에 체결된 대지에 관한 임대차계약은 건물의 소유를 목적으로 한 토지 임대차계약이 아닌 것이 명백하다. 따라서 그 대지에 관한 甲의 임차권은 민법 제622조에 따른 대항력을 갖추지 못했다고 할 수 있다(대법원 1994. 11. 22. 선고 94다5458 판결).

(2) 토지임차인이 그 지상 건물을 등기해야 한다

민법 제622조(건물 등기 있는 차지권의 대항력)

① 건물의 소유를 목적으로 한 토지 임대차는 이를 등기하지 아니한 경우에도 임차인이 그 지상 건물을 등기한 때는 제삼자에 대하여 임대차의 효력이 생긴다.

② 건물이 임대차기간 만료 전에 멸실 또는 후폐한 때에는 전항의 효력을 잃는다.

임차인이 그 지상 건물을 등기하기 전에 그 토지가 제삼자에게 소유권 이전등기된 경우에는 그 후 임차인이 그 지상 건물을 등기하더라도 제삼자에 대해서 임대차의 효력이 생기지 않는다.

민법 제622조는 건물을 소유하는 토지 임차인의 보호를 위해서 건물의 등기로 토지 임대차 등기에 갈음하는 효력을 부여하는 것일 뿐이다. 임차인이 그 지상 건물을 등기하기 전에 제삼자가 그 토지에 관해 물권취득의 등기한 때는 임차인이 그 지상 건물을 등기하더라도 그 제삼자 또는 토지 낙찰자에 대해서 임대차의 효력이 생기지 않는다.

결국 효력이라는 면에서는 임대차보호법상의 대항력과 마찬가지라고 할 수 있다. 따라서, 지상 건물에 대한 등기 이전에 토지에 대해 가처분 등기가 되거나 저당권 등이 설정되고, 이를 통해 토지 소유권이 변경되면 건물주는 변경된 토지 소유자에 대해 대항력을 주장할 수 없다.

이 낙찰로 인해서 선순위인 이 근저당권이 소멸했다. 그보다 후순위인 이 임차권도 대항력을 상실한다고 할 수 있다. 따라서 임차인은 이 임의경매 절차에서 소유권을 취득한 낙찰자에게 이 임차권에 기해서 대항할 수 없다(대법원 2003. 2. 28. 선고 2000다65802, 65819 판결 참고).

2 건물 양수자와 대항력

건물의 소유를 목적으로 하는 토지 임차인으로부터 건물을 양수한 자가 임대인이나 그 토지의 제3의 취득자에게 그 임차권으로 대항할 수 있으려면 건물 양수인이 토지 소유자의 동의를 얻어 건물의 전 소유자의 임차권을 적법히 양수한 경우여야 한다.

임차인의 변경이 당사자의 개인적인 신뢰를 기초로 하는 계속적 법률관계인 임대차를 더는 지속하기 어려울 정도로 당사자 간의 신뢰 관계를 파괴하는 임대인에 대한 배신행위가 아니라고 인정되는 특별한 사정이 있는 때는 임대인은 자신의 동의 없이 임차권이 이전되었다는 것만을 이유로 민법 제629조 제2항에 따라서 임대차계약을 해지할 수 없다. 그와 같은 특별한 사정이 있는 때에 한해 경락인은 임대인의 동의가 없더라도 임차권의 이전을 임대인에게 대항할 수 있다고 볼 수 있다. 이와 같은 특별한 사정이 있는 점은 경락인이 주장·입증해야 한다.

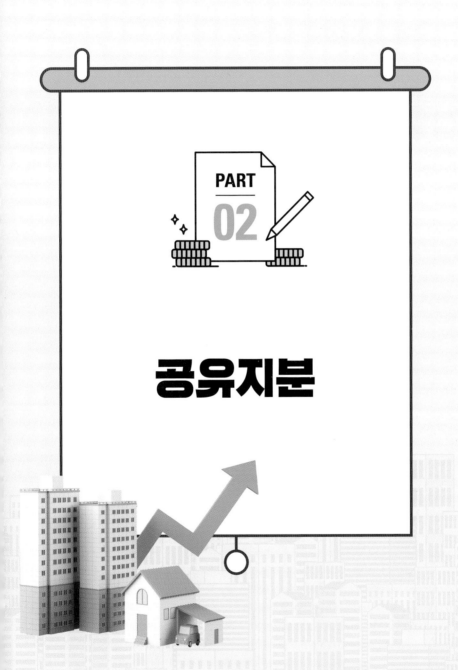

PART

02

공유지분

공유지분의 개념

    공동소유는 하나의 물건을 2인 이상의 다수가 공동으로 소유하는 것을 말한다. 공유지분이란 공유물에 대한 각 공유자의 권리, 즉 소유 비율을 말한다.

    부동산의 소유자가 여러 사람이라는 점에서 차이가 있을 뿐 지분 내에서는 하나의 독립된 소유권과 성질이 같다.

지분의 처분·제한

공유자는 자기의 지분을 자유롭게 처분할 수 있다. 지분처분금지의 특약을 하더라도 당사자 간에만 유효한 채권적 효력을 가질 뿐이다. 그러한 특약을 등기할 방법도 없다.

다만, '집합건물의 소유 및 관리에 관한 법률'에 의한 구분건물의 공용부분에 대한 지분, 대지사용권에 대한 지분은 전유부분과 분리해서 처분할 수 없다.

지분을 양도하거나 지분에 담보권을 설정하는 것과 달리 지분에 지상권, 전세권 등의 용익물권을 설정하는 것은 일물일권주의에 반하고 공유물 전체에 영향을 미치므로 공유자 전원의 동의를 필요로 한다.

지분 양도나 저당권 설정에는 동의가 필요 없다.

현물분할이 아닌 대금분할의 이유

◉ 물건의 개요

이 물건의 북서 측 인근에 둔내역이 소재하고 남동측 근거리에 웰리힐리 리조트가 소재하는 곳이다. 이 물건지에 인접해서 스키렌탈숍 건물이 있다. 현물분할이 가능해 보이는데도 대금분할에 의한 형식적 경매가 진행된 사례다.

이 물건의 지분권자들 2명은 각각 1/2지분을 소유하고 있는 이웃이다. 마주하는 스키렌탈숍의 소유자는 지분권자 중의 1명인 박영○이다.

누가 봐도 이 물건은 박영○이 낙찰받아야 하는 물건이다. 입찰 당일에는 지분권자인 박영○이 입찰했지만 패찰했다(공유물분할판결에 의한 형식적 경매는 지분권자들의 공유자우선매수신청이 허용되지 않는다).

◉ 어떤 사유로 대금분할판결이 된 것일까?

2인 지분 중 이창○의 지분(1/2)에만 근저당이 설정되어 있는 상태에서 공유물분할청구소송이 진행되었다.

8	4번근저당권설정등기말소	2003년9월23일 제13512호	2003년9월23일 해지	
9	근저당권설정	2004년11월4일 제15820호	2004년11월4일 설정계약	채권최고액 금280,000,000원 채무자 이○식 　강원도 횡성군 둔내면 둔방내리 ○○ 　○○○○○○ ○○○ 근저당권자 횡성새마을금고 145144-0001620 　횡성군 횡성읍 읍상리 ○○○○ 공동담보목록 제2004-229호
9-1				9번 근저당권 등기는 합병후의 부동산 전부에 관한 것임 2005년11월16일 부기
9-2	9번근저당권변경	2006년8월29일 제17327호	2006년8월28일 지분포기	목적 갑구1번이창식지분전부근저당권설정
~~10~~	~~갑구5번취득지분~~	~~2006년8월29일~~	~~2006년8월28일~~	~~채권최고액 금84,000,000원~~

○ 낙찰 후 진행과정(박스 안은 본 사례의 판결문 일부)

2006. 8. 28. 이창○ 지분에 근저당권 설정

2017. 7. 26. 지분권자 박영○(원고) 공유물분할청구의 소 제기

2018. 5. 19. 대금분할 판결 확정

2018. 8. 1. 형식적 경매(공유물분할) 개시결정

2019. 6. 17. 형식적 경매의 전체매각에서 낙찰

2019. 11. 12. 마무리

있고, 이를 종합하면 이 사건 토지는 현물로 분할하는 것이 곤란하므로 이를 대금분할의 방법으로 분할하는 것이 타당하다.

　1) 피고의 이 사건 토지에 관한 지분에 대하여 근저당권이 설정되어 있다.

　2) 원고가 이 사건 변론종결일에 이 사건 토지를 대금분할의 방법으로 분할할 것을 희망하였다.

3. 결론

　그렇다면 이 사건 토지를 경매에 부쳐 그 대금에서 경매비용을 공제한 나머지 금액을 원고와 피고에게 그 소유지분 비율에 따라 분배하기로 하여 주문과 같이 판결한다.

> 일부 공유지분에 저당권 설정 후 현물분할된 경우 그 저당권은 분할된 각 부동산 위에 종전의 지분비율대로 존속하고 분할된 각 부동산은 저당권 공동담보가 된다(대법원 2012. 3. 29. 선고 2011다74932 판결).

즉 현물분할이 된다면 채무자도 아닌 박영○ 씨의 현물분할된 토지에도 지분권자인 이창○이 설정된 근저당이 전부 딸려오는 것이다.

이렇게 하는 이유는 애초 근저당권자는 지분에 근저당을 설정하더라도 전체 토지를 기준한 담보가치를 감안해서 근저당을 실행했는데, 지분권자들의 사정으로 현물분할이 되어 채무자인 이창○의 지분에만 근저당이 이전된다면 그 담보가치가 저감될 것이기 때문이다. 이 경우 근저당권자는 채권의 전액 회수에 지장을 받을 수 있다. 이것을 방지하고자 각각의 지분에 근저당이 따라가는 것이다.

한편으로 채무자도 아닌 박영○의 입장에서는 억울한 면이 있다. 내부적으로 이창○에게 물상보증 책임을 물을 수 있다.

이 물건의 공유물분할청구소송에서도 박영○의 이러한 사정이 고려되어 현물분할이 아닌 대금분할 판결이 내려진 것이다(이 경우 지분근저당을 빌미로 현물분할이 아닌 대금분할을 위한 논리를 구성할 수 있을 것이다).

공유자 간의 법률관계

1 공유물의 관리 및 보존

(1) 공유물의 관리에 관한 사항은 지분의 과반수로 결정한다(공유자의 과반수 아님). 관리행위는 공유물의 처분이나 변경에까지 이르지 아니한 정도로 공유물을 이용·개량하는 행위를 말한다.

관리행위로는 공유물을 사용·수익하는 구체적인 방법의 결정, 공유물의 임대행위, 관리행위에 해당하는 계약의 해제, 해지 등이 있다.

(2) 공유물의 보존행위는 공유자 각자가 할 수 있다. 보존행위는 공유물의 멸실, 훼손을 방지하고 그 현상을 유지하기 위해서 하는 사실적, 법률적 행위를 말한다.

예컨대 공유건물의 훼손을 방지하기 위해 수리하는 것, 부패 염려 있는 공유물을 매각해서 금전으로 보관하는 것 등이다.

2 공유물의 처분·변경

민법 제264조(공유물의 처분, 변경)

공유자는 다른 공유자의 동의 없이 공유물을 처분하거나 변경하지 못한다.

공유지분은 각자가 자유로이 처분할 수 있으나 공유물 자체의 처분·변경은 다른 공유자 전원의 동의를 얻어야 할 수 있다.

(1) 공유물의 처분

공유물을 양도하거나 그 위에 담보물권을 설정하는 등의 행위를 말한다. 또한 전세권 등의 용익물권의 설정하는 것도 실질적으로 공유물의 처분에 해당한다고 할 것이다.

(2) 공유물의 변경

공유물의 변경은 공유물에 대해서 사실상의 물리적인 변화를 가하는 것을 말한다. 이러한 사실상의 변경 외에 법률상의 변경은 처분에 해당해서 처분과 변경을 엄격하게 구별할 실익은 없다.

3 공유물에 대한 부담(보증금반환채무의 성질)

건물의 공유자가 공동으로 건물을 임대하고 보증금을 수령한 경우, 보증금반환채무의 성질(=불가분채무)이 있다.

건물의 공유자가 공동으로 건물을 임대하고 보증금을 수령한 경우, 특별한 사정이 없는 한 그 임대는 각자 공유지분을 임대한 것이 아니다. 임대목적물을 다수의 당사자로서 공동으로 임대한 것이다. 그 보증금 반환채무는 성질상 불가분채무에 해당한다고 봐야 할 것이다(대법원 1998. 12. 8. 선고 98다43137 판결).

○ 지분권자의 권리

구분	보존행위	관리행위	지분의 처분	공유물 처분·변경	공유물의 사용수익	공유물의 분할
소수 지분권자	○	×	○	×	○	○
과반수 지분권자	○	○	○	×	○	○
비고				전원 동의	자신의 지분에 비례해서 공유물 전부 사용. 수익	*협의분할 *재판분할 현물분할(원칙) 대금분할, 가액배상

일괄매각으로 진행되는 경매 물건 중 일부의 공유자

매각물건	소유형태	소유자
내동리 ○○○	공유	안기○, 윤순○
내동리 ○○○-○	단독소유	안기○
내동리 ○○○ 지상 건물	공유	안기○, 윤순○

감정평가사가 알려주는
스타트! 소액 특수 경매

◉ 입찰 당일 경매법정에서

5명이 입찰했다. 집행관의 공유자우선매수신청을 알리자 채무자 안기○가 모친이자 일부의 지분권자인 윤순○를 대리로 공유자우선매수신고했다. 그러나 이 건은 토지 2필, 건물 1개 중 토지 1필지는 지분형태가 아니라 안기○ 단독소유이므로 윤순○의 공유자우선매수신고자격이 없어 최고가매수인에게 낙찰된 사건이다.

공유의 주장

1 지분의 대외적 주장

건물의 공유자 중 1인에 대한 건물철거청구의 경우에, 판례는 이는 필수적 공동소송이 아니다. 지분권의 한도에서 처분권을 가지는 것을 이유로 일부 공유자에 대한 철거청구도 인용하고 있다. 다만 집행을 위해서는 지분의 합이 '1'이 되어야만 한다.

2 공유자의 우선매수청구권(공유자우선매수신고제도)

민사집행법 제140조(공유자의 우선매수권)

① 공유자는 매각기일까지 제113조에 따른 보증을 제공하고 최고매수신고가격과 같은 가격으로 채무자의 지분을 우선매수하겠다는 신고를 할 수 있다.

② 제1항의 경우에 법원은 최고가매수신고가 있더라도 그 공유자에게 매각을 허가하여야 한다.

③ 여러 사람의 공유자가 우선매수하겠다는 신고를 하고 제2항의 절차를 마친 때에는 특별한 협의가 없으면 공유지분의 비율에 따라 채무자의 지분을 매수하게 한다.

④ 제1항의 규정에 따라 공유자가 우선매수신고를 한 경우에는 최고가매수신고인을 제114조의 차순위매수신고인으로 본다.

민사집행규칙 제76조(공유자의 우선매수권 행사절차 등)

① 법 제140조 제1항의 규정에 따른 우선매수의 신고는 집행관이 매각기일을 종결한다는 고지를 하기 전까지 할 수 있다.

② 공유자가 법 제140조 제1항의 규정에 따른 신고를 하였으나 다른 매수신고인이 없는 때에는 최저매각가격을 법 제140조 제1항의 최고가매수신고가격으로 본다.

③ 최고가매수신고인을 법 제140조 제4항의 규정에 따라 차순위매수신고인으로 보게 되는 경우 그 매수신고인은 집행관이 매각기일을 종결한다는 고지를 하기 전까지 차순위매수신고인의 지위를 포기할 수 있다.

공유자의 우선매수청구권은 공유지분이 경매될 경우 공유자는 매각기일까지 보증을 제공하고 최고가매수신고가격과 같은 가격으로 채무자의 지분을 우선 매수할 수 있는 권리다.

(1) 공유자우선매수권의 행사(민사집행법 제76조)

① 시한

집행관이 입찰일 당일 '최고가매수신고인의 이름과 가격을 호창하고, 이 사건매각의 종결을 고지를 하기 전'까지 할 수 있다(법140①, 규칙76①).

② 매각기일 전의 우선매수권신고(법원문건 접수 확인)

보증의 제공 또는 없이 우선매수청구권을 행사하겠다고 신고할 수 있다.

• 공유자가 입찰기일 전에 우선매수신고서만을 제출하거나 최고가입찰자가 제공한 입찰보증금에 미달하는 금액의 보

증금을 제공한 경우, 입찰기일에 집행관은 최고가매수신고를 확인한 다음 공유자의 출석 여부를 확인한다. 공유자에게 최고가매수신고가격으로 매수할 것인지를 물어 보증금을 납부할 기회를 주어야 하는지 여부(적극)를 확인한다.

- 입찰기일 전에 공유자우선매수신고서를 제출한 공유자가 입찰기일에 입찰에 참가해서 입찰표를 제출한 경우, 우선매수권을 포기한 것으로 볼 수 있는지 여부(소극)다(대법원 2002. 6. 17.자 2002마234 결정).

③ 매각기일에 출석해서 입찰도 가능하고 우선매수청구권 행사도 가능하다.
- 최고가매수신고인이 있는 경우 ⇒ 최고가매수신고가격과 같은 금액으로 낙찰
- 최고가매수신고인이 없는 경우 ⇒ 최저매각가격으로 낙찰
- 최고가매수신고인의 지위 ⇒ 차순위매수신고인으로 간주되나, 매각기일 종결 선언 전까지 차순위매수신고인의 지위를 포기할 수 있다.

④ 입찰일 공유자우선매수신고를 하기 전에 미리 입찰표에 '입찰가격'만 빈칸으로 비워두고 작성한 뒤, 입찰봉투에 보증금과 함께 넣어서 가지고 있는다. 이렇게 준비하고 있어야 불필요한 시비를 차단할 수 있다.

⑤ 공유자우선매수신고인이 수인일 경우는 지분비율에 따라 매수하게 한다(평등비율 아님).

(2) 공유자우선매수권행사의 남용

매각기일 전 공유자우선매수 신고를 하고 입찰자가 없자 보증금을 납부하지 않는 방법으로 유찰이 되었다가 4회 매각기일에 매수신고인이 나타나자 비로소 보증금을 납부하고 최고가매수신고인의 지위를 얻은 것은 법 108조 2, 121조, 123조에서 정하는 '매각의 적정한 실시를 방해한 사람'에 해당하므로 매각불허가사유가 된다.

실무상 보증금 없이 매수신고를 해서 매각기일 종결 시까지 보증금을 제공하지 않은 경우 추후 공유자우선매수권 행사를 제한하는 특별매각조건을 부가한다.

> 예 공유자의 우선매수신청권행사는 신고한 첫 기일에만 유효하고 다음 기일부터는 행사할 수 없다.

- 부동산 매각불허가결정에 대한 이의

    [1] 채무자의 공유지분에 대한 경매 절차에서 공유자가 우선매수신고를 하고서도 매각기일까지 보증을 제공하지 않은 경우, 우선매수권을 포기하거나 상실한 것으로 볼 수 있는 여부(원칙적 소극)

    [2] 공유자가 여러 차례 우선매수신고만을 해서 일반인들의 매수신고를 꺼릴 만한 상황을 만들어놓은 뒤, 다른 매수신고인이 없을 때는 보증금을 납부하지 않는 방법으로 유찰이 되게 했다가 다른 매수신고인이 나타나면 보증금을 납부해 자신에게 매각을 허가하도록 하는 것이 민사집행법 제121조, 제108조 제2호의 '최고가매수신고인이 매각

의 적정한 실시를 방해한 사람'에 해당되는 매각불허가사
유인지 여부(적극)

[3] 공유자가 민사집행법 제140조의 우선매수권제도를 이용
해서 공유 부동산의 채무자 지분에 관한 경매 절차에서
두 차례에 걸쳐 우선매수신고를 했다. 그러나 제2회 매각
기일까지 다른 매수신고인이 없자 매수신청보증금을 납
부하지 않는 방법으로 유찰이 되게 하고, 제3회 매각기일
에 다시 우선매수신고를 하면서 입찰에 참가했다. 이 사
안에서, 공유자가 우선매수신고를 하고도 매각기일까지
보증을 제공하지 않은 것을 우선매수권의 포기로 본 원심
판단은 잘못이나, 이 공유자는 '매각의 적정한 실시를 방
해한 사람'에 해당하므로, 매각을 불허가한 결론은 결국
정당하다.

그렇다면 법원은 재항고인이 공유자로서 최고가매수신고
인이라고 하더라도 민사집행법 제123조 제2항 본문에 따
라 직권으로 매각을 불허가할 수 있다고 할 것이다(대법원
2011. 8. 26. 자 2008마637 결정).

(3) 공유자우선매수청구의 제한

① 공유물분할 경매의 경우

② 경매개시결정 등기 이후에 공유지분을 취득한 경우 다만. 권
리신고를 해서 이해관계인에 해당하는 경우는 가능

③ 구분소유적 공유관계인 경우

④ 일괄매각으로 진행되는 경매 물건 중 일부의 공유자

⑤ 경매 신청을 받은 당해 공유자(채무자)

⑥ 채무자(지분권자)의 상속인이자 별도의 지분권자

- 甲이 남편인 乙과 부동산을 공유하던 중 乙이 사망하자 乙의 재산을 상속한 후, 乙이 생전에 이 부동산의 공유지분에 설정한 근저당권의 실행으로 매각절차가 진행되자 甲은 이 부동산의 공유자로서 우선매수신청을 한 사안에서, 이 매각절차에서의 채무자로서 매수신청이 금지된 자이므로 민사집행법 제121조 제2호에 정한 '부동산을 매수할 자격이 없는 자'에 해당한다(대법원 2009. 10. 5.자 2009마1302 결정).

매각불허가 사유(채무자의 상속인 겸 별도의 지분권자)

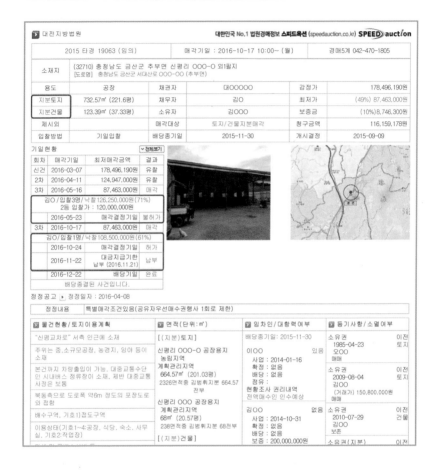

⊙ 진행과정

1. 2011. 3. 4. 아버지의 사망으로 엄마(김○), 아들(김범○), 딸(김민○) 에게 상속

2. 2015. 9. 9. 아들 지분(2/7)이 경매로 진행

3. 2015. 11. 9. 채권자가 뒤늦게 아들이 사망한 것을 알고 엄마인 김○을 상속인으로 대위등기를 한다.

4. 2016. 5. 16. 김○이 공유자우선매수청구로 낙찰이 되었지만 법
   원에서 뒤늦게 공유자우선매수자격이 안 된다는 것을 알고 불허
   가 결정을 내린다(여기서 한 가지 우리가 알아야 할 점은 최고가 낙찰자는 공유
   자우선매수청구의 제한사유 중의 하나인 '채무자의 상속인이자 별도의 지분권자'를
   알았더라면 입찰법정에서 집행관에게 즉시 이의신청을 해서 최고가매수신고인으로
   서 지위를 상실하지 않을 수 있었다는 것이다).

5. 2016. 7. 18. 채권자가 김범○ 지분(2/7)의 김○에서 시어머니인
   김순○로 신청착오를 이유로 정정신청을 한다.

6. 2016. 10. 24. 김○은 떳떳한 공유자의 자격으로 공유자우선매수
   신청을 하고 매각허가결정이 난다.

		제12199호	매매	대전광역시 중구 목봉 ██ ██████ ██ ████
				거래가액 금150,800,000원
3	소유권이전	2011년3월24일 제5959호	2011년3월4일 상속	공유자 지분 7분의 3 김██ 481224-******* 　대전광역시 중구 목봉 ██ ████████ ████ 지분 7분의 2 김██ 740727-******* 　대전광역시 중구 목봉 ██ ████████ ████ 지분 7분의 2 김██ 751015-******* 　대전광역시 중구 목봉 ██ ████████ ████
4	가압류	2011년4월29일 제6305호	2011년4월29일 전주지방법원의 가압류 결정(2011카합256)	청구금액 금430,000,000원 채권자 백██ 370315-******* 　전라북도 전주시 완산구 광화동1가 ███ ██ ███ ██ ██ ████
5	4번가압류등기말소	2013년2월12일 제1834호	2013년2월6일 해제	

8	6번강제경매개시결정등기말소	2015년9월2일 제14156호	2015년8월31일 취하	
9	3번김범██지분인의강제개시결정	2015년9월9일 제14623호	2015년9월9일 대전지방법원의 임의경매개시결정(2015 타경19063)	채권자 주식회사대산투자대부 160111-0149090 　대전광역시 서구 둔산로137번길 ██ ████(둔산동, ████████)
10	3번김범██지분전부이전	2015년11월9일 제18608호	2015년4월19일 상속	공유자 지분 7분의 2 김██ 481224-******* 　대전광역시 중구 목봉로 ██ ████ ████(목봉, ████)
				대위신청인(수익자) 주식회사대산투자대부 　대전광역시 서구 둔산로137번길 ██ ████(둔산동, ████████) 대위원인 2014년 9월 24일 접수 제13942호 근저당권설정에 기한 채권보전
10-1	10번소유권경정	2016년7월18일 제11082호	신청착오	공유자 지분 7분의 2 김██ 290303-******* 　전라북도 전주시 완산구 기린대로 ██ ██(중노송동) 대위자 (수익자)주식회사대산투자대부 ████(둔산동, 　대전광역시 서구 둔산로137번길 ██ ████████) 대위원인 대전지방법원 2015타경19063호

공유물의 분할

1 분할의 자유

공유자는 언제든지 공유물의 분할을 청구해서 공유관계를 종료시킬 수 있다. 공유자 사이에는 합유와 달리 아무런 인적 결합관계가 없기 때문이다.

(1) 공유물분할금지 특약

민법 제268조(공유물의 분할청구)

① 공유자는 공유물의 분할을 청구할 수 있다. 그러나 5년 내의 기간으로 분할하지 아니할 것을 약정할 수 있다.

② 전항의 계약을 갱신한 때에는 그 기간은 갱신한 날로부터 5년을 넘지 못한다.

③ 전 2항의 규정은 제215조(건물의 구분소유), 제239조(경계표 등)의 공유물에는 적용하지 아니한다.

공유자들의 약정으로 5년을 넘지 않는 기간 내에서 분할을 금지할 수 있다. 공유물분할금지의 특약은 등기되어야 한다. 등기되지 않으면 지분양수인에게 대항할 수 없다.

(2) 지분양도금지 특약

지분양도금지 특약은 채권적 효력밖에 없다. 등기를 할 수 있는 방법도 없기 때문에 그러한 특약에 반해서 공유자 1인이 공유지분을 매각할 경우 해당 공유지분 매수인에게 대항할 수 없다.

2 분할의 방법

(1) 협의분할, 현물분할(예외적으로 재판상 분할, 대금분할, 가액배상, 기타혼용)

협의분할이 원칙으로 협의 불성립 시는 재판상 분할을 인정한다. 또한 협의 및 재판상 분할 어느 경우에나 현물분할이 원칙이다. 대금분할이나 가액배상은 예외적으로 인정된다.

협의분할	방법에 제한이 없음
재판상 분할	현물분할
	대금분할
	가액배상

(2) 재판상 분할(공유물분할청구의 소)

① 재판상 분할의 의미와 성질

공유물분할에 관한 협의가 성립되지 않은 경우 공유자는 법원에 그 분할을 청구할 수 있다(민법 제269조 1항). 이를 재판상 분할이라 하고, 이러한 소송을 '공유물분할청구의 소'라 한다.

공유물분할의 소는 (형식적) 형성의 소로서 법원은 공유물분할을 청구하는 자가 구하는 방법에 구애받지 않고 자유로운 재량에 따라 공유관계나 그 객체인 물건의 제반 상황에 따라 재량으로 판단해서 분할의 방법을 정할 수 있다(대법원 2015. 7. 23. 선고 2014다88888 판결). 실질은 비송사건(처분권주의 배제)

② 필요적 공동소송

공유물분할청구의 소는 분할을 청구하는 공유자가 원고가 되어 다른 공유자 전부를 공동피고로 해야 하는 고유필수적 공동소송이다(대법원 2014. 1. 29. 선고 2013다78556 판결).

③ 구체적인 분할방법

가. 공유물분할청구의 소에서도 협의분할과 마찬가지로 현물분할을 원칙으로 하고 현물로 분할할 수 없거나 분할로 인해서 그 가액이 현저히 감손될 염려가 있는 경우에만 예외적으로 공유물을 경매해서 그 대금을 분할할 수 있다.

㉠ 현물분할방법의 다양성

- 현물분할의 방법은 법원의 자유재량에 따라 공유관계나 그 객체인 물건의 제반 상황에 따라 공유자의 지분비율에 따라 합리적으로 분할하면 되는 것이고, 여기서 공유지분비율은 지분에 따른 가액비율을 의미한다(대법원 1991. 11. 12. 선고 91다27228 판결).

- 공유자 상호 간에 금전으로 경제적 가치의 과부족을 조정하게 해서 분할을 하는 것도 현물분할의 한 방법으로 허용(대법원 1991. 11. 12. 선고 91다27228 판결)

- 분할청구자의 지분한도 안에서 현물분할을 하고 분할을 원하지 않는 나머지 공유자는 공유자로 남는 방법도 허용(대법원 2015. 7. 23. 선고 2014다88888 판결)

- 토지의 형상이나, 그 이용상황이나 경제적 가치가 균등하지 아니할 때는 그 제반 사정을 고려해서 경제적 가치가 지분비율에 상응하도록 분할하는 것도 허용(대법원 1991. 11. 12. 선고 91다27228 판결)
- 공유물의 공유자 중의 1인의 단독소유 또는 수인의 공유로 하되 현물을 소유하게 되는 공유자가 다른 공유자에 대해서 그 지분의 적정하고도 합리적인 가격을 배상시키는 방법에 의한 분할도 현물분할의 한 방법으로 허용(대법원 2004. 10. 14. 선고 2004다30583 판결)

ⓛ 현물분할의 예외사유(대법원 2001. 3. 9. 선고 98다51169 판결)
- 현물로 분할할 수 없거나 현물로 분할하게 되면 현저히 그 가액이 감손될 염려가 있는 때
- 물리적으로 현물분할이 불가능한 경우
- 공유물의 성질, 위치나 면적, 이용 상황, 분할 후의 사용가치 등에 비춰 봤을 때 현물분할을 하는 것이 곤란하거나 부적당한 경우
- 공유물 전체의 교환가치가 현물분할로 인해서 현저하게 감손될 경우
- 공유자의 한 사람이라도 현물분할에 의해서 단독으로 소유하게 될 부분의 가액이 분할 전의 소유지분 가액보다 현저하게 감손될 염려가 있는 경우
※ 주의 : 부동산 공법상의 토지분할 최소면적 제한사유

'현물로 분할할 수 없다'라는 요건을 물리적으로 엄격하게 해석할 것은 아니다. 공유물의 성질, 위치나 면적, 이용상황, 분할 후의 사용가치 등에 비춰 봐서 현물분할을 하는 것이 곤란하거나 부적당한 경우를 포함한다고 할 것이다.

'현물로 분할하게 되면 현저히 그 가액이 감손될 염려가 있는 경우'라는 것도 공유자의 한 사람이라도 현물분할에 의해서 단독으로 소유하게 될 부분의 가액이 분할 전의 소유지분 가액보다 현저하게 감소할 염려가 있는 경우도 포함한다(대법원 2001. 3. 9. 선고 98다51169 판결).

ⓒ 대금분할의 엄격한 요건

재판에 의해서 공유물을 분할하는 경우에 현물로 분할할 수 없거나 현물로 분할하게 되면 그 가액이 현저히 감손될 염려가 있는 때는 물건의 경매를 명해서 대금분할을 할 수 있다.

재판에 의해서 공유물을 분할하는 경우에 법원은 현물로 분할하는 것이 원칙이므로, 불가피하게 대금분할을 할 수밖에 없는 요건에 관한 객관적·구체적인 심리 없이 단순히 공유자들 사이에 분할의 방법에 관해서 의사가 합치하고 있지 않다는 등의 주관적·추상적인 사정에 터잡아 함부로 대금분할을 명하는 것은 허용될 수 없다(대법원 2009. 9. 10. 선고 2009다40219, 40226 판결).

이천 칠천암 토지 지분 낙찰 후 전체 형식적 경매의 진행

대한민국 No.1 법원경매정보 스피드옥션 (speedauction.co.kr) SPEED auction

수원지방법원 여주지원					
2017 타경 32089 (강제)		매각기일 : 2018-08-08 10:00~ (수)		경매4계 031-880-7448	
소재지	(17365) 경기도 이천시 관고동 O-OO [도로명] 경기도 이천시 영창로153번길 OO (관고동)				
용도	대지	채권자	국OOOOO	감정가	54,476,700원
지분토지	30.9㎡ (9.35평)	채무자	박OO	최저가	(49%) 26,694,000원
건물면적		소유자	박OOOO	보증금	(10%) 2,669,400원
제시외	제외 : 102㎡ (30.85평)	매각대상	토지지분매각	청구금액	20,870,623원
입찰방법	기일입찰	배당종기일	2017-10-16	개시결정	2017-07-04

기일현황　　　　　　　✔전체보기

회차	매각기일	최저매각금액	결과
신건	2018-05-16	54,476,700원	유찰
2차	2018-06-20	38,134,000원	유찰
	2018-06-20	38,134,000원	변경
2차	2018-08-08	26,694,000원	매각
김○○/입찰3명/낙찰35,853,000원(66%)			
	2018-08-16	매각결정기일	허가
	2018-09-27	대금지급기한 납부 (2018.08.31)	납부
	2018-10-17	배당기일	완료
	2018-10-31	배당기일	완료
배당종결된 사건입니다.			

○ 진행 과정

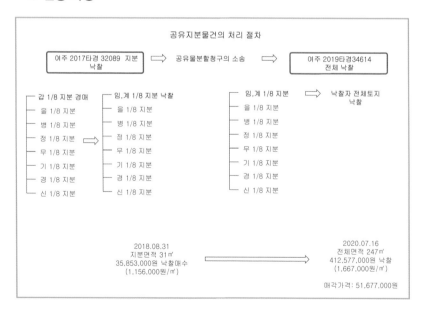

◉ 공유물분할청구 소송에서 대금분할판결(여주지원 2018가단55611)

칠천암 오성○(피고)가 주장하는 분할방법

오성○는 칠천암을 운영하므로 점유하는 건물부지 부분을 오성○에게 현물로 분할하고 지분을 초과하는 부분은 다른 공유자들에게 가액으로 보상하는 방법을 주장한다.

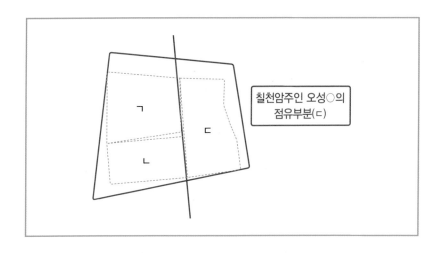

법원의 판단

대금분할의 판결이유   피고 F : 칠천암의 주인

제외한 나머지 피고들은 찬성하거나 별다른 이의를 제기하지 아니하였다.

　나. 피고 F는 이 사건 토지 중 별지 도면 표시 'ㄴ' 부분 55.9㎡ 지상 건물에서 K이라는 사암을 운영하고 있으므로, 위 건물 부지 부분을 피고 F에게 현물로 분할하고, 피고 F의 지분을 초과하는 부분에 관하여 다른 공유자들에게 가액으로 보상하는 방법의 분할을 주장하고 있다. 그러나 피고 F의 위 분할방법에 대하여 다수의 공유자들이 명시적으로 반대하고 있고, 피고 F에게 현물로 분할되는 부분의 면적은 관련법령 및 조례에서 요구하는 최소 분할면적에 미치지 못하게 된다.

　다. 피고 F에게 관련법령 및 조례에서 요구하는 최소 분할면적 이상의 부지 부분을 현물로 분할한다고 하더라도 나머지 부분을 나머지 공유자들의 공유로 두게 되면, 공유자들 사이에 또 다시 분쟁이 발생할 가능성이 높고, 위 나머지 부분의 성질, 위치, 면적, 형태, 분할 후의 사용가치 등에 비추어 그 가액이 현저히 감손될 염려가 높다.

　라. 피고 F에게 분할되는 부분을 제외한 나머지 부분을 나머지 공유자들에게 그 지분 비율에 따라 현물로 분할하게 되면, 나머지 공유자들이 현물로 분할받게 되는 토지 중 대부분은 관련법령 및 조례에서 요구하는 최소 분할면적에 미치지 못하게 될 뿐만 아니라 가액이 현저히 감손될 염려도 높다.

　마. 그 외 관련법령 및 조례에서 요구하는 최소 분할면적의 요건을 충족하면서 합리적으로 이 사건 토지를 현물로 분할할 방법을 찾기 어렵다.

2019 타경 34614 (임의)
공유물분할을위한경매

수원지방법원 여주지원		대한민국 No.1 법원경매정보 스피드옥션 (speedauction.co.kr) SPEED auction	

2019 타경 34614 (임의) 공유물분할을위한경매		매각기일 : 2020-06-03 10:00~ (수)		경매2계 031-880-7446	
소재지	(17365) 경기도 이천시 관고동 O-OO [도로명] 경기도 이천시 영창로153번길 OO(관고동)				
용도	대지	채권자	정OO	감정가	586,338,000원
토지면적	247.4㎡ (74.84평)	채무자	최OOOO	최저가	(49%) 287,306,000원
건물면적		소유자	최OOOO	보증금	(10%)28,730,600원
제시외	제외 : 123㎡ (37.21평)	매각대상	토지매각	청구금액	0원
입찰방법	기일입찰	배당종기일	2019-12-23	개시결정	2019-09-18

기일현황

회차	매각기일	최저매각금액	결과
신건	2020-03-25	586,338,000원	유찰
2차	2020-04-29	410,437,000원	유찰
3차	2020-06-03	287,306,000원	매각
낙찰412,577,000원(70%)			
	2020-06-10	매각결정기일	허가
	2020-07-16	대금지급기한 납부 (2020.07.16)	납부
배당종결된 사건입니다.			

지분의 근저당 설정은 대금분할을 위한 논리가 된다

인천지방법원		대한민국 No.1 법원경매정보 스피드옥션 (speedauction.co.kr) SPEED auction	

2011 타경 4232 (강제)		매각기일 : 2011-06-28 10:00~ (화)		경매10계 032-860-1610	
소재지	인천광역시 서구 경서동 산 OOO				
용도	임야	채권자	서OOOOO	감정가	87,444,000원
지분토지	347㎡ (104.97평)	채무자	김OO	최저가	(70%) 61,211,000원
건물면적		소유자	김OOOO	보증금	(10%)6,121,100원
제시외		매각대상	토지지분매각	청구금액	295,095,500원
입찰방법	기일입찰	배당종기일	2011-04-06	개시결정	2011-01-24

기일현황

회차	매각기일	최저매각금액	결과
신건	2011-05-27	87,444,000원	유찰
2차	2011-06-28	61,211,000원	매각
김OO / 입찰1명 / 낙찰61,750,000원(71%)			
	2011-07-05	매각결정기일	허가
	2011-07-29	대금지급기한 납부 (2011.07.26)	납부
배당종결된 사건입니다.			

물건현황 / 토지이용계획	면적 (단위 : ㎡)	임차인 / 대항력여부	등기사항 / 소멸여부
경서초등학교 서측인근에 위치	[(지분)토지]	배당종기일: 2011-04-06	소유권(전부) 이전
주위는 전, 답, 임야, 잡종지, 택지, 아파트 등이 혼재	경서동 산 OOO 임야 자연녹지지역 347㎡ (104.97평) 694면적중 김OO지분 347전부 현황*전기타*	- 매각물건명세서상 조사된 임차내역이 없습니다	1994-01-20 토지 김OOOO 재산상속
차량출입 가능하고, 인근 경서1구획정리사 업지구에 버스정류장이 소재하여 대중교통 이용 가능함			김인성지분
			가압류(지분) 토지소멸기준 2002-05-31 토지 서OOOOO
	[제시외]		

이 물건의 위치는 인천 청라지구 중심에 위치한 임야다. 2011년 지분 낙찰 후 2021년 현재의 시세는 굳이 말하지 않아도 상당히 상승했으리라 짐작할 수 있다.

지분낙찰자는 이후 2017년 2월 17일에 본인(김문○(○래아이댄디주식회사)) 지분에 근저당 설정(5,000만 원)을 하고 2020년 12월 15일, 공유물분할청구의 소에서 대금분할 판결을 받았다.

◉ 법원의 판단 – 대금분할 판결의 이유(인천지법 2019가단29784)

피고 C, D은 아무런 의견을 밝히고 있지 않은 점, ② 원고의 지분에 채권최고액 5,000만 원의 근저당권이 설정되어 있는 점(공유자 한 사람의 지분 위에 설정된 근저당권은 특별한 합의가 없는 한 공유물을 현물로 분할 후에도 종전 지분 비율대로 공유물 전부에 그대로 존속하게 된다), ③ 이 사건 임야의 일부만 도로에 접하고 있는데, 원고가 제시한 분할안은 원고 소유 부분과 피고들 소유 부분의 면적은 동일하면서 원고 소유 부분만 4면 중 2면이 도로에 접하게 되어 공평하다고 볼 수 없고, 달리 원고와 피고들이 이 사건 임야의 경사도, 도로와의 접근성, 존속하는 근저당권으로 인한 가액감손 보상 방법 등을 고려한 합리적인 분할안을 제시하거나 그에 대한 증거절차를 이행하지 않은 점 등을 종합하면, 이 사건 임야는 현물분할을 하는 것이 곤란하거나 부적당한 경우에 해당하고, 경매를 통해 그 대금을 분배하는 것이 타당하다고 인정된다.

그렇다면, 이 사건 임야에 관한 공유물분할은 위와 같이 정하도록 하여 주문과 같이 판결한다.

3 분할의 효과

(1) 소유권의 변동

공유물분할에 의해서 공유관계는 종료한다. 각 공유자는 분할된 부분에 대해서 소유권을 취득한다. 그 효력 발생시기는 협의상 분할의 경우에는 등기 시, 재판상 분할의 경우에는 판결확정 시다.

분할의 효과는 소급하지 않는다. 다만 공동상속재산 분할의 효과는 상속개시 시에 소급한다.

(2) 공유물상의 담보물권과 제한물건

공유물에 존재하는 저당권, 근저당권 등의 담보물권과 지상권, 지역권 등의 용익물권은 공유물분할로 영향을 받지 않고 분할된 각 부분 위에 그대로 존속한다고 봐야 할 것이다.

공유자의 1인이 지분 위에 저당권 등 담보물권을 설정한 후 공유물이 분할된 사안에서, 대법원은 일관되게 담보물권이 그 앞으로 분할된 부분에 당연히 집중되지 않고 종전 지분의 비율로 공유물 전부의 위에 그대로 존속한다고 한다(대법원 1989. 8. 8. 선고 88다카24868 판결 등).

이때 분할된 각 부동산은 그 담보물권의 공동담보가 된다(대법원 2012. 3. 29. 선고 2011다74932 판결).

이러한 법리는 또한 구분소유권 공유관계로 연장 적용된다(대법원 2014. 6. 26. 선고 2012다25944 판결). 제삼자의 관계에서 구분소유적 공유도 공유이기 때문이다.

(3) 공유물분할판결 선고일 이후 마친 가등기의 말소

대금분할을 명한 공유물분할판결의 변론이 종결된 뒤(변론 없이 한 판결의 경우에는 판결을 선고한 뒤) 해당 공유자의 공유지분에 관해서 소유권이전청구권의 순위보전을 위한 가등기가 마쳐진 경우, 대금분할을 명한 공유물분할 확정판결의 효력은 민사소송법 제218조 제1항이 정한 변론종결 후의 승계인에 해당하는 가등기권자에게 미치므로, 특별한 사정이 없는 한 이 가등기상의 권리는 매수인이 매각대금을 완납함으로써 소멸한다(대법원 2021. 3. 11. 선고 2020다253836 판결).

06 공유지분 물건의 권리분석

(1) 일부 공유자가 토지의 지분 비율에 따른 특정 부분을 배타적으로 점유·사용하는 경우 공유 토지를 전혀 사용·수익하지 않고 있는 다른 공유자에 대해서 그 지분에 상응하는 부당이득 반환 의무가 있다.

(2) 일부 공유자들이 공유물의 점유·사용으로 인한 부당이득 반환 채무의 성질

특별한 사정이 없는 한 불가분적 이득의 반환으로써 불가분채무다. 불가분채무는 각 채무자가 채무 전부를 이행할 의무가 있다.

(3) 공유지분의 본질(지분권자로서의 사용수익권을 사실상 포기)을 침해하는 특약이 특정승계인에게 당연승계 여부–특정승계인이 그러한 사실을 알고도 공유지분을 취득했다는 등의 특별한 사정이 없는 한 당연히 승계되지 않는다. 따라서 본질을 침해하지 않는 사용수익·관리에 관한 특약은 당연히 승계된다(대법원 2009. 12. 10. 선고 2009다54294 판결).

(4) 공유자 1인의 보존행위로서 한 재판상의 청구에 의해서 시효중단의 효력은 그 공유자에 한해서 발생한다. 다른 공유자에게는 미치지 않는다(대법원 1979. 6. 26. 선고 79다639 판결).

공유지분의 낙찰 후 인도

과반수 미만 지분권자(甲 1/3)와 임대차(민법상 임대차) : 관리행위(×)

경매	임차인 배당	점유자의 유형		임차인의 경매 신청
		임차인	지분권자 (과반수 미만)	
甲 지분경매	일반채권자 (채권가압류 후 배당신청)	보존행위 인도청구	인도청구 불가	집행권원
乙 또는 丙 지분경매	배당 ×	보존행위 인도청구	인도청구 불가	불가
乙 및 丙 지분경매	배당 ×	관리행위 인도청구	관리행위 인도청구	불가
전체(甲, 乙, 丙) 경매	甲 지분만의 일반채권자 (채권가압류 후 배당신청)	일반적 인도청구	일반적 인도청구	불가

과반수 지분권자(甲 1/3, 乙 1/3)와 임대차(주임법, 상임법상 임대차 적용) : 관리행위(○)

경매	임차인 권리	점유자의 유형		임차인의 경매 신청
		임차인	지분권자	
甲 지분경매	대항력, 우선변제권, 최우선변제권	인도청구 불가	인도청구 불가	집행권원 (甲, 乙 지분만)
乙 또는 丙 지분경매	대항력, 우선변제권, 최우선변제권	인도청구 불가	인도청구 불가	집행권원 (乙 지분만)
乙 및 丙 지분경매	대항력, 우선변제권, 최우선변제권	대항력 無 : 관리행위 인도 청구	관리행위로 인도청구	불가
		대항력 有 : 인도청구 ×		

경매	임차인 권리	점유자의 유형		임차인의 경매 신청
		임차인	지분권자	
전체(甲, 乙, 丙) 경매	대항력, 우선변제권, 최우선변제권	대항력 無: 관리행위 인도청구 / 대항력 有: 인도청구 ×	일반적 인도청구	불가

토지공유지분 낙찰 후 점유자의 형태에 따른 토지인도, 건물철거청구 가능 여부

경매	임차인 권리	점유자의 유형		임차인의 경매 신청
		임차인	지분권자	
소수지분 낙찰	지분권자 외 제삼자의 건물	보존행위	철거청구 가능	토지인도청구 가능
과반수지분 낙찰	소수지분권자의 건물	보존행위 또는 관리행위	○	○
소수지분 낙찰	타소수지분권자의 건물	보존행위	○	× (대법원 2018다 267522판결)
소수지분 낙찰	과반수지분권자의 건물	보존행위	○	×

◉ 임대차보증금

매수인은 대항력 있는 임차인의 임대차보증금을 인수해야 한다. 이때 인수금액은 지분비율만큼 인수해야 한다. 그러나 대항력 있는 임차인으로부터 주택을 인도받기 위해서는 임대차보증금 전액을 지급해야 한다.

단, 매수인은 자기지분을 초과하는 임대차보증금에 대해서는 나머지 공유자에게 구상권을 행사할 수 있다. 자기 지분만큼 채무자가 되고 다른 지분권자의 비율만큼 물상보증인이 되기 때문이다.

지분낙찰 시 임차인의 보증금 인수 여부를 두려워하지 말자

2016-02321-003 (압류재산(캠코)) 주택(공부상:근린생활시설)				(조회수 : 271회)
소 재 지	경남 통영시 동호동 ○○ ○○ [도로명주소] (53051) 경남 통영시 통영해안로 ○○○-○			
처 분 방 식	매각	**입 찰 방 식** 일반경쟁(최고가방식)	**물 건 상 태**	낙찰
감 정 가	21,593,530 원	**소 유 자** 옥○○외7	**입찰시작일**	2018.03.05 (10:00)
최 저 가	12,957,000 원	**토지면적**	**입찰종료일**	2018.03.07 (17:00)
보 증 금	(입찰금액의 10%)	**건물면적**	**개 찰 일**	2018.03.08 (11:00)
조 회 수	•금일 1 / 0 •누적 271 / 40 (단순조회 / 5분이상 열람)		**배당요구종기**	2016.12.05
조 회 분 석	•7일내 3일이상 열람자 1 •14일내 6일이상 열람자 1		(기준일-2018.03.08 / 전국연회원전용)	
주 의 사 항	•지분매각 •재매각 (부합물 및 종물이 소재하는 바, 일괄공매 예정임. 현황조사 결과 임차인이 있음 구두 확인되었으며, 대항력있는 임차인이 있을수 있으므로 사전 조사 후 입찰하시기 바랍니다.)			

	위 탁 기 관	통영세무서
	담 당 부 서	경남지역본부
	담 당 자	조세정리팀

2017. 11. 23 당시 누군가 낙찰(13,140,000원) 받았으나 잔금 미납으로 재공매가 진행된 사건이다.

진행내역

회차/차수	입찰시작일자 ~ 입찰마감일자	개찰일자	최저가 매각가	결과	응찰자수
009/001	2018.03.05 (10:00) ~ 2018.03.07 (17:00)	2018.03.08 (11:00)	12,957,000 (60%) 13,380,000 (62%)	낙찰	(유효)1명

◉ 다수의 지분권자가 얽힌 등기부에 쫄지 말자

1. 소유지분현황 (갑구)			
등기명의인	(주민)등록번호	최종지분	주　　　　소
옥○선 (공유자)		3393분의 261	충무시 동호동 OO-O
옥○선 (공유자)	570817-*******	3393분의 252	통영시 서호동 OO-O
옥○수 (공유자)		3393분의 261	충무시 동호동 OO-O
옥○수 (공유자)	551015-*******	3393분의 252	거제시 사등면 사곡리 OOO-O
옥○희 (공유자)	530605-*******	3393분의 63	부산 수영구 남천동 490 남천동원DO아파트
옥○민 (공유자)	781112-*******	3393분의 56	통영시 도남동 OOO-O
옥○민 (공유자)	781112-*******	3393분의 84	경기도 성남시 분당구 산운로56번길O, (운중동)
옥○호 (공유자)	821109-*******	3393분의 56	서울 동대문구 이문동 OOO-OOO
옥○훈 (공유자)	800505-*******	3393분의 56	통영시 도남동 OOO-O
옥○수 (공유자)		3393분의 261	충무시 동호동 OO-O
옥○수 (공유자)	611106-*******	3393분의 252	광명시 노온사동 OOO
옥○수 (공유자) **매각지분**	****-*******	3393분의 513	경기도 양평군 양서면 양수리 OO
옥○수 (공유자)	611106-*******	3393분의 774	경기도 양평군 양서면 건지미길 DO-OO
이○○			동호동 OO-OO

이전에는 임차인이었으나 강제경매로 옥광○의 지분을 낙찰받은 후 공매진행 현재는 임차인 겸 별도의 지분권자다.

1/3

이전 사건에서 미납한 이유를 추측해보자. 등기부의 소유자 현황만 봐도 공유물분할청구의 소를 제기한 후 다수의 지분권자들에게 송달과정이 만만치 않았을 것이다. 임차인의 보증금 인수 문제도 복잡한 상황에서 내용증명을 발송해보니 식당을 운영하는 임차인의 친척이라는 사람 역시 보증금 물어주면 방을 빼겠다는 강경한 입장을 보였고, 이래저래 고민하다 미납했을 것이라고 판단할 수 있다.

실전에서는 이론적인 내용이 그대로 적용되지 않는 사례도 많다. 즉 관리행위에 의한 임대차계약 사례나 대항력 있는 임차인이 존재하더라도 낙찰자가 임차인의 보증금을 전액 물어주는 경우도 드물다는 것이다.

설령 전액을 물어주더라도 구상권 행사를 통한 타 지분권자의 지분을 경매 신청해서 본인이 공유자우선매수를 할 수 있다.

그런데도 공유지분 투자를 위한 입문자들이 늘 고민하고 궁금해하는 지분낙찰 후 임차인의 보증금 인수문제, 명도문제 등을 '07 공유지분의 낙찰 후 인도' 편에 정리해두었다. 이제부터는 혼자서 고민하지 마시기 바란다.

● 진행 과정

1. 2018. 3. 8. 낙찰

2. 2018. 3. 15. 1차 내용증명

3. 동서에게서 전화가 온다. 이경○은 사망한 옥광○(2004. 5. 27.)의 처 염정○(이후 옥지○에게 증여)과 임대차계약(2004. 4. 27. 7,700만 원)했으니 보증금 해결해주면 방을 빼겠다고 한다.

4. 잔금 납부 및 이전등기

5. 2018. 4. 17. 2차 내용증명

6. 2018. 4. 19. 동서에게 다시 전화가 온다(공손한 태도). : 가격 협상

4. 2018. 5. 9. 성남에서 마무리

● 임차보증금을 요구하는 임차인(지분권자)에게 내용증명 보내기

2차 내 용 증 명

수신인 : 이 ○ 희
        경상남도 통영시 동호동 ○○-○○
발신인 : 김 ○ 선
        서울특별시 강남구 논현로16길 ○○-○, ○○○호

부동산의 표시 : 경상남도 통영시 동호동 ○○-○○ 대 지분 10.037㎡(총면적 44㎡) 및
                         건물 지분 11.853㎡(총면적 85.94㎡)

  1. 1차 내용증명 이후 수신인의 동서라는 김석○이라는 분과 통화를 하였지만 늘 일방적이고 고압적인 자세로 2004.04.27.부터 임대차보증금 7,700만 원에 염정○과 계약하여 사용하고 있으니 본인에게 사용료를 줄 의무가 없다는 말만 되풀이하고 있습니다.

  2. 수신인도 지분권자이 듯이 본인 역시 지분권자로서 임대차계약이 과연 지분권자의 과반수 동의를 받아서 체결된 것인지? 염정○과 계약을 하였다면 염정○이 본인의 자격으로 한 것인지? 아니면 옥광○의 대리인 자격으로 계약을 한 것인지?

  3. 계약을 하였다고 주장을 한다면 최소한 계약서라도 본인에게 보여주어야 한다고 봅니다. 팩스든 우편이든 사진전송이든~~ 이러한 본인의 간곡한 요청에도 계약서를 보여줄 수 없다느니, 당신이 알아서 해결해라느니~~어이가 없는 말만 되풀이하여 더 이상 김석○이라는 분과는 유선상의 통화로는 협의나 문의가 곤란하여 수신인에게 직접 내용증명으로 대체합니다.

  4. 수신인과의 원활한 협의가 안될 시 법적으로 호소할 수 밖에 없으며 이를 통하여 1차 내용증명상의 본인의 사용료청구 및 지분의 해소를 위한 법적수단을 강구할 것이며 이로 인해 발생되는 모든 비용청구도 법에 따라 청구할 것이니 유념하시기 바랍니다.

  5. 추가로 말씀드리면 보증금 7,700만 원으로 임대차계약을 체결하였다고 하나 과반수 동의가 없는 한 법적으로도 보증금 7,700만 원은 수신인과 임대차계약을 체결한 염정○에게만 효력이 있으며 다른 지분권자와 본인 및 제삼자에게는 아무런 효력이 없다는 것을 아셨으면 합니다.

2018년 04월 17일

위 발 신 인 : 김 ○ 선 010-○○○○-○○○○

공유지분 배당문제

1 지분경매 시 임차보증금의 배당(관리행위에 의한 임대차)

(1) 공동임대인이 임차인에 대해 부담하는 임차보증금반환의무는 그 성질상 불가분채무다. 그러므로 주택의 일부 지분경매 시에도 보증금은 전액 배당되어야 한다. 이때 집행채무자(경매 지분 소유자)는 공동임대인인 다른 공유자에게 그 지분에 상응하는 금원에 대해서 구상권을 행사할 수 있다.

- 보증금 전액을 배당함에 따라 손해를 보는 후순위 채권자는 부당이득을 보게 된 나머지 공유지분권자에게 구상권을 행사할 수 있다.

(2) 이때 전액 배당받지 못한 대항력 없는 임차인은 다른 공유자에게 반환청구가 가능하다. 대항력 있는 임차인의 잔여 보증금은 낙찰자가 인수하게 된다. 인수금액은 지분만큼 인수하게 되고 나머지 금액은 다른 공유자가 부담하게 된다. 즉 인수금액의 계산식은 임차인의 배당금과 낙찰자의 인수금액의 합이 임차보증금의 지분 해당 금액과 같으면 된다는 것이다. 즉 매수지분이 2/3이고, 임차보증금이 6,000만 원인 경우 매수지분의 매각 절차에서 3,000만 원을 배당받았다면 잔여 3,000만 원에서 추가로 1,000만 원만 인수하면 된다. 만약 이 대항력 있는 임차인이

배당요구를 하지 않아 전액을 인수하게 된다면 매수지분에 해당하는 4,000만 원을 인수하게 된다. 낙찰자가 이를 대위 지급한 경우는 다른 공유자에게 구상권을 행사할 수 있다.

① 대항력 없는 임차인은 다른 공유자에게 잔여보증금 전액을 청구한다.

② 대항력 있는 임차인은 원칙적으로 낙찰자가 인수한다.

　가. 배당요구 하지 않았을 때 : 보증금에 대한 지분의 비율만큼 매수인이 인수한다.

　나. 배당요구 했으나 지분비율에 미달되게 배당받은 경우 : 배당금액 및 인수금액의 합이 보증금에 대한 지분의 비율에 이르도록 인수금액이 결정된다.

　다. 배당요구했으나 지분비율을 초과해서 배당받은 경우 : 집행채무자는 다른 공유자에게 지분비율을 초과하는 금액에 대해 구상권을 행사한다.

2 공유지분에 대한 근저당 설정 후에 전체지분에 설정한 용익물권의 처리

이후에 그 공유지분이 경매될 경우 전체지분에 설정된 전세권은 타지분권자에 대해서 우선변제권은 소멸하고 일반채권자의 지위를 갖게 된다.

3 과반수지분권자와 계약한 임차인의 경매 신청권

동의하지 않은 다른 지분권자에게는 대항력과 우선변제권은 가능하나 지분의 경매 신청은 어렵다고 볼 수 있다. 따라서 과반수의 지분권자와 임대차계약을 하는 경우에도 과반수라는 이유만으로 모두가 해결되지 않는다는 사실을 유념해야 한다.

공유지분의 해법

공유지분 처리 순서도

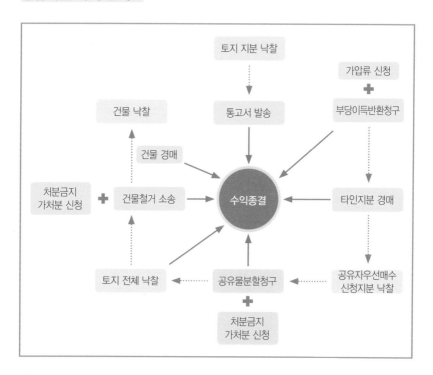

1 협의

(1) 공유자가 낙찰자의 지분 인수

(2) 낙찰자가 공유자 지분 인수

(3) 공유자들이 합의해서 제삼자에게 처분 후 수익청산

(4) 낙찰자 지분에 상응하는 공유물에 대한 사용료를 청구

2 협의가 되지 않을 때

– 타인지분의 가압류 신청

(1) 공유물을 사용·수익하는 공유자를 상대로 임료청구소송을 제기한다.

(2) 임료에 관한 판결 후 다른 지분 소유자를 상대로 강제경매를 신청한다.

(3) 만일 물건이 좋다면 매수인은 공유자우선매수권을 행사해 나머지 지분을 취득할 수 있다.

(4) 공유물분할청구소송 후 경매를 통해 투자금액을 회수하거나 아니면 경매에 직접 참여해 낙찰받을 수 있다.

– 단, 이때 두 가지를 주의해야 한다.

첫째, 공유자우선매수권이 인정되지 않는다.

둘째, 공유물분할 경매는 형식적 경매의 절차를 밟기 때문에 등기상의 근저당권이나 가압류 등 제한사항이 말소되지 않고 인수된다. 관할 법원에 말소 여부를 확인하고 참여해야 낭패를 보지 않는다. 일부 법원은 형식적 경매임에도 등기상의 부담을 말소해주기도 한다.

지분낙찰 후 형식적 경매

부산지방법원   대한민국 No.1 법원경매정보 스피드옥션 (speedauction.co.kr) SPEED auction

2016 타경 104837 (강제)		매각기일 : 2017-09-28 10:00~ (목)		경매6계 051-590-1817	
소재지	(49253) 부산광역시 서구 충무동2가 ○-○ [도로명] 부산광역시 서구 천마로 ○○○-○(충무동2가)				
용도	대지	채권자	한○○○○○○○	감정가	65,957,920원
지분토지	50.12㎡ (15.16평)	채무자	김○○	최저가	(100%) 65,957,920원
건물면적		소유자	김○○○○	보증금	(10%)6,595,792원
제시외	제외 : 120.17㎡ (36.35평)	매각대상	토지지분매각	청구금액	82,359,275원
입찰방법	기일입찰	배당종기일	2016-12-14	개시결정	2016-09-30

기일현황

회차	매각기일	최저매각금액	결과
신건	2017-09-28	65,957,920원	매각
김○○ / 입찰1명 / 낙찰66,150,000원(100%)			
	2017-10-11	매각결정기일	허가
	2017-11-08	대금지급기한 납부 (2017.11.07)	납부
배당종결된 사건입니다.			

● 등기부 분석

입지(일반상업지역) 및 지상의 건물 상태는 양호하나 한 가지 중요한 점인 낙찰받은 지분을 재매수해줄 이해관계인이 마땅치 않다.

1966년 상속받은 김도○(1939년생) 어르신이 거주하며 연로하신 형제들은 사망하거나 이제는 어르신의 경제문제에 관여할 여건이 안될 것이다.

그렇다면 어르신의 자손들이 재매수할 가능성이 있을까?

이 사건의 총채무액이 오래전(2002년)부터 조금씩 누적되어왔다. 경매 신청을 위한 채무액은 약 8,200만 원으로 지분낙찰 후 되팔기 위한 금액보다 작은 금액일 수 있다. 이 정도의 금액 해결은 어려우니 경매가 진행되었을 것이다. 지분을 낙찰받더라도 당장 되팔기 위한 계획은 잠시 보류해야 한다.

그러나 앞에서도 언급했듯이 양호한 입지 덕분에 지분낙찰자는 공유물분할청구에 의한 형식적 경매로 전체를 경매 진행 후 지분에 해당하는 배당을 받더라도 일정 수준의 수익을 창출할 수 있다.

한 가지 아쉬운 점은 첫 회 매각기일의 단독으로 100% 낙찰보다는 최소한 1회 유찰을 기다려서 낮은 금액으로 낙찰이 되었으면 더 좋았을 것이다.

대한민국 No.1 법원경매정보 **스피드옥션** (speedauction.co.kr) **SPEED auction**

2020 타경 104928 (임의) 공유물분할을위한경매		매각기일 : 2021-07-27 10:00~ (화)		경매3계 051-812-1263
소재지	(49253) 부산광역시 서구 충무동2가 O-O [도로명] 부산광역시 서구 천마로 OOO-O (충무동2가)			
용도	대지	채권자	김OO	감정가	241,199,700원
토지면적	104.1㎡ (31.49평)	채무자	김OO 등 外	최저가	(80%) 192,960,000원
건물면적		소유자	김OO 등 外	보증금	(10%)19,296,000원
제시외		매각대상	토지매각	청구금액	0원
입찰방법	기일입찰	배당종기일	2020-10-15	개시결정	2020-07-20

기일현황

회차	매각기일	최저매각금액	결과
신건	2021-06-22	241,199,700원	유찰
2차	2021-07-27	192,960,000원	매각
이OO /입찰4명/낙찰225,900,000원(94%) 2등 입찰가 : 212,000,000원			
	2021-08-03	매각결정기일	허가
	2021-09-08	대금지급기한	

토지 전체 낙찰 후 법정 지상권 물건으로 전환

근, 홍등가 동측 인근에 위치

주위는 간선도로변 노선상가지대로 주로 상업용, 주상용건물

차량접근 가능하며, 시내버스정류소가 가까이 있고 지하철역이 인근에 있어 대중교통사정 보통임

세장형의 토지로 대체로 주위와 평탄

북서측으로 약 12미터의 포장도로(간선도로)에 접함

가로구역별 최고높이 제한지역

일반상업지역(충무동2가 9-1)

※ 감정평가서상 제시외건물가격이 명시 되어있지않음, 입찰시 확인요함.
※ 제시외건물이 영향을 받지 않은 감정가 (344,571,000원)

감정평가현황 한신감정

면적(단위:㎡)

[토지]
충무동2가 O-O 대지
일반상업지역
104.1㎡ (31.49평)
제시외건물로 인한감안감정

[제시외]
충무동2가 O-O
(ㄱ) 주상용 제외
조적조

임차인/대항력여부

배당종기일: 2020-10-15

김OO
전입: 1968-10-20
확정: 없음
배당: 없음
점유: 별지도면 (ㄱ)부분
공유자

김OO
전입: 2007-04-25
확정: 없음
배당: 2020-10-12
보증: 20,000,000원
차임: 100,000원
점유: 2층 왼쪽방 2칸
공유자
미배당금 소멸예상

임료산정의 기준이 될 수 있는 가격(나지상정가격)

김OO
전입: 2011-03-10
확정: 없음
배당: 없음
점유: 별지도면 (ㄴ)부분
공유자

없음

없음

없음

등기사항/소멸여부

소유권(일부) 이전
1994-11-04 토지
김OOWWW
매매
진시옥지분

소유권(지분) 이전
2017-12-22 토지
김OO
강제경매로 인한 매각
김창두,김득영,김동형등제외
한공유자전원지분

가처분(지분) 소멸
2018-03-06 토지
김OO
부산지방법원서부지원
(2018가단100122)
경매신청채권자
배당후 소멸

가처분등기보기

김창두,김득영,김동형지분

강제경매 토지소멸기준
2020-07-20 토지
김OO

🔟 구분소유적 공유관계

1 개념

등기부상으로는 부동산 전체에 대해서 공유지분의 등기가 되어 있다. 내부적으로는 각 공유자들이 위치와 면적을 특정해서 그 특정 부분을 각각의 공유자들에게 배타적으로 귀속시키려는(사용, 수익할 수 있는) 의사의 합치와 약정으로 독립된 소유권이 인정되는 관계를 말한다.

2 구분소유적 공유관계의 약정 효력

내부관계에 있어서는 특정 부분에 한해서 소유권을 취득하고, 이를 배타적으로 사용해서 수익을 취할 수 있다. 다른 구분 소유자의 방해행위에 대해서는 소유권에 터 잡아 그 배제를 구할 수 있다. 그러나 외부관계에 있어서는 1필지 전체에 관해서 공유관계가 성립된다. 공유자로서의 권리만을 주장할 수 있으므로, 제삼자의 방해행위가 있는 경우에는 자기의 구분소유 부분뿐 아니라 전체 토지에 대해서 공유물의 보존행위로 그 배제를 구할 수 있다(대법원 1994. 2. 8. 선고 93다42986 판결).

③ 구분소유적 공유관계와 법정지상권

(1) 법정지상권의 성립 여부

구분소유적 공유관계에 있는 토지 공유자들이 그 토지 위에 각자 독립적으로 별개의 건물을 소유하면서 그 토지 전체에 대해서 저당권을 설정했다가 그 저당권의 실행으로 토지와 건물의 소유자가 달라진 경우 법정지상권이 성립한다(대법원 2004. 6. 11. 선고 2004다13533 판결).

(2) 구분소유적 공유관계에 있는 토지의 공유자들이 그 토지 위에 각자 독자적으로 별개의 건물을 소유하면서 그 토지 전체에 대해서 저당권을 설정했다. 그 저당권의 실행으로 토지와 건물의 소유자가 달라지게 된 경우, 법정지상권의 성립 여부(적극)(대법원 2004. 6. 11. 선고 2004다13533 판결)

④ 구분소유적 공유관계가 경매에 의해서 제삼자에게 승계되기 위한 요건

집행법원의 의사	구분소유적 공유관계의 승계
매각 부동산을 특정 부분에 대한 구분소유적 공유관계를 표상하는 지분으로 취급해서, 감정평가와 최저매각가격을 결정하고, 경매를 진행한 경우	○
매각 부동산을 등기부의 기재대로 목적 부동산 전체에 대한 진정한 공유지분으로 취급해서, 감정평가와 최저경매가격 결정을 하고, 경매를 진행한 경우	×

1필지의 토지의 위치와 면적을 특정해서 2인 이상이 구분소유하기로 하는 약정을 한다. 그 구분소유자의 공유로 등기하는 구분소유적 공

유관계에 있어서 각 구분소유적 공유자가 자신의 권리를 타인에게 처분하는 경우, 구분소유의 목적인 특정 부분을 처분하면서 등기부상의 공유지분을 그 특정 부분에 대한 표상으로 이전해야 구분소유적 공유관계가 승계된다.

이는 경매에서도 마찬가지다. 이러한 구분소유적 공유관계에 해당하기 위해서는 집행법원이 공유지분이 아닌 특정 구분소유 목적물에 대한 평가를 하게 하고서 그에 따라 최저매각가격을 정한 후 경매를 실시해야 한다. 그러한 사정이 없는 경우에는 1필지에 관한 공유자의 지분에 대한 경매 목적물은 원칙적으로 1필지 전체에 대한 공유지분이라고 봄이 상당하다.

설사 구분소유적 공유관계에 있던 토지라 하더라도 토지의 특정 부분에 대한 구분소유적 공유관계를 표상하는 것으로 취급된다. 감정평가와 최저매각가격 결정이 이루어지고 경매가 실시되었다는 점이 증명되지 않은 이상, 그 토지의 경매 절차에서의 매수인은 1필지 전체에 대한 공유지분을 적법하게 취득한다. 기존의 상호명의신탁관계는 소멸한다고 봐야 하며, 이는 매수인의 구분소유적 공유관계에 대한 인식 유무에 따라 달라지지 않는다(대법원 2008. 2. 15. 선고 2006다68810, 68827 판결).

따라서, 토지 지분을 경매 취득할 경우에는 공유자들 간의 관계가 구분소유적 공유관계에 있는지 여부를 경매 기록이나 현황조사 등을 통해 면밀하게 확인할 필요가 있다.

구분소유적 공유관계 여부 확인하기

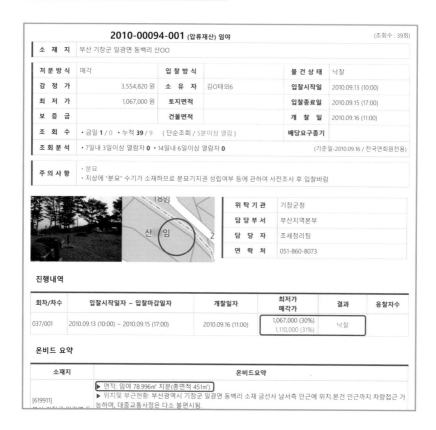

2010-00094-001 (압류재산) 임야					(조회수 : 39회)
소 재 지	부산 기장군 일광면 동백리 산OO				
처 분 방 식	매각	입 찰 방 식		물 건 상 태	낙찰
감 정 가	3,554,820 원	소 유 자	김O태외6	입찰시작일	2010.09.13 (10:00)
최 저 가	1,067,000 원	토지면적		입찰종료일	2010.09.15 (17:00)
보 증 금		건물면적		개 찰 일	2010.09.16 (11:00)
조 회 수	• 금일 1 / 0 • 누적 39 / 9 (단순조회 / 5분이상 열람)			배당요구종기	
조 회 분 석	• 7일내 3일이상 열람자 0 • 14일내 6일이상 열람자 0				(기준일-2010.09.16 / 전국연회원전용)
주 의 사 항	• 분묘 • 지상에 "분묘" 수기가 소재하므로 분묘기지권 성립여부 등에 관하여 사전조사 후 입찰바람				

	위 탁 기 관	기장군청
	담 당 부 서	부산지역본부
	담 당 자	조세정리팀
	연 락 처	051-860-8073

진행내역

회차/차수	입찰시작일자 ~ 입찰마감일자	개찰일자	최저가 매각가	결과	응찰자수
037/001	2010.09.13 (10:00) ~ 2010.09.15 (17:00)	2010.09.16 (11:00)	1,067,000 (30%) 1,110,000 (31%)	낙찰	

온비드 요약

소재지	온비드요약
[619911]	▶ 면적: 임야 78.996m² 지분(총면적 451m²) ▶ 위치및 부근현황: 부산광역시 기장군 일광면 동백리 소재 금선사 남서측 인근에 위치.본건 인근까지 차량접근 가능하며, 대중교통사정은 다소 불편시됨.

지분낙찰 후 낙찰자(원고)는 공유물분할청구의 소를 제기했다(부산 2019가단2762).

◉ 피고 측 주장

이 사건 부동산에 관한 지분권자들 사이의 소유 관계는 구분소유적 공유관계다. 원고는 피고들을 상대로 공유물분할을 청구할 수 없다고 주장했다. 반소로 원고에 대해서 자신이 구분소유하고 있는 이 사건 부동산 중 (가)부분의 지분에 관해 상호명의신탁해지를 원인으로 한 소유권이전등기절차의 이행을 청구했다.

◉ 법원의 판단(이 물건의 판결문 일부)

> 즉 이전 공매 사건에서 내부, 외부적으로
> 구분소유적 공유관계 표상이 없었다.

판결 참조). 그러나 이른바 구분소유적 공유관계에 있어서, 각 구분소유적 공유자가 자신의 권리를 등기부의 기재대로 1필지 전체에 대한 진정한 공유지분으로서 처분하는 경우에는 제3자가 그 부동산 전체에 대한 공유지분을 취득하고 구분소유적 공유관계는 소멸하고, 이는 경매에서도 마찬가지이므로, 집행법원이 공유지분이 아닌 특정 구분소유 목적물에 대한 평가를 하게 하고 그에 따라 최저경매가격을 정한 후 경매를 실시한 사정이 없는 경우에는 1필지에 관한 공유자의 지분에 대한 경매목적물은 원칙적으로 1필지 전체에 대한 공유지분이라고 봄이 상당하다(대법원 2008. 2. 15. 선고 2000다 68810, 68827 판결 참조).

이 사건에서, 을라 제3 내지 5호증의 각 기재 및 영상만으로는 원고 소유 지분의 전 소유자인 J와 피고들 사이에 이 사건 부동산에 대하여 각 소유 부분을 특정하여 점유·사용하는 구분소유적 공유관계가 성립하였다고 인정하기 부족하고 달리 이를 인정할 증거가 없다. 나아가 설령 피고들의 주장과 같이 J와 피고들이 구분소유적 공유관계에 있었다고 하더라도, 공매에서 J 지분을 취득한 원고에게 구분소유적 공유관계가 승계되기 위해서는 집행법원이 공유지분이 아닌 특정 구분소유 목적물에 대한 평가를 하게 하고 그에 따라 최저경매가격을 정하는 등 등기부상의 공유지분을 그 특정 부분에 대한 표상으로서 취급하였어야 하는데, 공매절차에서 J의 지분이 특정 구분소유 목적물로 평가되었다고 인정할 아무런 증거가 없는 이상(오히려 갑 제5호증의 기재에

PART
03

가등기

01 가등기 개관

종류	개념	효력	실례
보전가등기	장래의 권리 또는 조건부 권리의 순위를 보전하기 위한 예비등기	본등기의 순위를 보전하는 효력	매매예약을 원인으로 하는 소유권이전청구권보전을 위한 가등기
담보가등기	금전소비대차계약 + 대물변제의 예약 + 채권담보계약 + 가등기	① 담보권 실행 ② 경매 청구	대물변제예약을 원인으로 하는 채권담보목적의 가등기

가등기의 개념 도해 (1)

소유권이전청구권보전가등기
(= 순위보전등기)
1) 매매예약을 원인으로 하는 가등기
2) 매매계약을 원인으로 하는 가등기

甲 ① 매매(2018. 8. 1)
소유권이전청구권보전가등기
(2018. 8. 10) 원인 : 매매예약
→ 乙
③ 등기
(2018. 10. 10)

甲 ↓
丙 ② 이중매매
소유권이전등기
(2018. 9. 10)
← ④ 등기관 직권말소
(丙 소유권상실)

담보가등기 – 가담법 적용
(= 소유권이전담보가등기)
대물반환예약을 원인으로 하는 가등기

甲
(채권자)
2억 원 차용
저당권설정 대신 가등기
(대물변제예약)
→ 乙
(채무자) 3억 원

담보가등기의 채권회수방법
1. 권리취득에 의한 실행 : 청산절차동지청산기간경과 – 청산급 지급 – 소유권이전등기(본등기)
2. 경매에 의한 실행 : 담보가등기에 기해 경매 신청

담보목적가등기 → 소유권이전청구권보전가등기
1. 차용물이 아닌 (상품) 매매대금, 물품대금, 공사대금, 손해배상채권을 담보하는 가등기
2. 차용물의 반환에 갈음해 부동산을 이전할 것을 예약하는 가등기라 하더라도 가등기목적물의 가액이 그 피담보채권의 원금과 이자의 합계액을 초과하지 않는 경우에는 담보가등기가 될 수 없다.
즉 담보목적가등기는 가담법이 적용되지 않기 때문에 경매 절차에서 배당받을 수 없고, 경매 신청권도 없다. 담보목적가등기권자가 채권을 변제받는 유일한 방법은 본등기를 해서 가등기 목적물의 소유권을 취득하는 것이다.

甲
(부동산)
① 2016. 7. 10
담보목적가등기
→ 乙
(가등기권자)
③ 2018. 11. 10
본등기실행

경매 진행

丙
(낙찰자)
① 2018. 9. 10
낙찰
← ④ 丙(낙찰자)
소유권 상실

보전가등기(통상의 가등기)

1 소유권이전청구권 보전가등기의 개념

부동산에 관한 물권(소유권, 지상권, 지역권, 저당권, 권리질권) 또는 부동산 임차권의 설정, 이전, 변경, 소멸의 청구권을 미리 보존하려 할 때, 즉 장래 권리변동을 발생시킬 청구권을 보전하려고 할 때의 가등기를 말한다.

등기사항전부증명서상의 '소유권이전청구권가등기'는 등기부등본의 등기원인에는 '매매예약' 또는 '매매계약'이라고 기재되어 있으며, 흔히 소유권이전청구권가등기를 '매매예약가등기'라고도 한다.

아직 계약체결의 상태에 이르지는 못했지만, 장래에 체결될 것으로 미리 예정하는 개념이다. 매매계약이 체결된 경우와 달리 매수인은 매도인에 대해 당장은 이전등기청구권을 가지지 못한다. 하지만 추후 매매계약을 완성할 수 있는 권리인 예약완결권(豫約完結權)이 행사되면 매도인은 소유권이전등기의무를 매수인은 대금지급의무를 부담하는 등 매매계약의 이행단계에 돌입하게 된다.

순위번호	등 기 목 적	접　수	등 기 원 인	권리자 및 기타사항
9	소유권이전	2017년7월6일 제20314호	2017년6월28일 매매	소유자 송정 590625-******* 경기도 여주시 현남길 ▨-▨ (현암동) 매매목록 제2017-832호
10	소유권이전청구권가 등기	2017년7월6일 제20315호	2017년6월28일 매매예약	가등기권자 조익▨ 771025-******* 경기도 수원시 팔달구 권광로 ▨▨▨ ▨▨▨ (우만동, ▨▨▨▨▨▨▨▨▨▨)

2 보전가등기의 효력

가등기에 기해서 본등기가 이루어지면, 본등기의 순위가 가등기의 순위에 의하게 된다(부동산 등기법 제91조). 가등기 이후의 등기로 가등기에 의해서 보전되는 권리를 침해하는 등기는 등기관의 직권으로 말소된다(부동산 등기법 제92조). 다만, 본등기에 의한 물권변동의 효력이 가등기 시로 소급하는 것은 아니다(순위보전적 효력 ○, 물권변동의 효력 소급 ×).

丙이 甲을 상대로 건물철거청구소송 제기

가등기는 그 성질상 본등기의 순위보전의 효력만 있고 후일 본등기가 경료된 때는 본등기의 순위가 가등기한 때로 소급함으로써 가등기 후 본등기 전에 이루어진 중간처분이 본등기보다 후순위로 되어 실효될 뿐이다. 본등기에 의한 물권변동의 효력이 가등기한 때로 소급해서 발생하는 것은 아니다. 이 건 대지에 관한 乙의 명의의 가등기가 경료된 후 그에 기한 본등기가 이루어지기 전까지의 이 건 대지의 소유자는 甲이었다. 따라서 이 건 대지와 건물은 모두 甲의 소유에 속해 있다가 乙이 1972년 4월 4일에 대지에 관해서 소유권이전등기를 경료함으로써 대지와 건물이 각기 소유자를 달리하게 된 것이다. 건물을 철거한다는 조건 등의 특별한 사정이 없는 한 甲은 대지상에 건물의 소유를 목적으로 하는 관습상의 법정지상권을 취득한다(대법원 1982. 6. 22. 선고 81다1298, 1299 판결).

(1) 가등기에 기한 본등기

가등기와 본등기 사이의 중간처분의 등기, 처분제한의 등기는 등기관의 직권에 의해 말소된다.

① 가등기 상태

순위번호	등기목적	접수	등기원인	권리자 및 기타사항
1	소유권이전	2014. 5. 18	매매	고세○
2	소유권이전청구권 가등기	2018. 7. 1	매매계약	백승○
3	소유권이전	2018. 9. 15	매매	권경○
4	전세권	2018. 10. 13	전세권설정	류현○

② 가등기에 기한 본등기 실행

순위번호	등기목적	접수	등기원인	권리자 및 기타사항
1	소유권이전	2014. 5. 18	매매	고세○
2	소유권이전청구권 가등기	2018. 7. 1	매매계약	백승○
2-1	본등기	2019. 1. 7	가등기에 의한 본등기	백승○
3	소유권이전	2018. 9. 15	매매	권경○
4	전세권	2018. 10. 13	전세권설정	류현○

백승○가 본등기를 하면 등기부등본 갑구에 순위번호가 2-1번으로 기재되는데 이것을 '부기등기'라고 하며, 부기등기는 본등기의 순위에 따른다. 즉 본등기는 가등기 순위를 따르게 되는 것이다.

(2) 가등기상 권리의 처분을 제한하는 처분금지가처분의 기입등기의 가부 및 등기부상 공시방법이 가능하며, 가등기에 대한 부기등기의 형식으로 공시한다.

가등기소유권이전청구권의 가처분

충주3계 2008 타경 2384 공장용지

사건내용

소 재 지	충북 음성군 생극면 생리 OOO-O				
경매구분	강제경매	채 권 자	신OOOOO		
용 도	공장용지	채무/소유자	김OO	매각기일	09.01.20 (93,250,000원)
감 정 가	138,690,000 (08.05.07)	청 구 액	14,844,545	종국결과	09.04.07 배당종결
최 저 가	78,014,000 (56%)	토지면적	1,541.0m² (466.2평)	경매개시일	08.03.25
입찰보증금	7,801,400 (10%)	건물면적	0m² (0.0평)	배당종기일	08.07.09
주의사항	· 선순위가등기 일부맹지				
조 회 수	· 금일조회 1 (0) · 금회차공고후조회 353 (6) · 누적조회 361 (7) · 7일내 3일이상 열람자 0 · 14일내 6일이상 열람자 0			()는 5분이상 열람 (기준일-2009.01.20/전국연회원전용)	

소재지/감정요약	물건번호/면적(m²)	감정가/최저가/과정		임차조사	등기권리
충북 음성군 생극면 생리 OOO-O 감정평가액 토지 : 138,690,000 감정평가서요약 - 북측노폭약5m내외인접 공장진출입로와 _접하며수도용지2차선도로접함 - 일괄입찰 - 일괄입찰 - 3번국도(충주-장호원)생리로터리남동측 - 국도변중소규모공장,농경지,임야등형성 - 차량진출입가능 - 대중교통사정불편 - 부정형토지 - 북동측일부바닥은콘크리트포장되어 _있고일부주차장등으로이용중이며 _대부분나대지상태임	물건번호: 단독물건 공장용지 629.0 (190.27평) ₩138,690,000	감정가 138,690,000 최저가 78,014,000 (56%) 경매진행과정 ① 138,690,000 2008-10-28 유찰 ② 25% ↓ 104,018,000 2008-12-02 유찰 ③ 25% ↓ 78,014,000 2009-01-20 매각	매수인 임OO 응찰수 2명 매각가 93,250,000 (67.24%) 2009-04-07 종결	법원임차조사 ·목적물 소유자나 목적물에 관련된 사람들을 만나거나 전화연락을 취할 수가 없어 점유관계는 확인을 할 수가 없었음	소유권 김OO 2003.04.19 전소유자:곽용순 가등기 김OO 2003.06.26 소유이전청구권등 가압류 기술신용보증원주 2003.08.30 85,000,000 가압류 신용보증기금원주 2003.09.06 18,000,000 가처분 이OO 2005.08.04 김OO가등기 소유권이전청구가처 김OO가등기 소유권이전청구가처 OO 압류 음성군

◎ 사건 개요

매각목적물에 대해서 채무자는 어떤 사유인지 가등기권자(김경○)에게 소유권이전등기청구권가등기를 경료했다. 이에 채권자인 이용○이 가등기권자인 김경○의 가등기에 가처분한 후 가등기권자를 피고로 사해행위취소의 소를 제기해서 승소판결문(충주지원 2005가단4584)을 제출했다.

				05월 27일 전산이기
2	소유권이전	2003년4월19일 제8616호	2003년4월19일 매매	소유자 김○○ 731217-2****** 원주시 문막읍 동화리 ○○○ ○ ○○○○○ ○○○-○○
3	소유권이전청구권가등기	2003년6월26일 제13760호	2003년6월26일 매매예약	권리자 김○○ 640323-2****** 전주시 덕진구 인후동1가 ○○○-○○
3-1	3번가등기소유권이전청구권가처분	2003년9월3일 제19604호	2003년8월29일 청주지방법원충주지원의 가처분결정(2003카단514 2)	피보전권리 사해행위취소를 원인으로 한 　소유권이전등기청구권 가등기의 말소청구권 채권자 기술신용보증기금 180171-0000028 　부산 중구 중앙동 4가 ○○○ 　(원주지관) 금지사항 청주지방법원 음성등기소 2003. 6. 26. 접수 제13760호로 경료한 가등기에 관한 권리를 타에 양도·기타 일체의 처분행위 금지
3-2	3번가등기소유권이전청구권가처분	2003년9월9일 제20093호	2003년9월5일 청주지방법원충주지원의 가처분결정(2003카단525 3)	피보전권리 사해행위취소를 원인으로 한 　소유권이전청구권 가등기의 말소청구권 채권자 신용보증기금 114271-0001636 　서울 마포구 공덕동 ○○○-○ 　(원주지관) 금지사항 청주지방법원 음성등기소 2003.6.26. 접수 제13760호로 경료한 소유권이전청구권가등기에 관한 권리를 타에 양도·기타 일체의 처분행위 금지
3-3	3번가등기소유권이전청구권가처분	2005년8월4일 제23252호	2005년8월2일 청주지방법원충주지원의 가처분결정(2005카단172 4)	피보전권리 사해행위 취소로 인한 　소유권이전청구권가등기 말소청구권 채권자 이○○ 520306-2****** 　서울 은평구 수색동 ○○○ 금지사항 양도,담보권설정,기타 일체의 처분행위의 금지
4	가압류	2003년8월30일 제19335호	2003년8월28일 춘천지방법원원주지원의	청구금액 금85,000,000원 채권자 기술신용보증기금 180171-0000028

◎ 매각물건명세서 일부

낙찰자는 2009년 2월 김명○에게 매매로 소유권을 이전했다. 2006년 7월 소유권자 김명○가 애초 가등기말소소송에서 승소한 원고 이용

○을 대위해서 가등기말소등기신청을 한 후 말소했다.

				서울특별시 영등포구 여의도동 13-31 한국기계산업진흥회관 3층 매매목록 제2009-80호
16	소유권이전	2009년3월2일 제4450호	2009년2월23일 매매	소유자 미합중국인 김██ 340411 ███████ 서울특별시 관악구 봉천4동-███ 매매목록 제2009-108호
16-1	16번등기명의인표시 변경	2013년7월25일 제24120호	2011년12월27일 국적회복	김██의 성명(명칭) 이██ 이██의 국적 대한민국 이██의 등록번호 340411-███████
16-2	16번등기명의인표시 변경		2012년2월17일 전거	이██의 주소 서울특별시 관악구 청룡4길 █, ████(봉천동, ██████) 2013년7월25일 부기
17	3-3번가처분등기말 소			3번 가등기말소등기로 인하여 2009년3월12일 등기
18	3번가등기말소	2009년3월12일 제5304호	2006년7월6일 확정판결	대위자 김██ 대위원인 2006년 8월 17일 청주지방법원 충주지원 2005가단4584호 확정판결에의한 채권보전
19	3번가등기회복예고 등기	2010년6월18일 제13935호	2010년4월21일 서울중앙지방법 원에 소제기(2010년2	

그러나, 가등기에 기한 본등기금지가처분은 등기할 사항이라 할 수 없다(대법원 1978. 10. 14. 자 78마282 결정).

(3) 가등기 이후 경료된 국세 압류등기의 효력

국세 압류등기 이전에 소유권이전청구권 보전의 가등기가 경료되었다. 그 후 본등기가 이루어진 경우 그 가등기가 매매예약에 기한 순위보전의 가등기라면 그 이후에 경료된 압류등기는 효력을 상실해서 말소되어야 할 것이다. 하지만 그 가등기가 채무담보를 위한 가등기 즉 담보가등기라면 그 후 본등기가 경료되더라도 가등기는 담보적 효력에 그친다. 압류등기는 여전히 유효하므로 말소될 수 없다(대법원 1998. 10. 7. 자 98마1333 결정).

담보가등기(소유권이전담보가등기)

1 담보가등기의 등장

(1) 원래 가등기는 '순위보전'의 목적으로 만들어졌다. 그런데 돈을 빌려주고 근저당을 설정하는 것처럼 가등기를 설정할 수도 있다. 즉 돈을 갚지 못할 경우 소유권을 넘겨준다는 계약을 하고 소유권이전청구권가등기를 하는 것이다.

예를 들면 채권자가 3억 원 상당의 채무자 주택에 2억 원의 근저당을 설정하는 대신, 소유권이전청구권가등기를 설정한다. 채무자가 원금과 이자를 제때 갚지 못하면 채권자는 바로 가등기에 의한 본등기를 해서 내 집의 소유권을 가져간다. 즉 채권자는 가등기를 이용해서 간단하게 채권을 회수하는 셈이 된다.

(2) 왜 가등기를 담보처럼 활용할까? 돈을 빌려주고 근저당을 설정하면 경매를 신청하고 배당을 받아 채권을 회수하는 데 시간이 많이 걸린다. 하지만 가등기는 절차도 간단하고 근저당을 설정할 때 드는 비용보다 저렴하다. 채권자는 채무자가 이자를 잘 내면 이자를 받아서 좋고 이자를 내지 못하면 3억 원 상당의 집을 가져가면 되니 그것도 좋다. 이래저래 남는 장사가 된다.

담보가등기는 근저당권과 비슷한 성격을 지니지만 다른 점이 있다.

근저당권은 경매를 신청해서 배당을 받을 수 있을 뿐이다. 하지만 담보 가등기는 경매를 신청해서 배당을 받을 수도 있고, 본등기를 해서 소유권을 취득(청산 절차 필요)할 수도 있다.

2 '가등기담보등에관한법률(약칭 : 가등기담보법)' 제정

소유권이전청구권가등기를 한 채권자는 무조건 이익이 되니 좋지만, 채무자는 2억 원의 빚 때문에 3억 원의 주택을 억울하게 빼앗기게 된다. 과거에는 이렇게 소유권이전청구권가등기를 악용하는 사례가 많았다. 이런 일을 방지하기 위해 국가는 '가등기담보등에관한법률'을 제정했다(이하 '가등기담보법').

가등기담보법 제1조(목적)

이 법은 차용물(借用物)의 반환에 관하여 차주(借主)가 차용물을 갈음하여 다른 재산권을 이전할 것을 예약할 때 그 재산의 예약 당시 가액(價額)이 차용액(借用額)과 이에 붙인 이자를 합산한 액수를 초과하는 경우에 이에 따른 담보계약(擔保契約)과 그 담보의 목적으로 마친 가등기(假登記) 또는 소유권이전등기(所有權移轉登記)의 효력을 정함을 목적으로 한다.

설명하자면 내가 2억 원의 빚을 얻었고 채권자는 3억 원짜리 내 집에 소유권이전청구권가등기를 했다. 채무자는 빚을 상환하기로 약정한 날까지 빚을 갚지 못해 원금 2억 원에 이자가 붙어 2억 2,000만 원이 되었다. 이때 채권자는 본등기로 소유권을 취득할 수 있다. 그런데 집값 3억 원과 원리금 2억 2,000만 원의 차액 8,000만 원이 있으니 이것을 처리하는 방법을 정한다는 뜻이다.

가등기담보법에서는 차액 8,000만 원을 '청산금'이라고 규정하고 있다. 채권자는 채무자에게 '청산금'을 반드시 통보해야 한며, 채무자가 통지를 받은 후 2개월이 지나고 청산금 8,000만 원을 채무자에게 지급해야만 본등기를 하고 소유권을 취득할 수 있다.

가등기담보법은 이렇게 채무자를 보호하는 장치를 두어 채권자가 폭리를 취하는 것을 막고 있다.

3 가등기담보권의 효력(저당권으로 간주)

가등기담보권 제13조(우선변제청구권)

담보가등기를 마친 부동산에 대하여 강제경매 등이 개시된 경우에 담보가등기 권리자는 다른 채권자보다 자기채권을 우선변제 받을 권리가 있다. 이 경우 그 순위에 관하여는 그 담보가등기권리를 저당권으로 보고, 그 담보가등기를 마친 때에 그 저당권의 설정등기(設定登記)가 행하여진 것으로 본다.

가등기담보권 제12조(경매의 청구)

① 담보가등기권리자는 그 선택에 따라 제3조에 따른 담보권을 실행하거나 담보목적 부동산의 경매를 청구할 수 있다. 이 경우 경매에 관하여는 담보가등기 권리를 저당권으로 본다.

② 후순위권리자는 청산기간에 한정하여 그 피담보채권의 변제기 도래 전이라도 담보목적 부동산의 경매를 청구할 수 있다.

가등기담보권 제15조(담보가등기권리의 소멸)

담보가등기를 마친 부동산에 대하여 강제경매 등이 행하여진 경우에는 담보가 등기권리는 그 부동산의 매각에 의하여 소멸한다.

가등기권자의 경매 신청 : 담보가등기

남부10계 2011 타경 14661 다세대

사건내용

소 재 지	서울 강서구 등촌동 OOO-OO OO주택 O층 OOO호			
경매구분	임의경매	채 권 자	김OO	
용 도	다세대	채무/소유자	김OO	매각기일 12.05.15 (112,777,000원)
감 정 가	160,000,000 (11.07.27)	청 구 액	70,000,000	종국결과 12.07.12 배당종결
최 저 가	81,920,000 (51%)	토지면적	20.0m² (6.0평)	경매개시일 11.07.21
입찰보증금	8,192,000 (10%)	건물면적	50m² (15.0평)	배당종기일 11.09.28

조 회 수	· 금일조회 1 (0) · 금회차공고후조회 236 (6) · 누적조회 693 (8) · 7일내 3일이상 열람자 0 · 14일내 6일이상 열람자 0	()는 5분이상 열람 (기준일-2012.05.15/전국연회원전용)

소재지/감정요약	물건번호/면적(m²)	감정가/최저가/과정	임차조사	등기권리
서울 강서구 등촌동 OOO-OO OO주택 O층 OOO호 감정평가서요약 - 철콘및연와조평스라브지붕 - 등촌중교남측약200m지점 - 주위공동주택(다세대주택및연립주택),단독주택,소규모점포,학교,공원등혼재 - 차량출입가능,대중교통편대체로무난 - 인근버스(정)및등촌역소재 - 부정형남동측하향완경사지 - 북측,서측및남측각노폭약6m도로접함 - 도시지역 - 2종일반주거지역(7층이하) - 공항시설보호지구 - 최고고도지구(원주표면:해발57.86-112.86m미만) - 가축사육제한구역(지역경제과확인요망) - 대공방어협조구역(위탁고도:77-257m) - 과밀억제권역 - 학교환경위생정화구역(강서교육청에반드시확인요망)	물건번호: 단독물건 대지 20.0/227.4 (6.04평) ₩56,000,000 건물 · 건물 49.7 (15.03평) ₩104,000,000 공용면적:5.75 - 총4층 - 보존 : 1996.11.01 *10세대	감정가 **160,000,000** · 대지 56,000,000 (35%) (평당 9,286,899) · 건물 104,000,000 (65%) 최저가 **81,920,000** (51%) 경매진행과정 ① 160,000,000 2011-11-15 변경 ① 160,000,000 2012-01-31 유찰 ② 20% ↓ 128,000,000 2012-03-06 유찰 ③ 20% ↓ 102,400,000 2012-04-10 유찰 ④ 20% ↓ 81,920,000 2012-05-15 매각	법원임차조사 김OO 전입 2001.05.07 확정 2003.12.22 배당 2012.03.02 (보) 50,000,000 주거/전부 점유기간 2003.11.24-2005.1.23 윤OO 전입 2006.05.16 주거 *패문으로 주민등록표에 의하여 작성함. 소유자 아닌 윤미숙,김순자 각2세대 등록. 지지옥션 전입세대조사 세 01.05.07 김OO 세 06.05.16 윤OO 주민센터확인2011.11.08	소유권 김OO 1997.02.14 가등기 김OO 2004.11.11 소유이전청구가등 가압류 국민은행 김포기업금융 2004.11.18 **103,473,726** 가압류 우리은행 여신관리센터 2005.08.22 **93,379,239** 압 류 인천시강화군 2007.01.02 압 류 국민건강보험 인천서부지사 2007.09.21 압 류 안동세무서 2009.09.23 압 류 서인천세무서 2010.08.23 압 류 의성군 2010.11.03 임 의 김OO 2011.07.21 *청구액:70,000,000원 채권총액 196,852,965원

매수인	문OO
응찰수	12명
매각가	112,777,000 (70.49%)
2위	105,770,000 (66.11%)

▶ 문건처리내역

접수일	접수내역	결과
2011.07.20	채권자 김OO 보정서 제출	
2011.07.22	등기소 강OOOO 등기필증 제출	
2011.07.29	감정인 김OOOOOOOO 감정평가서 제출	
2011.08.02	교부권자 경OOO OOO 교부청구 제출	
2011.08.04	교부권자 국OOOOOOO OOOOOO 교부청구 제출	
2011.08.09	교부권자 서OOOOO 교부청구 제출	
2011.08.12	기타 서OOOOO OOO OOO 현황조사서 제출	
2011.08.16	채권자 김OO 보정서 제출	
2011.09.06	채권자 김OO 보정서 제출	
2011.09.16	가압류권자 주OOOOOOO 권리신고및배당요구신청 제출	
2011.09.19	압류권자 인OOOOOOO 교부청구 제출	
2011.09.20	교부권자 강OOO 교부청구 제출	
2011.09.27	교부권자 인OOOO OOO 교부청구 제출	
2011.10.26	기타 엄OO 결정문 반송 제출	
2011.11.16	채권자 김OO 주소보정 제출	
2012.01.30	교부권자 안OOOO 교부청구 제출	
2012.01.31	교부권자 서OOOOO 교부청구 제출	
2012.02.08	임차인 윤OO 확인서 제출	
2012.02.17	임차인 윤OO 열람및복사신청 제출	

> 가등기권자가 경매 신청을 했기 때문에 별도의 배당요구신청서의 제출이 없다.

4 가등기담보권의 실행 절차

가등기담보권 제3조(담보권 실행의 통지와 청산기간)

① 채권자가 담보계약에 따른 담보권을 실행하여 그 담보목적 부동산의 소유권을 취득하기 위하여는 그 채권(債權)의 변제기(辨濟期) 후에 제4조의 청산금(淸算金)의 평가액을 채무자 등에게 통지하고, 그 통지가 채무자등에게 도달한 날부터 2개월(이하 '청산기간'이라 한다)이 지나야 한다. 이 경우 청산금이 없다고 인정되는 경우에는 그 뜻을 통지하여야 한다.

② 제1항에 따른 통지에는 통지 당시의 담보목적 부동산의 평가액과 민법 제360조에 규정된 채권액을 밝혀야 한다. 이 경우 부동산이 둘 이상인 경우에는 각 부동산의 소유권이전에 의하여 소멸시키려는 채권과 그 비용을 밝혀야 한다.

가등기담보권 제4조(청산금의 지급과 소유권의 취득)

① 채권자는 제3조 제1항에 따른 통지 당시의 담보목적 부동산의 가액에서 그 채권액을 뺀 금액(이하 '청산금'이라 한다)을 채무자 등에게 지급하여야 한다. 이 경우 담보목적 부동산에 선순위 담보권(先順位擔保權) 등의 권리가 있을 때에는 그 채권액을 계산할 때에 선순위 담보 등에 의하여 담보된 채권액을 포함한다.

② 채권자는 담보목적 부동산에 관하여 이미 소유권이전등기를 마친 경우에는 청산기간이 지난 후 청산금을 채무자 등에게 지급한 때에 담보목적 부동산의 소유권을 취득하며, 담보가등기를 마친 경우에는 청산기간이 지나야 그 가등기에 따른 본등기(本登記)를 청구할 수 있다.

③ 청산금의 지급채무와 부동산의 소유권이전등기 및 인도채무(引渡債務)의 이행에 관하여는 동시이행의 항변권(抗辯權)에 관한 민법 제536조를 준용한다.

④ 제1항부터 제3항까지의 규정에 어긋나는 특약(特約)으로서 채무자 등에게 불리한 것은 그 효력이 없다. 다만, 청산기간이 지난 후에 행하여진 특약으로써 제삼자의 권리를 침해하지 아니하는 것은 그러하지 아니하다.

가등기담보권 제14조(강제경매 등 경우의 담보가등기)

담보가등기를 마친 부동산에 대하여 강제경매 등의 개시결정이 있는 경우에 그 경매의 신청이 청산금을 지급하기 전에 행하여진 경우(청산금이 없는 경우에는 청산기간이 지나기 전)에는 담보가등기권리자는 그 가등기에 따른 본등기를 청구할 수 없다.

04 담보목적가등기

(1) 담보가등기와 달리 차용물이 아닌 (제품)매매대금, 물품대금, 공사대금, 손해배상채권을 담보하는 가등기

(2) 차용물의 반환에 갈음해서 부동산을 이전할 것을 예약하는 가등기라고 하더라도 가등기목적물의 가액이 그 피담보채권의 원금과 이자의 합계액을 초과하지 않는 경우의 가등기

⇒ 담보목적가등기는 '가등기담보에관한법률'이 적용되지 않기 때문에 경매 절차에서 배당받을 수 없고 경매 신청권도 없다. 따라서 담보목적가등기권자가 채권을 변제받는 유일한 방법은 가등기에 의한 본등기를 해서 가등기목적물의 소유권을 취득하는 것이다.

권리분석

	보전가등기	담보가등기
선순위	인수	말소, 예외의 경우 인수 3가지
후순위	말소	말소

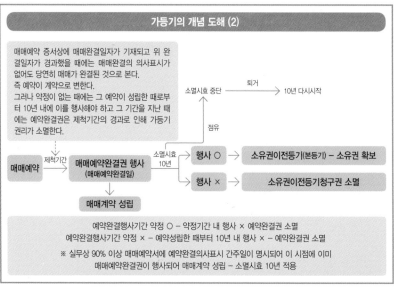

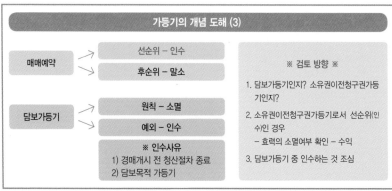

1 보전가등기와 담보가등기의 구별

순위번호	등기목적	접수	등기원인	권리자 및 기타사항
2	소유권이전	2006년4월4일 제69317호	2006년3월17일 매매	소유자 김○○ 331114-2****** 광주 서구 ○암동
3	소유권이전청구권가등기	2008년5월19일 제85337호	2008년5월19일 매매예약	가등기권자 ○○금융주식회사 200111-0121552 광주광역시 동구 산수동

순위번호	등기목적	접수	등기원인	권리자 및 기타사항
1	소유권보존	2005년5월29일 제66490호		소유자 한재○ 731025-******* 서울특별시 은평구 응암동
2	소유권이전	2011년1월11일 제1334호	2011년1월11일 매매	소유자 공정○ 661215-******* 서울특별시 은평구 응암동 거래가액 금325,000,000원
3	소유권이전담보가등기	2011년9월29일 제55609호	2011년9월29일 대물반환예약	가등기권자 한재○ 731025-******* 서울특별시 은평구 응암동

가등기가 담보가등기인지, 소유권이전청구권가등기인지는 등기부상 표시나 등기 시에 주고 받은 서류의 종류에 의해서 형식적으로 결정될 것이 아니다. 거래의 실질과 당사자의 의사해석에 따라 결정될 문제다(대법원 1992. 2. 11. 선고 91다36932 판결).

● 매매 예약 증서(내용)

제 1조 '갑'과 '을'은 갑'소유인 위 부동산을 대금 금100,000원정(일십만원)에 매매예약 한다.

제 2조 '을'은 '갑'에게 이 예약 증거금으로 금 **매매자동완결조항** 원을 지급하고 '갑'은 오늘 이 돈을 정히 영수하다.

제 3조 이 매매예약의 매매완결일자는 2019. 08 . 01 .로 하며 위 완결일자가 경과하였을 때에는 '을'의 매매완결의 의사표시가 없어도 당연히 매매가 완결된 것으로 본다.

제 4조 제3조에 의하여 매매가 완결되었을 때에는 '갑', '을'간에 위 부동산에 대한 매매계약이 성립되며 '갑'은 '을'로부터 제1조의 대금 중 제2조의 증거금을 공제한 나머지 대금을 수령함과 동시에 '을'에게 위 부동산에 관하여 매매로 인한 소유권이전등기 절차를 이행하고 위 부동산을 인도 및 명도하여야 한다.

제 5조 '갑'은 전조의 증거금과 당사자간에 미리 합의한 해약금을 . . .까지 '을'에게 지급하면 이 매매예약은 해제된다.

제 6조 '갑'은 이 예약체결과 동시에 위 부동산에 대하여 '을'에게 매매예약에 의한 소유권이전등기 청구권 보존의 가등기 절차를 이행하기로 한다. 등기신청비용, 등록세 등은 '갑'이 부담한다.

(1) 집행법원은 가등기권리자에게 그 가등기가 담보가등기인 경우에는 그 내용 및 채권의 존부, 원인, 액수를 담보가등기가 아닌 경우에는 그 내용을 신고하도록 최고한다.

⇒ 가등기권리자가 채권신고 기간(배당요구 종기일)까지 신고를 하지 않으면 집행법원은 보전가등기로 간주하고 경매 절차를 진행한다. 채권신고를 하게되면 저당권자로 간주되어 배당받게 된다.

가등기담보법 제16조(강제경매 등에 관한 특칙)

① 법원은 소유권의 이전에 관한 가등기가 되어 있는 부동산에 대한 강제경매 등의 개시결정(開始決定)이 있는 경우에는 가등기권리자에게 다음 각 호의 구분에 따른 사항을 법원에 신고하도록 적당한 기간을 정하여 최고(催告)하여야 한다.

1. 해당 가등기가 담보가등기인 경우 : 그 내용과 채권[이자나 그 밖의 부수채권(附隨債權)을 포함한다]의 존부(存否)·원인 및 금액

2. 해당 가등기가 담보가등기가 아닌 경우 : 해당 내용

② 압류등기 전에 이루어진 담보가등기권리가 매각에 의하여 소멸되면 제1항의 채권신고를 한 경우에만 그 채권자는 매각대금을 배당받거나 변제금을 받을 수 있다. 이 경우 그 담보가등기의 말소에 관하여는 매수인이 인수하지 아니한 부동산의 부담에 관한 기입을 말소하는 등기의 촉탁에 관한 민사집행법 제144조 제1항 제2호를 준용한다.

③ 소유권의 이전에 관한 가등기권리자는 강제경매 등 절차의 이해관계인으로 본다.

① 최고서 발송

송달일	송달내역	송달결과
2017.11.10	주무관서 경000000 최고서 발송	2017.11.13 송달간주
2017.11.10	가등기권자 김OO 최고서 발송	2017.11.13 송달간주
2017.11.27	채권자 정OO 주소보정명령등본 발송	2017.11.30 도달

② 가등기권자의 신고

접수일	접수내역	결과
2017.11.16	가등기권자 김○○ 권리신고 및 배당요구신청서 제출	
2018.12.17	가등기권자 김○○ 채권계산서 제출	

담보가등기가 아니라면 채권자는 해당 가등기의 내용을 신고할 수도 있고, 신고하지 않을 수도 있다. 채권자의 권리신고가 없는 경우 매각물건명세서에는 아래와 같이 기재된다.

③ 매각물건명세서의 인수 여부 기재 1

※ 등기된 부동산에 관한 권리 또는 가처분으로서 매각으로 그 효력이 소멸되지 아니하는 것
1. 갑구3번 소유권이전담보가등기(2011.9.29. 등기)가 담보가등기인지 순위보전가등기인지 권리신고가 없어 불분명하므로 말소되지 않으면 인수함. 경우에 따라서는 매수인이 소유권을 상실함.

④ 매각물건명세서의 인수 여부 기재 2

등기된 부동산에 관한 권리 또는 가처분으로 매각으로 그 효력이 소멸되지 아니하는 것
갑구6번 소유권이전등기청구권 가등기(2017.02.16.등기)는 말소되지 않고 매수인이 인수함. 만약 가등기된 매매예약이 완결되는 경우에는 매수인이 소유권을 상실하게 됨.

가등기권자의 배당요구

광주3계 2016 타경 16823[2] 아파트

사건내용

소 재 지	전남 화순군 화순읍 일심리 670 화순청전 OOO동 O층 OOO호 (58126)전남 화순군 화순읍 광덕로 OOO				
경 매 구 분	형식적경매(청산)	채 권 자	조OO		
용 도	아파트	채무/소유자	無 / 조OO	매 각 기 일	17.08.10 (102,580,000원)
감 정 가	123,000,000 (16.10.13)	청 구 액	0	종 국 결 과	17.10.27 배당종결
최 저 가	86,100,000 (70%)	토 지 면 적	29.1㎡ (8.8평)	경매개시일	16.10.04
입찰보증금	8,610,000 (10%)	건 물 면 적	60㎡ (18.1평)	배당종기일	16.12.26
주 의 사 항	· 선순위가등기				

조 회 수	· 금일조회 1 (0) · 금회차공고후조회 31 (5) · 누적조회 134 (13) ()는 5분이상 열람 · 7일내 3일이상 열람자 5 · 14일내 6일이상 열람자 0 (기준일-2017.08.10/전국연회원전용)

관리비미납 · 1,250,000원 17년4월분까지 미납액임. 전기개별.수도포함.692세대. (2017.06.12 현재) · 관리사무소 061-374-3355

소재지/감정요약	물건번호/면적(㎡)	감정가/최저가/과정	임차조사	등기권리
(58126) 전남 화순군 화순읍 일심리 OOO 화순청전 OOO동 O층 OOO호 [광덕로OOO]	물건번호: 2번 (총물건수 2건) 대지 29.1/22571.9 (8.79평) 건물 · 건물 60.0 (18.15평)	감정가 **123,000,000** 최저가 **86,100,000** (70%) 경매진행과정	법원임차조사 ·현황장소 수차례 방문했으나 채무자 및 점유자를 만날 수 없어 권리신고안내서 문틈에 끼워두었으나 연락 없음. 관리사무소에 문의한 바 정확한 점유여부 알 수 없으며 관리비 현재 약 금600,000원이 연체중이라고 함. 강제개문하여 내부 확인함. 주	가등기 정O 2015.01.08 소유이전청구가 등 소유권 조O 2016.08.02 전소유자:조준식
감정평가서요약 - 화순만연초등학교남서측인근위치 - 주위아파트단지,단독주택,근린시설등혼재 - 차량출입가능 - 인근버스(정)소재 - 세장형평지 - 단지내진입도로개설 - 2016.10.13현재관리비 600,000원연체중	· 전용 59.99㎡ (18평) · 공용 10.69㎡ (3평) · 총14층 - 승인 : 1996.06.28 - 보존 : 1996.07.03	① **123,000,000** 2017-06-29 유찰 ② 30% ↓ **86,100,000** 2017-08-10 매각	민등록전입세대 전입자 없음 지지옥션 전입세대조사 전입세대없음 주민센터확인:2017.06.14	임 의 조O 2016.10.04 *청구액:0원 열람일자 : 2017.06.13
2016.10.13 가온감정		매수인 조OO 등찰수 2명 매각가 102,580,000 (83.40%)		

● 법원문건접수내역

▌문건처리내역

접수일	접수내역	결과
2016.10.04	등기소 화OOOO 등기필증 제출	
2016.10.14	교부권자 화OO 미체납교부청구서 제출	
2016.10.19	감정인 가OOOOOOO 감정평가서 제출	
2016.10.21	감정인 이OO 현황조사보고서 제출	
2016.10.25	가등기권자 정O 배당요구신청 제출	
2016.11.24	배당요구권자 신OOOOOOO 권리신고 및 배당요구신청서 제출	
2017.01.04	배당요구권자 신OOOOOOO 열람및복사신청 제출	
2017.03.16	배당요구권자 삼OOOOOOO 채권계산서 제출	
2017.08.24	최고가매수인 매각대금완납증명	2017.08.24 발급
2017.08.24	최고가매수인 등기촉탁신청 제출	
2017.09.12	최고가매수신고인 등기촉탁신청 제출	

가등기권자의 채권계산서 제출

인천15계 2017 타경 3859[2] 대지

사건내용

소 재 지	인천 부평구 산곡동 OO-OO (21305)인천 부평구 마장로393번길 O				
경매구분	임의경매	채 권 자	김OO		
용 도	대지	채무/소유자	리OO / 리OOOO	매 각 기 일	18.01.11 (27,730,000원)
감 정 가	46,986,000 (17.02.15)	청 구 액	18,557,260	종 국 결 과	18.05.16 배당종결
최 저 가	23,023,000 (49%)	토 지 면 적	전체 212 ㎡ 중 지분 22.9 ㎡ (6.9평)	경매개시일	17.02.06
입찰보증금	2,302,300 (10%)	건 물 면 적	0㎡ (0.0평)	배당종기일	17.05.01
주의사항	·지분매각·법정지상권·선순위가등기·입찰외·토지만입찰				

조 회 수	· 금일조회 1 (0) · 금회차공고후조회 59 (22) · 누적조회 342 (43) ()는 5분이상 열람 · 7일내 3일이상 열람자 9 · 14일내 6일이상 열람자 3 (기준일-2018.01.11/전국연회원전용)

소재지/감정요약	물건번호/면적(m²)	감정가/최저가/과정	임차조사	등기권리
(21305) 인천 부평구 산곡동 OO-OO [마장로393번길O] 감정평가서요약 - 인천산곡북초등학교북 측인근위치 - 인근근린생활시설,점포 주택,단독주택등형성 - 차량접근가능 - 인근버스(정)소재 - 대중교통상황보통 - 가장형평지 - 남측약6m,서측약6m,북 측약3m도로접함 - 3종일반주거지역 - 1종지구단위계획구역 - 정비구역 (청천1구역주택재개발) - 과밀억제권역 - 상대정화구역 - 상대정화구역	물건번호: 2번 (총물건수 2건) 대지 22.9/212 (6.93평) ₩46,986,000 주상용건부지 (토지 196/1813 리수 춘 지분) 입찰외제시외 · 주택 8.0/74 (2.42평) ₩248,000 · 전체 74㎡ (22평) · 지분 8㎡ (2평) · 1층점포주택 9.5/88 (2.88평) ₩618,150 · 전체 88㎡ (27평) · 지분 9.51㎡ (3평) · 2층점포주택 9.5/88 (2.88평)	감정가 **46,986,000** · 토지 46,986,000 (100%) (평당 6,780,087) 최저가 **23,023,000** (49%) **경매진행과정** ① 46,986,000 2017-11-01 유찰 ② 30% ↓ 32,890,000 2017-12-06 유찰 ③ 30% ↓ 23,023,000 2018-01-11 매각	법원임차조사 이OO (보) 5,000,000 (월) 400,000 주거 리OO 전입 2006.03.15 주거 이OO 전입 2008.10.29 주거 리OO 전입 2013.06.17 주거 김OO 전입 2016.11.01 주거 *현황조사차 현장에 임하여 소유자를 면대한 바, 임차인 이영난, 김미자가 제시외건 물 일부를 각 점유 사용하고 있으며, 전입된 리수실, 리수 철, 이수자는 현재 거주하지 않는다고 소유자 리수춘 진	가등기 서OO 2013.10.28 소유이전청구가 등 근저당 김OO 2013.11.07 20,000,000 근저당 강OO 2013.11.14 19,500,000 임 의 김OO 2017.02.06 *청구액:18,557,260원 채권총액 39,500,000원 열람일자 : 2017.10.17

매수인	(주)쏠라AM		
응찰수	3명		
매각가	27,730,000 (59.02%)		

● 법원문건접수내역

2021. 7. 16.   지지옥션∷대한민국 법원경매 NO.1

◉ 문건처리내역

접수일	접수내역	결과
2017.02.06	등기소 인○○○○○ ○○○ 등기필증 제출	
2017.02.15	채무자겸소유자 리○○ 열람및복사신청 제출	
2017.02.16	집행관 박○ 현황조사보고서 제출	
2017.02.23	감정인 (주)○○○○○○○○ ○○○○ 감정평가서 제출	
2017.04.14	교부권자 국○○○○○○○ ○○○○○○ 교부청구서 제출	
2017.04.18	배당요구권자 한○○○○○○○ 권리신고 및 배당요구신청서 제출	
2017.04.25	가등기권자 서○○ 채권계산서 제출	
2017.04.28	교부권자 인○○○○ ○○○ 교부청구서 제출	
2017.06.23	공유자 리○○ 열람및복사신청 제출	
2017.10.18	채무자겸소유자 리○○ 열람및복사신청 제출	

- 리수○ 지분에 서현○이 가등기를 했는데도 김경○가 리수○ 지분
  의 근저당을 양도받고 추가로 근저당을 설정했다.

  ⇒ 즉 선순위의 가등기가 무의미하거나 또는 담보가등기로 확인
  했다는 반증일 수 있다.

- 김경○가 낙찰 후 주택재개발사업으로 수용을 완료했다.

② 선순위 보전가등기

(1) 원칙 : 인수

(2) 예외 : 말소 가능한 경우 - ① ~ ⑦

① 말소동의서 확보

- 등기부 분석, 채권자 등 이해관계인 접촉, 현장조사, 인적네트
  워크 활용, 개인정보 확보 등 철저한 사전조사를 기초로 가등
  기명의자 접촉 ⇒ 일정한 금전적 보상에 의한 회유와 형사 처
  벌의 위험성 압박을 통한 협상의 여지 파악 ⇒ 상황에 따라 말

소동의서 확보

- 입찰 전에 소정의 사례금을 지급하고 '낙찰조건부 합의서 내지 약정서' 작성 ⇒ 명확한 조건의 설정과 위약금 조항 명시
- 낙찰 후 인감증명서 및 등기권리증 수령해서 가등기 말소절차 이행

② (선순위) 담보가등기 입증

가등기가 담보가등기인지 여부는 형식적으로 결정될 것이 아니다. 거래의 실질과 당사자의 의사해석에 따라 결정될 문제라고 할 것이다. 원심은 원고가 여러 차례에 걸쳐 피고에게 대여한 5,800만 원의 원리금을 담보하기 위한 담보가등기라고 인정한다. 이 건물이 '가등기담보등에관한법률'의 규정에 따른 청산 절차 진행 전에 신청된 강제경매에 의해서 매수인에게 소유권 이전이 된 이상 원고는 더는 이 가등기에 기한 본등기를 청구할 수 없다(대법원 1992. 2. 11. 선고 91다36932 판결).

③ 매매예약 완결권의 제척기간 도과

선순위 가등기의 목적인 예약완결권이 제척기간 도과로 소멸되면, 선순위 가등기는 말소청구가 가능하다.

• 소멸시효와 제척기간의 비교

구분	소멸시효	제척기간
개념	권리태만에 대한 제재, 법적 안정성, 입증 곤란의 완화	권리관게의 조속한 확정, 일정한 기간의 경과로 당연 소멸
요건	① 권리의 불행사 ② 일정 기간의 경과	일정기간의 경과
주장·입증	당사자의 주장·입증 필요	법원의 직권조사사항
중단·정지	가능	불가
중단 사유	청구, 승인, (가)압류, 가처분	×
기산점	권리행사 가능 시	권리발생 시
포기	소멸시효의 이익 포기 가능	불가
기간	민사 : 10년/3년/1년, 상사 5년	통상 10년

• 예약완결권의 제척기간

조건		기간	기산점	기간의 중단·정지
예약완결권의 행사기간에 관한 약정이 있는 경우	매매자동완결 조항이 있는 경우	소멸시효	권리행사 가능 시	가능
		5년/10년		
	매매자동완결 조항이 없는 경우	약정기간	권리발생 시 (매매예약 성립 시)	불가
		10년 초과 가능		
예약완결권의 행사기간에 관한 약정이 없는 경우		제척기간	권리발생 시 (매매예약 성립 시)	불가
		10년		

경매 신청 채권자에게서 가등기말소 여부를 확인하라

2017 타경 7284 (강제)	물번2 [배당종결] ∨	매각기일 : 2018-03-28 10:00~ (수)	경매5계 062-239-1612

소재지	(61955) 광주광역시 서구 마륵동 OOO		
	[도로명] 광주광역시 서구 원마륵2길 OO-OO (마륵동 OOO)		

용도	주택	채권자	서OOOOO	감정가	130,165,000원
토지면적	221㎡ (66.85평)	채무자	김OO	최저가	(70%) 91,116,000원
건물면적	60.6㎡ (18.33평)	소유자	김OO	보증금	(10%) 9,111,600원
제시외	33.6㎡ (10.16평)	매각대상	토지/건물일괄매각	청구금액	848,077,900원
입찰방법	기일입찰	배당종기일	2017-11-13	개시결정	2017-05-08

기일현황 ▼전체보기

회차	매각기일	최저매각금액	결과
신건	2018-01-10	130,165,000원	유찰
	2018-02-21	91,116,000원	변경
차	2018-03-28	91,116,000원	매각
	낙찰157,460,000원(121%)		
	2018-04-04	매각결정기일	허가
	2018-05-17	대금지급기한 납부 (2018.04.16)	납부
	2018-06-26	배당기일	완료
	배당종결된 사건입니다.		

변경공고 ▶ 변경일자 : 2018-02-20

변경내용	2018.02.20. 변경 후 추후지정

⑦ 물건현황/토지이용계획	⑦ 면적(단위:㎡)	⑦ 임차인/대항력여부	⑦ 등기사항/소멸여부
이용상태(단독주택)	[토지]	배당종기일: 2017-11-13	소유권 이전
	마륵동 OOO 대지		1991-04-26 건물/토지
급.배수설비, 난방설비 등	제1종일반주거지역	조OO : 없음	김OO
	221㎡ (66.85평)	전입 : 2009-11-16	매매
제1종일반주거지역(마륵동 520)		확정 : 없음	
	[건물]	배당 : 없음	가등기 인수
목조	보존등기일:1985-06-29	보증 : 전부	1998-02-04 건물/토지
		현황조사 권리내역	김OO
	원마륵2길 OO-OO		특별매각조건에의한 인수
⑦ 감정평가현황 써치감정	단층 주택	- 조OO : 소유자의 장모	2004다58546 판례보기
	60.6㎡ (18.33평)	임.	
가격시점	2017-09-08	목조		가등기(가처분) 인수
감정가	130,165,000원	공부상면적		2017-03-07 건물/토지
토지	(95.59%) 124,423,000원	(50.9㎡)		서OOOOO
건물	(3.72%) 4,848,000원			광주지방법원
제시외포함	(0.69%) 894,000원	[제시외]		(2017가단50294)
		마륵동 OOO		가처분등기보기
		(ㄱ) 출입통로 포함		2002다58399 판례보기
		4.8㎡ (1.45평)		
		벽체및담장이용선라이트		가압류 소멸기준
				2000-07-13 건물/토지
		마륵동 OOO		서OOOOO 295,901,080원
		(ㄴ) 가추 포함		
		11.4㎡ (3.45평)		압류 소멸
		철기둥슬레이트		2010-04-02 건물/토지
				전OOOOOO
		마륵동 OOO		(해양수산과-3226)
		(ㄷ) 창고 포함		
		4.5㎡ (1.36평)		강제경매 소멸
		블럭조판넬		2017-05-08 건물/토지
				서OOOOO
				청구 : 848,077,900원
				▷ 채권총액 :
				295,901,080원

● 경매 신청 채권자에게 가등기에 관해서 탐문

서울보증보험에 의한 경매 신청으로 경매개시결정(2017. 5. 8) 이전 (2017. 4. 17)에 서울보증보험이 채권자대위에 의한 가등기권자를 피고로 '소유권이전청구권가등기말소청구의소'를 제기해서 승소했다(광주지방법원 2017가단509572).

- 경매 신청 채권자가 금융기관 또는 종합보증기관(서울보증보험)인 경우 가등기에 관해서 탐문이 필요하다.

【 갑　　구 】		(소유권에 관한 사항)			
순위번호	등 기 목 적	접 수	등 기 원 인	권 리 자 및 기 타 사 항	
1 (전 2)	소유권이전	1991년4월26일 제9175호	1991년3월24일 매매	소유자 김■■ 431215-****** 장흥군 장흥읍 건산리 ■■-■ ■■■	
2 (전 3)	소유권이전청구권가등기	1998년2월4일 제5690호	1997년12월10일 매매예약	권리자 김■■ 480626-****** 광주 북구 풍향동 ■■-■ ■■■■ ■■ ■■■ 부동산등기법시행규칙부칙 제3조 제1항의 규정에 의하여 1번 내지 2번 등기를 1998년 08월 21일 전산이기	
2-1	2번가등기소유권이전청구권가처분	2017년3월7일 제41034호	2017년3월6일 광주지방법원의 가처분결정(2017카단502 94)	피보전권리 채권자대위권에 의한 제척기간도과 및 소멸시효완성을 원인으로 한 소유권이전청구권가등기 말소등기 청구권 채권자 서울보증보험 주식회사 110111-0099774 서울 종로구 김상옥로 ■■ (연지동) 금지사항 양도 기타 일체의 처분행위 금지	
3	가압류	2000년7월13일 제37924호	2000년7월10일 서울지방법원의 가압류 결정(2000카단72306)	청구금액 금295,901,080원 채권자 서울보증보험주식회사 110111-0099774 서울 종로구 연지동 ■■-■	

● 소유권이전청구권가등기말소청구소송(판결문 일부)

3. 매매예약완결권의 제척기간 도과

매매예약완결권은 형성권으로서 당사자 사이에 그 행사기간을 약정한 때에는 그 기간 내에, 그러한 약정이 없는 때에는 그 예약이 성립한 때로부터 10년 내에 이를 행사하여야 하고, 그 기간을 지난 때에는 제척기간의 도과로 인하여 소멸되므로, 별지 목록 기재 제1 내지 3항 각 부동산에 관한 가등기 권리자인 피고 ☐A☐ 의 매매예약완결권은 1997. 12. 10.자 매매예약이 있은 후 10년이 지난 2007. 12. 10.경, 별지 목록 기재 제4, 5항 각 부동산에 관한 가등기권리자인 피고 ☐D☐ 의 매매예약완결권은 1998. 11. 13.자 매매예약이 있은 후 10년이 지난 2008. 11. 13.경 각 소멸되었습니다.

◉ 제척기간의 도과

1997년 12월 10일 매매예약 이후 10년이 지난 2007년 12월 10일경 소멸했다.

4. 피담보채권의 소멸시효 완성

피고들 명의의 이 사건 각 가등기를 담보가등기로 본다고 하더라도, 피고 A 명의의 각 가등기가 1998. 2. 4.에, 피고 D 의 가등기가 1998. 11. 16.에 각 마쳐진 후 지금까지 약 19년 정도가 흐른 점으로 보아, 피고들 명의의 이 사건 각 가등기의 피담보채권은 특별한 시효중단의 사유가 없는 한 그 설정일로부터 10년이 경과한 각 2008. 2. 4.경 및 2008. 11. 16.경 시효로 소멸되었습니다.

5. 채권자대위권의 행사

위와 같은 이유로 피고들 명의의 이 사건 각 가등기는 원인무효 내지 피담보채권의 소멸시효 완성에 따른 부종성으로 인하여 각 말소되어야 할 것인데, 무자력자인 B 은 피고들에게 이 사건 각 가등기의 말소등기를 구해야 할 것임에도 이를 해태하고 있으므로, B 의 채권자인 원고가 이를 대위하여 행사하는 것입니다.

◉ 피담보채권의 소멸시효 완성

1998년 2월 4일의 지금까지 약 19년 정도가 흐른 점으로 보아 피고들 명의의 이 사건 가등기의 피담보채권은 특별한 시효중단의 사유가 없는 한 그 설정일로부터 10년이 경과한 2008년 4월 2일경 시효로 소멸되었다.

낙찰자에 의한 가등기말소청구의 소

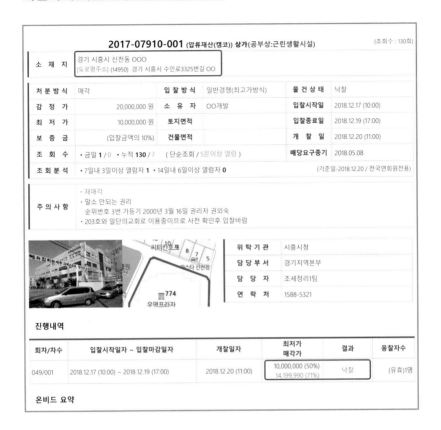

● 사건 개요

2000. 3. 2. : 윤외○은 11.33/81.3지분에 매매예약을 원인으로 지분이전청구권가등기를 완료했다.

2019. 1. 24. : 낙찰자는 공매를 원인으로 소유권이전등기 경료했다.

2019. 2. 18. : 낙찰자는 가등기권자(윤외○)를 상대로 가등기말소청구의 소를 제기했다.

2019. 9. 4. : 원고가 승소했다.

대한민국 법원
COURT OF KOREA

빠르고 편리한 고품질 사법서비스
대법원 전자소송

본 사이트에서 제공된 사건정보는 법적인 효력이 없으니, 참고자료로만 활용하시기 바랍니다.
민사, 특허 등 전자소송으로 진행되는 사건에 대해서는 전자소송 홈페이지를 이용하시면 판결문이나 사건기록을 모두 인터넷으로 보실 수 있습니다.

사건일반내용   사건진행내용

사건번호 : 수원지방법원 안산지원 2019가단52969

기본내용

사건번호	2019가단52969	사건명	[전자] 가등기말소
원고	의료법인자운의료재단	피고	윤OO
재판부	민사5단독		
접수일	2019.02.18	종국결과	2019.09.04 원고승
원고소가	2,753,393	피고소가	
수리구분	제소	병합구분	없음
상소인		상소일	
상소각하일		보존여부	기록보존됨
인지액	12,300원		
송달료,보관금 종결에 따른 잔액조회			
판결도달일	2019.09.09	확정일	2019.09.24

◉ 피고의 주장

이 사건 가등기가 피고의 전 소유자에 대한 공사대금 채권을 담보하기 위한 담보가등기이므로 10년의 제척기간의 적용을 받지 않는다(담보가등기라면 경락으로 말소될 사항이다).

◉ 법원의 판단

매매예약완결권의 행사기간에 관한 대법원판례는 채권에 대한 담보의 목적으로 이루어진 대물변제예약완결권의 경우에도 마찬가지라고 할 것이다.

이 사건 부동산에 관한 매매예약완결권은 매매예약일인 2000년 3월 2일로부터 10년의 제척기간의 경과로 소멸했다. 따라서 이 가등기는 원인무효다. 피고는 가등기말소등기 절차를 이행할 의무가 있다.

채권담보를 목적으로 이 사건 가등기가 마쳐졌다고 주장하는 피고에게는 가등기담보권의 성립 당시 가등기담보권의 피담보채권이 존재했는지 여부 내지 소유권이전등기를 청구할 법률관계가 있었는지 여부에 대한 입증 책임이 있다. 하지만 그 주장을 인정할 증거를 제출하지 못했다.

④ 통정허위표시 무효

가. 채권회피, 강제집행 면탈 등의 목적으로 소유자와 가등기 명의자의 통모에 의해서 허위의 가등기를 작출했다.

⇒ 통정허위표시에 의한 원인무효의 가등기 ⇒ 가등기말소 청구

민법 제108조(통정한 허위의 의사표시)

① 상대방과 통정한 허위의 의사표시는 무효로 한다.

② 전항의 의사표시의 무효는 선의의 제삼자에게 대항하지 못한다.

나. 지분권자와 가등기권자가 서로 공모한 매매예약 : 이 경우 다른 공유지분권자는 공유물의 보존행위로써 공유지분권에 기한 방해배제를 이유로 가등기의 말소를 구할 수 있다.

낙찰 잔금납부 즉시 신청채권자가 배당금(지분에 해당하는 금액)을 찾아가지 못하도록 우선 배당금지급금지가처분을 한 뒤, 가등기

말소청구소송과 형사상 고소(경매방해죄)를 동시에 진행한다.

다. 통정허위표시의 소송상 입증

입증방법	입증취지
금융거래정보 제출명령 신청	금융거래 내역의 문제점 확인 ⇒ 통모에 의한 자금회전 입증
과세정보 제출명령 신청	사업자등록 및 소득활동 등 파악 ⇒ 자금거래의 허위성 입증
사실조회 신청	주민등록등본, 가족관계증명서 등 확보 ⇒ 당사자의 관계 입증
문서송부촉탁 신청	판결문, 소송기록 등 열람, 복사 ⇒ 관련 사건의 내역 확인
이해관계인의 진술 녹음	녹음파일 및 녹취록 제출 ⇒ 통모의 정황 입증

장모와 사위의 통정허위표시

중앙3계 2001 타경 11780 다세대

사건내용

소 재 지	서울 중구 신당동 OOO-OOO <제1호>				
경 매 구 분	강제경매	채 권 자	서OO		
용 도	다세대	채무/소유자	유OO /	매 각 기 일	01.12.18 (230,010,000원)
감 정 가	232,433,630	청 구 액	102,435,504	종 국 결 과	02.06.18 배당종결
최 저 가	185,946,900 (80%)	토 지 면 적	165.0㎡ (49.9평)	경매개시일	01.04.11
입찰보증금	응찰가의 10%	건 물 면 적	433㎡ (131.1평)	배당종기일	
주 의 사 항	지분매각, 법정지상권				

조 회 수	• 금일조회 **1** (0) • 금회차공고후조회 **32** (2) • 누적조회 **5** (2) • 7일내 3일이상 열람자 **0** • 14일내 6일이상 열람자 **0**	()는 5분이상 열람 (기준일-2001.12.18/전국연회원전용)

토지 지분(1/2)을 서상O 낙찰 이후 공유물분할청구의 소 제기
2003. 11. 8 변론종결일
2003. 11. 28 판결선고 전 박정O지분에 김학O이 가등기 경료
2005. 5. 17 형식적 경매 개시결정(2005타경16011)
2006. 4. 21 서상O이 가등기말소청구 승소(중앙2006가단162703)

소재지/감정요약	물건번호/면적(㎡)	감정가/최저가/과정		임차조사	등기권리
서울 중구 신당동 OOO-OOO <제1호> 감정평가서요약 - 철콘조립슬래브 - 1-3층목록상면적 229.08	물건번호: 단독물건 대지 165.0 (49.91평) ₩185,946,900 (25평) (토지 1/2 유광태 지분 지분)	감정가	**232,433,630**	법원임차조사 안OO 전입 1999.09.06 (보) 25,000,000 월100만(1층) 박OO 전입 1999.09.13	근저당 삼성생명 서울동부 1994.03.21 **156,000,000** 강 제 서OO 2001.04.17 *청구
		• 대지	141,075,000 (60.69%)		
		(평당 2,826,588)			
		• 건물	73,977,630 (31.83%)		
		• 제시	17,381,000		

● 법원의 판단(가등기의 말소)

한다고 [피고 C, F = 각 임차인] 킬 수 있게 되므로 사해성을 인정할 수 없다. 그

렇다면 [D = 박정○(지분권자), 김학○의 장모] 건 가등기말소 청구는 이유 없

다. [피고B = 가등기권자(김학○) 박정○의 사위]

[(나) 이 사건 매매예약의 무효 및 그에 기한 이 사건 가등기 말소 청구에 관하여]

  [1) 피고 B의 이 사건 가등기 말소 의무의 발생]

갑 제8호증, 갑 제9호증의 1,2의 각 기재와 변론 전체의 취지에 의하면 이 사건 매매

예약은 D와 피고 B이 통정한 허위 의사표시에 기한 것임을 인정할 수 있는바 그렇다

면 이 사건 매매예약은 무효라고 할 것이므로 피고 B은 이 사건 각 부동산의 1/2 공유

지분권자인 원고가 공유물의 보존행위로서 공유지분권에 기하여 방해배제를 구함에 따

라 원고에게 이 사건 가등기의 말소등기절차를 이행할 의무가 있다. 이 부분 원고의

청구는 이유 있다(원고는 D 공유지분에 관하여는 제3자의 지위에 있다고 볼 수도 있지

만 통정허위표시는 제3자도 무효임을 주장할 수 있다). 이러한 판단에는 다음 ①②항

과 같은 정황사실을 고려하였다.

① 갑 제9호증의 1,2의 각 기재에 의하면 D와 F가 2005. 1. 13. 이 사건 2 부동산의 2

층전부에 관하여 임대차계약을 체결할 때 피고 B이 D에게 스스로 D의 사위인 사실과

이 사건 가등기는 D의 지시에 따라 마친 사실을 인정하고 있다. [위 문서는] F가 D와

● 아래 판결문과 연결

임대차계약을 체결함에 있어 이 사건 가등기로 인하여 임대차보증금을 반환받지 못할 것을 염려하여 계약체결을 주저하는 상황에서 D가 언제든지 이 사건 가등기를 말소할 수 있음을 보여주기 위하여 작성된 문서로 보이는바 그 문언과 같이 D의 지시로 마쳐지고(피고 B은 표현이 미숙한 기재에 불과하다고 주장하나 믿기 어렵다) D가 언제든지 말소할 수 있는 가등기라면 진정한 채권·채무관계에 터잡아 그 담보를 위하여 마쳐진 가등기로 볼 수 없다.

② 을가 제1호증의 기재에 의하면 D는 이 사건 매매예약을 체결한 경위에 관하여 피고 B이 장인·장모였던 G와 D가 운영하는 사업에 5천만 원을 투자하였다가 방탕한 생활에 빠져 2001. 4.경 이혼한 후 2년쯤 지나 이전에 투자한 돈과 미수금으로 7,500만 원을 청구하여 따질 필요도 없이 이를 인정하고 약속어음을 발행한 후 이를 변제하지 못하여 이 사건 가등기를 마친 것이라고 해명하고 있다. 그러나 앞서 본 바와 같이 피고 B은 호적상 이혼에도 불구하고 2005. 1.경까지도 D의 사위임을 자처하고 있어 위 해명과 모순된다. 또한 방탕한 생활로 이혼까지 하여 좋은 감정으로 대할 수 없는 전 사위가 2년 만에 나타나 투자금 정산을 요구하는 마당에 구체적인 액수도 따져보지 아니한 채 요구한 채권액을 모두 인정하고 더 나아가 그 담보를 위한 가등기까지 마쳐주었을 것으로는 보이지 아니한다. 더구나 D의 위 해명은 갑 제12호증(불기소장)의 기재에 의하여 인정되는 수사기관에서의 변명내용과도 달라 진술의 일관성도 결여하고 있다. 박정○(D)의 허위한 진술자료, 진정한 채권채무관계 없다. 매매예약만 있을 뿐

⑤ 가등기에 기한 소유권이전등기청구권의 소멸시효 완성

가. 가등기에 기한 소유권이전등기청구권이 시효의 완성으로 소멸된
   경우 그 가등기 이후에 부동산을 취득한 제삼자가 그 소유권에
   기한 방해배제청구로서 그 가등기권자에 대하여 본등기청구권의
   소멸시효를 주장해 그 등기의 말소를 구할 수 있는지 여부다(적
   극)(대법원 1991. 3. 12. 선고 90다카27570 판결).

나. 채무자가 채권자에게 담보가등기를 경료하고 부동산을 인도해서
   준 다음 피담보채권에 대한 이자 또는 지연손해금의 지급에 갈음
   했다. 채권자가 부동산을 사용수익할 수 있도록 한 경우, 피담보
   채권의 소멸시효가 중단되는지 여부(적극)

   ⇒ 채권자가 부동산을 사용수익 하는 동안에는 채무자가 계속해서
   이자 또는 지연손해금을 채권자에게 변제하고 있는 것으로 볼
   수 있다. 따라서 피담보채권의 소멸시효가 중단된다고 봐야 한
   다(대법원 2009. 11. 12. 선고 2009다51028 판결).

다. 담보가등기를 경료한 토지를 인도받아 점유하는 경우 담보가등
   기의 피담보채권의 소멸시효가 중단되는지 여부(소극) 및 담보가
   등기의 피담보채권이 시효로 소멸하면 대상 토지의 소유권이전
   등기청구권의 소멸시효 중단 여부와 관계없이 담보가등기와 그
   에 기한 소유권이전등기가 말소되어야 하는지 여부(적극)

라. 부동산 매수인이 부동산을 인도받아 스스로 계속 점유하는 경우,

소유권이전등기청구권의 소멸시효 진행 여부(소극)(대법원 1999. 3. 18. 선고 98다32175 전원합의체 판결)

간접점유에 의한 소멸시효 중단(원고 패소)

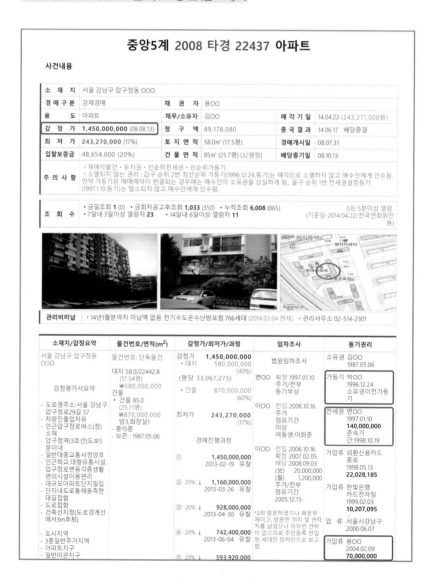

중앙5계 2008 타경 22437 아파트

사건내용

소 재 지	서울 강남구 압구정동 ○○○			
경매구분	강제경매	채 권 자	용○○	
용 도	아파트	채무/소유자	김○○	매 각 기 일 14.04.22 (243,271,000원)
감 정 가	1,450,000,000 (08.08.13)	청 구 액	89,178,080	종 국 결 과 14.06.17 배당종결
최 저 가	243,270,000 (17%)	토 지 면 적	58.0㎡ (17.5평)	경매개시일 08.07.31
입찰보증금	48,654,000 (20%)	건 물 면 적	85㎡ (25.7평) [32평형]	배당종기일 08.10.13
주 의 사 항	· 재매각물건 · 유치권 · 선순위전세권 · 선순위가등기 · 소멸되지 않는 권리 : 갑구 순위 2번 최선순위 가등기(1996.12.24.등기)는 매각으로 소멸되지 않고 매수인에게 인수됨. 만약 가등기된 매매예약이 완결되는 경우에는 매수인이 소유권을 상실하게 됨. 을구 순위 1번 전세권설정등기(1997.1.10.등기)는 말소되지 않고 매수인에게 인수됨.			
조 회 수	· 금일조회 1 (0) · 금회차공고후조회 1,033 (350) · 누적조회 6,008 (865) · 7일내 3일이상 열람일 23 · 14일내 6일이상 열람일 11		()는 5분이상 열람 (기준일-2014.04.22/전국연회원전용)	

관리비미납	· 14년1월분까지 미납금 없음 전기수도온수난방포함.766세대 (2014.03.04 현재) · 관리사무소 02-514-2301

소재지/감정요약	물건번호/면적(m²)	감정가/최저가/과정	임차조사	등기권리
서울 강남구 압구정동 ○○○ 감정평가서요약 - 도로명주소:서울 강남구 압구정로29길 57 - 차량진출입자유 - 인근압구정로버스(정)소재 - 압구정역(3호선)도보5분이내 - 일반대중교통사정양호 - 인근학교,대형유통시설,압구정로변등각종생활편의시설이용편리 - 대규모아파트단지밀집 - 단지내도로통해동측현대길접함 - 도로접함 - 건축선지정(도로경계선에서3m후퇴) - 도시지역 - 3종일반주거지역 - 아파트지구 - 일반미관지구	물건번호: 단독물건 대지 58.0/22442.8 (17.54평) ₩580,000,000 건물 · 건물 85.0 (25.71평) ₩870,000,000 방3,화장실1 - 총15층 - 보존 : 1987.05.06	감정가 **1,450,000,000** · 대지 580,000,000 (40%) (평당 33,067,275) · 건물 870,000,000 (60%) 최저가 **243,270,000** (17%) 경매진행과정 ① **1,450,000,000** 2013-02-19 유찰 ② 20% ↓ **1,160,000,000** 2013-03-26 유찰 ③ 20% ↓ **928,000,000** 2013-04-30 유찰 ④ 20% ↓ **742,400,000** 2013-06-04 유찰 ⑤ 20% ↓ **593,920,000**	법원임차조사 변○○ 확정 1997.01.10 주거/전부 등기부상 이○○ 전입 2006.10.16 주거 점유기간 미상 여동생:이화준 이○○ 전입 2006.10.16 확정 2007.02.05 배당 2008.09.03 (보) 20,000,000 (월) 1,200,000 주거/전부 점유기간 2005.12.15~ *2회 방문하였으나 폐문부재이고,방문한 취지 및 연락처를 남겼으나 아무런 연락이 없으므로 주민등록 전입된 세대만 임차인으로 보고함	소유권 김○○ 1987.05.06 **가등기 박○○ 1996.12.24 소유권이전가등기** **전세권 변○○ 1997.01.10 140,000,000 존속기 간:1998.10.19** 가압류 외환신용카드 종로 1998.05.13 22,028,185 가압류 한빛은행 카드전자팀 1999.02.03 10,207,095 압 류 서울시강남구 2000.06.07 **가압류 용○○ 2004.02.09 70,000,000**

◎ 사건 개요

전남편이자 소유명의자인 김광○은 1996년 12월 20일경 자신의 소유인 이 사건 아파트를 처인 박은○에게 이혼에 따른 위자료 및 재산분할 등의 명목으로 이전하기로 했다. 그 소유권이전등기청구권 보전을 위해 아파트를 박은○(가등기권자) 앞으로 가등기를 경료해주었다. 가등기권자는 전남편으로부터 아파트를 이전받기로 하면서 이를 인도받았으나 소유명의가 전남편으로 되어 있어서 전남편의 이름으로 아파트를 임대하고 임차인을 통해 이를 점유했다.

이러한 내막을 알지 못하는 전남편의 채권자가 '본등기청구권의 소멸시효'를 주장하면서 가등기말소청구의 소(중앙 2011가단82603)를 제기했다. 그러나 최종적으로는 패소한 사건이다.

⊙ 법원의 판결내용(중앙 2011가단82603)

3. 본등기청구권의 시효 소멸 주장에 대하여

가. 청구원인에 대한 판단

원고들은 이 사건 가등기에 기한 본등기청구권이 시효 완성으로 소멸하였다고 주장하므로 살펴건대, 앞에서 본 바와 같이 이 사건 부동산에 관한 매매예약은 1997. 12. 22. 완결됨으로써 소유권이전등기청구권이 발생하였다 할 것이고, 그때로부터 이미 10년이 경과되었음은 역수상 명백하므로 이 사건 부동산에 관한 소유권이전등기청구권은 시효 완성으로 소멸하였다 할 것이다. 원고의 주장

나. 피고의 항변에 대한 판단

이에 대하여 피고는 이 사건 가등기 경료 후부터 소유의 의사로 평온공연하게 이 사건 부동산을 점유하고 있으므로 이 사건 부동산에 관한 소유권이전등기청구권의 소멸시효가 진행하지 않는다고 항변한다.

그러므로 보건대, 갑 6호증의 기재에 변론 전체의 취지를 종합하면 D은 1996. 12. 20.경 자신 소유인 이 사건 부동산을 처인 피고에게 이혼에 따른 위자료 및 재산분할 등의 명목으로 이전하기로 하면서 그 소유권이전등기청구권 보전을 위하여 이 사건 부동산에 관하여 피고 앞으로 이 사건 가등기를 경료해 준 사실, 피고는 D으로부터 이 사건 부동산을 이전받기로 하면서 이를 인도받았으나 소유명의가 D으로 되어 있어서 D 이름으로 이 사건 부동산을 임대하고 임차인을 통하여 이를 점유해 온 사실을 인정할 수 있는바, 위 인정사실에 의하면 피고가 이 사건 부동산을 계속 점유하여 온 이상, 이 사건 부동산에 관한 소유권이전등기청구권은 소멸시효가 진행되지 아니한다고 할

⑥ 혼동(목적달성)으로 인한 가등기에 기한 소유권이전등기청구권의 소멸

가등기권자가 본등기 절차에 의하지 않고 가등기설정자로부터 별도의 소유권이전등기를 경료받은 경우, 가등기의무자에 대해서 그 가등기에 기한 본등기 절차의 이행을 구할 수 있는지 여부

⇒ 채권은 채권과 채무가 동일한 주체에 귀속한 때에 한해서 혼동으로 소멸하는 것이 원칙이다. 어느 특정의 물건에 관한 채권을 가

지는 자가 그 물건의 소유자가 되었다는 사정만으로는 채권과 채무가 동일한 주체에 귀속한 경우에 해당한다고 할 수 없다. 그 물건에 관한 채권이 혼동으로 소멸하지 않는다. 혼동의 법리에 의해서 甲의 가등기에 기한 본등기청구권이 소멸하는 것은 아니다.

⇒ 한편 그와 같이 가등기권자가 별도의 소유권이전등기를 경료받았다 하더라도, 가등기 경료 이후에 가등기된 목적물에 관해서 제삼자 앞으로 처분제한의 등기가 되어 있거나 중간처분의 등기가 되어 있지 않다. 가등기와 소유권이전등기의 등기원인도 실질상 동일하다면, 가등기의 원인이 된 가등기의무자의 소유권이전등기의무는 그 내용에 좇은 의무이행이 완료되었다 할 것이다. 가등기에 의해서 보전될 소유권이전등기청구권은 소멸되었다고 봐야 한다. 가등기권자는 가등기의무자에 대해서 더는 그 가등기에 기한 본등기 절차의 이행을 구할 수 없다(대법원 1988. 9. 27. 선고 87다카1637 판결, 2003. 6. 13. 선고 2002다68683 판결 등 참조).

가등기에 의한 본등기를 하지 않고 증여에 의한 소유권이전등기

● 미납 사유

현장조사에 대한 착오가 가장 큰 미납사유일 것이다. 4,500만 원이나 높은 단독입찰도 잔금 미납사유가 되겠지만, 그것보다 더욱 큰 요인은 주차장과 차량의 진입로가 없을뿐더러 공사를 위한 공간도 없다는 것이 미납사유의 결정적 요인일 것이다.

수원지방법원 여주지원			대한민국 No.1 법원경매정보 **스피드옥션** (speedauction.co.kr) **SPEED auction**		
2019 타경 34621 (강제) 2020타경32713(병합)		매각기일 : 2021-07-07 10:00~ (수)		경매3계 031-880-7447	
소재지	(12504) 경기도 양평군 서종면 수능리 OOO [도로명] 경기도 양평군 서종면 낙촌길 OO-O[수능리 OOO]				
용도	주택	채권자	김OO	감정가	403,816,000원
토지면적	728㎡ (220.22평)	채무자	명OOO	최저가	(49%) 197,870,000원
건물면적	131.98㎡ (39.92평)	소유자	명OOO	보증금	(30%)59,361,000원
제시외	6㎡ (1.81평)	매각대상	토지/건물일괄매각	청구금액	278,914,679원
입찰방법	기일입찰	배당종기일	2020-08-19	개시결정	2019-09-26

기일현황 ▼전체보기

회차	매각기일	최저매각금액	결과
신건	2020-11-11	403,816,000원	유찰
	2020-12-16	282,671,000원	변경
	2021-01-13	282,671,000원	변경
2차	2021-02-17	282,671,000원	매각
강OO /입찰1명/ 낙찰327,730,000원(81%)			
	2021-02-24	매각결정기일	허가
	2021-04-05	대금지급기한	미납
2차	2021-06-02	282,671,000원	유찰
3차	2021-07-07	197,870,000원	기각
최종기일 결과 이후 기각된 사건입니다.			

▶ 21-07-05 채권자대리인 기각결정정본 발송

변경공고 ▶ 변경일자 : 2020-12-09

경매 신청 채권자의 무잉여로 인한 기각

미납사유로 가등기에 관한 권리분석 착오라고 추정하기 쉽지만 3억 원 이상의 고액입찰이고 더구나 이 사건의 가등기는 말소가 가능한 것이므로 권리분석의 착오는 아니라고 봐야 한다. 그렇다면 미납사유는 무엇일까?

변경내용	코로나 대응 격상으로 인한 일괄 기일변경(추정)

물건현황/토지이용계획	면적(단위:㎡)	임차인/대항력여부	등기사항/소멸여부
황순원문학촌 소나기마을 서측 인근에 소재 인근일대는 서후천을 따라 형성된 야산 하단부에 위치한 주거 및 농경지대 버스정류장이 소재하는 2차선 간선도로변에서 남측 직선거리 약250미터 저점에 위치 하 지역 보지까지 차략전그 가느하제	[토지] 수능리 OOO 대지 계획관리지역 728㎡ (220.22평) [건물] 보존등기일:1998-10-21	배당종기일: 2020-08-19 박OO 전입: 없음 확정: 없음 배당: 없음 혀화조사 권리내역	가등기 인수 2003-06-07 건물 이OO 청구소로 말소가능 (근)저당 소멸기준 2007-08-31 건물/토지 양OOOOOO

애초에 빨간 선 구역도 같이 사용했지만 정작 경매는 분홍색(주택 소개)구역만 진행되었다. 북동측의 진입로에서 경매 물건 사이에 주차공간이 없고 더구나 앞마당도 없는 상태다. 즉 기형적인 상태라 3억 원에 입찰할 물건은 아니었다.

이전의 주차장 건물

○ 말소 가능한 가등기

먼저 등기부를 보면서 사실관계를 살펴보면 이한○가 2003년 6월 7일 소유권이전청구권가등기를 했다. 2009년 10월 29일 가등기에 의한 본등기를 하지 않고 증여에 의한 소유권이전등기를 했다.

이런 경우에는 이한○의 소유권확보라는 목적은 달성되었더라도 선순위 가등기가 말소되는 경우도 있고 안 되는 경우도 있다(2가지).

이 물건처럼 가등기 경료 이후에 가등기된 목적물에 관해 제삼자 앞으로 처분제한의 등기나 중간처분의 등기가 되어 있지 않고, 가등기와 소유권이전등기의 등기원인도 실질상 동일하다면 본등기청구권은 소멸한다. 즉 가등기 말소가 가능하다(이 물건의 가등기와 본등기 사이에 아무것도 없다 : 갑구 및 을구를 확인해야 한다).

그러나 가등기와 본등기 사이에 처분제한의 등기나 중간처분의 등기가 있는 경우는 말소가 안 된다(가등기의 취지).

• 처분제한의 등기
가압류, 가처분, 체납처분에 의한 압류, 경매개시결정 등기, 전세금양도금지의 특약, 공유물분할금지의 특약 등

• 중간처분의 등기
소유권이전등기, 근저당설정등기, 가압류 등기 등

				의하여 2001년 11월 26일 전산이기
2	소유권이전	2003년6월7일 제16081호	2003년6월5일 증여	소유자 이◼◼ 340319-******* 서울 강동구 고덕동 ◼◼◼
2-1	2번등기명의인표시 변경	2007년8월31일 제33300호	2003년7월19일 전거	이◼◼의 주소 서울특별시 강동구 상일동 ◼◼◼
2-2	2번등기명의인표시 변경		2008년5월1일 전거	이병윤의 주소 서울특별시 강동구 천호동 ◼◼◼ 2009년10월29일 부기
3	소유권이전청구권가 등기	2003년6월7일 제16082호	2003년6월5일 매매예약	권리자 이◼◼ 630528-******* 양평군 서종면 수능리 ◼◼◼
4	소유권이전	2009년10월29일 제45722호	2009년10월28일 증여	소유자 이◼◼ 630528-******* 경기도 양평군 서종면 수능리 ◼◼◼
5	강제경매개시결정	2010년9월29일 제40108호	2010년9월29일 수원지방법원 여주지원의	채권자 박◼◼ 520519-******* 성남시 분당구 판교동 ◼◼◼ ◼◼◼◼◼◼ ◼◼◼

⑦ 명의신탁에 의한 가등기

'부동산실권리자명의등기에관한법률' 시행 이후 부동산을 매수하면서 매수대금의 실질적 부담자와 명의인 간에 명의신탁관계가 성립한 경우, 그들 사이에 매수대금의 실질적 부담자의 요구에 따라 부동산의 소유 명의를 이전하기로 하는 약정의 효력(무효)

⇒ '부동산실권리자명의등기에관한법률'(이하 '부동산실명법') 시행 이후 부동산을 매수하면서 매수대금의 실질적 부담자와 명의인 간에 명의신탁관계가 성립한 경우, 그들 사이에 매수대금의 실질적 부담자의 요구에 따라 부동산의 소유 명의를 이전하기로 하는 등의 약정을 했다고 해도, 이는 부동산실명법에 의해서 무효인 명의신탁약정을 전제로 명의신탁 부동산 자체 또는 처분대금의 반환을 구하는 범주에 속하는 것이다. 역시 무효라고 봐야 한다.

3 선순위 담보가등기

(1) 원칙 : 말소

(2) 예외 : 인수되는 경우 : ① ~ ③

① 경매개시 전 청산 절차 종료 ⇒ (가등기권자는 배당요구 하지 않음) ⇒ 보전가등기로 취급

② (가등기목적물가액−선순위 채권액) ≤ 피담보채권의 원금과 이자 ⇒ 가담법 적용(×), (배당요구 할 수 없음) ⇒ 보전가등기로 취급

만약, 가등기권자가 채권계산서를 제출한 경우라도 후순위 권리자들이 가담법 적용대상이 아님을 지적한다. 배당이의를 제기하면 담보가등기권자는 한 푼도 배당받지 못한다. 결국 낙찰자는 가등기권자의 피담보채권액을 전액 인수하는 어이없는 상황이 발생한다.

③ 담보목적가등기 ⇒ (경매 신청(×),배당(×)) ⇒ 가담법 적용(×) ⇒ 보전가등기로 취급

4 종합적인 판단

(1) 매매계약에 기한 가등기는 이미 계약이 체결된 상태라는 점에서 그 후 매매계약이 해제되었는지, 아니면 장기간에 걸쳐 권리행사를 하지 못해 이전등기청구권이 10년 시효로 소멸해버렸는지와 같은 측면에서 가등기말소가 검토된다.

매매예약을 원인으로 한 가등기말소가 쟁점이 된 사례에서는 예약완결권의 행사가 일정한 제척기간 내에 이루어졌는지에 따라 가등기말소를 좌우하는 쟁점이 되는 경우가 대부분이다. 예약완결권이 제척기간 도과 전에 행사되어 매매계약이 성립됨으로 인해 가등기에 기한 본등기청구권이 10년의 시효로 소멸하는지 여부까지 쟁점이 된 경우도 아주 드물게 존재한다.

(2) 결국, 여러 가지 가능성을 고려해서 가등기의 실체에 대해 면밀한 조사와 분석이 필요할 수 있다. 물론, 경매 실무 경험으로 볼 때 오랜 기간이 경과된 가등기의 경우에는 시효나 제척기간이 아니더라도 이미 권리관계가 정리된 경우가 적지 않다는 점, 유효한 가등기권자라면 향후 분쟁을 예방하는 차원에서라도 자신의 권리관계를 경매 법원에 밝히는 것이 일반적인 심리라고 본다면, 법원으로부터 가등기에 관한 석명 요구를 받고도(경매 이해관계인과 모종의 통모 때문에) 가등기권자가 아무런 답변을 하지 않고 있다면, 가등기가 이미 소멸한 것이 아닌지 강하게 의심해볼 수 있다.

하지만, 오래된 가등기라고 하더라도 무작정 소멸되었다고 단정할 것은 아니다. 제척기간이 도과하지 않거나 소멸시효가 중단되는 등의 예외적인 사유가 있을 수 있다. 그런 점에서, 면밀한 조사가 필요할 수 있다.

06 가등기의 해법

1 개관

가등기의 목적이 된 부동산의 매수인이 그 뒤 가등기에 기한 본등기가 경료됨으로써 소유권을 상실하게 된 경우 담보책임에 관해서 준용되는 법조(민법 제576조)

⇒ 가등기의 목적이 된 부동산을 매수한 사람이 그 뒤 가등기에 기한 본등기가 경료됨으로써 그 부동산의 소유권을 상실하게 된 때는 매매의 목적 부동산에 설정된 저당권 또는 전세권의 행사로 인해서 매수인이 취득한 소유권을 상실한 경우와 유사하다. 이와 같은 경우 민법 제576조의 규정이 준용된다고 봐서 같은 조 소정의 담보책임을 진다고 보는 것이 상당하다. 민법 제570조에 의한 담보책임을 진다고 할 수 없다(대법원 1992. 10. 27. 선고 92다21784 판결).

○ 경매와 담보책임 관련 규정

민법 제576조(저당권, 전세권의 행사와 매도인의 담보책임)

① 매매의 목적이 된 부동산에 설정된 저당권 또는 전세권의 행사로 인하여 매수인이 그 소유권을 취득할 수 없거나 취득한 소유권을 잃은 때에는 매수인은 계약을 해제할 수 있다.

② 전항의 경우에 매수인의 출재로 그 소유권을 보존한 때에는 매도인에 대하여 그 상환을 청구할 수 있다.

③ 전 2항의 경우에 매수인이 손해를 받은 때에는 그 배상을 청구할 수 있다.

민법 제578조(경매와 매도인의 담보책임)

① 경매의 경우에는 경락인은 전8조의 규정에 의하여 채무자에게 계약의 해제 또는 대금감액의 청구를 할 수 있다.

② 전항의 경우에 채무자가 자력이 없는 때에는 경락인은 대금의 배당을 받은 채권자에 대하여 그 대금전부나 일부의 반환을 청구할 수 있다.

③ 전 2항의 경우에 채무자가 물건 또는 권리의 흠결을 알고 고지하지 아니하거나 채권자가 이를 알고 경매를 청구한 때에는 경락인은 그 흠결을 안 채무자나 채권자에 대하여 손해배상을 청구할 수 있다.

낙찰 후 가등기말소소송에서 패소하더라도 일단, 이행불능을 이유로 매매계약을 해제하고 채무자를 상대로 매각대금의 반환을 청구할 수 있다.

채무자에게 반환받기 어려우면 낙찰대금을 받아간 채권자 상대로 민법 제576조, 제578조에 따라 채무자나 채권자를 상대로 대금의 반환을 청구할 수 있다(법리상으로 부당이득반환청구는 허용되지 않음을 주의할 필요가 있다).

이때 배당받을 채권자가 개인보다는 금융권인 경우 개인에 비해 돌려받기 쉽다. 이 경우에는 선순위 가등기가 있더라도 좀 더 과감하게 접근할 수 있을 것이다.

2 배당기일 전

(1) 가등기 상태일 경우

① 본소송 : 주위적(1차적)으로 가등기권자를 상대로 '가등기말소 청구의 소' 제기

예비적(2차적)으로 배당받을 채권자를 상대로 '하자담보책임에
따른 대금반환청구의 소' 제기

② 보전처분 신청 : 주위적 청구인 가등기말소청구권을 피보전권
리로 하는 가등기상의 권리처분금지가처분 신청

예비적 청구인 배당금지급청구권을 피보전권리로 한 배당금
지급금지가처분 신청

(2) 본등기 실행된 경우

매매계약해제 및 매각대금반환청구 신청

⇒ 아직 배당이 실시되기 전이라면, 이런 때도 낙찰인이 배당이 실시
되는 것을 기다렸다가 경매 절차 밖에서 별소에 의해서 담보책임
을 추급하게 하는 것은 가혹하다. 이 경우 낙찰인은 민사소송법
제613조를 유추 적용해서 집행법원에 대해 경매에 의한 매매계
약을 해제하고, 납부한 낙찰대금의 반환을 청구하는 방법으로 담
보책임을 추급할 수 있다(대법원 1997. 11. 11. 자 96ㄱ64 결정).

잔금납부 후 배당기일 전 가등기에 의한 본등기

2015 타경 13312 (강제)		매각기일 : 2018-02-27 10:00~ (화)		경매6계 041-660-0696	
소재지	충청남도 당진시 원당동 ○○○				
용도	전	채권자	서○○	감정가	35,351,550원
지분토지	181.29㎡ (54.84평)	채무자	이○○	최저가	(17%) 5,942,000원
건물면적		소유자	이○○○○	보증금	(10%) 594,200원
제시외	제외 117㎡ (35.39평)	매각대상	토지지분매각	청구금액	229,640,831원
입찰방법	기일입찰	배당종기일	2016-02-26	개시결정	2015-12-04

기일현황　▽전체보기

회차	매각기일	최저매각금액	결과
신건	2017-05-08	35,351,550원	유찰
2차	2017-06-20	24,746,000원	유찰
3차	2017-08-01	17,322,000원	유찰
4차	2017-09-19	12,125,000원	유찰
5차	2017-11-14	8,488,000원	매각
	나○○ /입찰1명/낙찰8,920,000원(25%)		
	2017-11-21	매각결정기일	불허가
5차	2017-12-19	8,488,000원	매각
	이○○ /입찰1명/낙찰8,900,000원(25%)		
	2017-12-26	매각결정기일	불허가
5차	2018-01-23	8,488,000원	유찰
6차	2018-02-27	5,942,000원	매각
	지○○외2 /입찰3명/낙찰7,789,000원(22%)		
	2018-03-06	매각결정기일	변경
6차	2018-03-20	매각결정기일	허가
	2018-04-23	대금지급기한 납부(2018.04.04)	납부

배당종결된 사건입니다.

▶ 17-03-08 채권자 서민원 기각결정정본 발송

※ 잔금납부 후~배당기일 전
2018. 4. 4. 낙찰자(지씨 등 3명)가 잔금납부
2018. 4. 10. 낙찰자의 소유권이전등기
2018. 5. 8. 낙찰자의 배당기일연기 신청
2018. 5. 15. 가등기권자의 본등기
2018. 5. 15. 가등기에기한 본등기로 인해 낙찰자의
　　　　　　소유권이전 등기말소
이후 '매매계약해제 및 대금반환신청'으로 대금 회수

🏠 물건현황 / 토지이용계획	📐 면적(단위:㎡)	👤 임차인 / 대항력여부	📋 등기사항 / 소멸여부	
'당진버스터미널'북동측 근거리에 위치	[(지분)토지]	배당종기일: 2016-02-26	소유권	이전
	원당동 ○○○ 전	- 매각물건명세서상 조사된	1980-08-28	토지
주위는 단독주택, 농경지 및 자연림 등이 혼재	계획관리지역	임차내역이 없습니다	재산상속	
	181.29㎡ (54.84평)			
본건 인근까지 차량접근이 가능하며, 인근에 버스정류장이 소재하는 등 대중교통상 황은 보통	활잡목 포함 현황 '묵전 및 일부도로' 1269면적중 이재은분 181.29전부		소유권(지분) 2009-08-28 이○○○○○ 상속	이전 토지
남측 하향 완경사의 부정형 토지	[제시외]		가등기 2011-09-21	인수 토지
노폭 약 3M내외의 현황 도로가 본건을 통과	원당동 ○○○ 단층 창고 제외 49.5㎡ (14.97평)		김○○ 특별매각조건에의한 인수 2004다59546 판례보기	
계획관리지역(원당동 316)	판넬조판넬		이재은지분	
	원당동 ○○○ 단층 창고 제외 49.5㎡ (14.97평)		가압류(지분) 2013-02-04 서○○ 400,000,000원	토지 소멸 기준 토지
🏢 감정평가현황 (주)삼일감정	시멘트블록조스레트		이재은지분	
가격시점	2015-12-15	원당동 ○○○		강제경매(지분)	소멸
감정가	35,351,550원				

3 배당기일 후

(1) 가등기 상태일 경우

① 본소송 : 주위적(1차적)으로 가등기권자를 상대로 '가등기말소청구의 소' 제기

예비적(2차적)으로 배당받은 채권자를 상대로 '하자담보책임에 따른 대금반환청구의 소'제기

② 보전처분 신청 : 주위적 청구인 가등기말소청구권을 피보전권리로 하는 가등기상의 권리처분금지가처분 신청

(2) 본등기 실행된 경우

매수인은 경매 절차 밖에서 별도의 소송으로 민법 제578조 1항에 따라 채무자(대개의 경우 무자력인 경우가 많다) 또는 채권자를 상대로 대금의 반환을 청구할 수 있다.

⇒ 매매계약해제 및 매각대금반환청구의 소 제기

이때는 가능한 한 배당을 받을 수 있는 채권자가 금융기관과 같이 향후 담보책임을 부담하기에 충분한 자력이 있는 공신력 있는 기관일 경우 입찰을 고려할 필요가 있다.

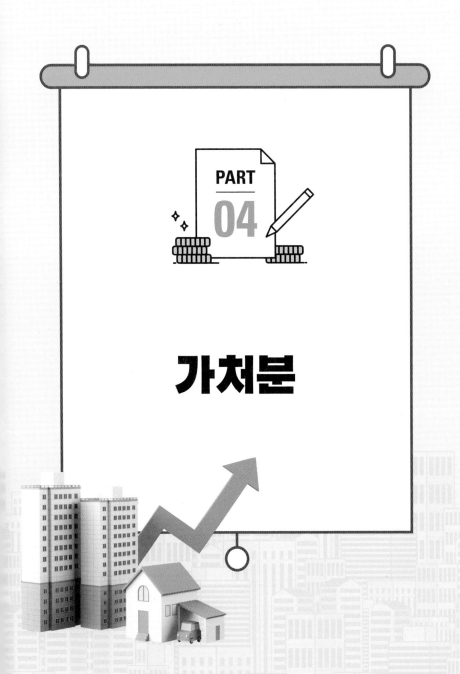

PART
04

가처분

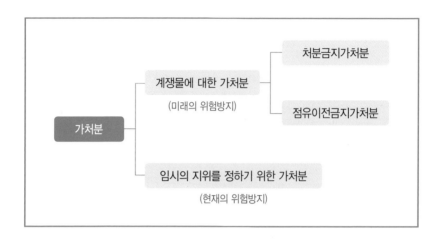

경매에서 다루어지는 가처분은 바로 다툼의 대상이 되는 계쟁물에 대한 처분금지가처분과 낙찰 후 명도단계의 점유이전금지가처분이 있다.

가처분의 개관

1 가처분의 목적

민사집행법 제300조(가처분의 목적)

① 다툼의 대상에 관한 가처분은 현상이 바뀌면 당사자가 권리를 실행하지 못하거나 이를 실행하는 것이 매우 곤란할 염려가 있을 경우에 한다.

처분금지가처분은 목적 부동산에 가처분 채무자의 소유권 이전, 저당권, 전세권 설정, 기타 일체의 처분행위를 금지시켜 가처분 당시의 상태대로 현상을 고정할 필요가 있을 때 하는 처분이다.

⇒ 본안 소송을 진행하는 동안 현상이 바뀌면 집행이 불가능해지는 경우 미리 부동산에 가처분을 하면 피보전권리와 금지사항이 등기부를 통해 확인이 된다. 부동산에 관한 분쟁을 제삼자가 알 수 있다. 그런데도 해당 부동산에 대한 소유권을 취득하고 저당권을 설정했다면 선의의 제삼자가 될 수 없다.

그러므로 이런 경우는 제삼자가 악의라는 것을 따로 입증할 필요 없이 승소가 가능할 것이다. 사기로 소유권 이전을 해준 이후의 모든 등기의 법률행위에 대한 말소를 신청할 수 있다.

계쟁물에 대한 가처분		
개념	장래의 집행불능을 대비해서 특정물이나 권리의 인도나 지급을 보전하려고 현재의 상태를 유지하려는 집행보전처분	
효력	① 처분금지효 ② 상대적 효력	
실례	처분금지가처분 점유이전금지가처분	

처분금지가처분	점유이전금지가처분
개념 목적물의 현상을 가처분 당시의 상태대로 고정·유지하기 위해서 목적물에 대한 가처분 채무자의 소유권 이전, 저당권, 전세권, 임차권 설정, 기타 일체의 처분행위를 금지시키는 보전처분	명도소송을 진행하는 동안 점유자가 부동산에 대한 점유를 다른 이에게 이전하거나 점유 명의를 변경하려는 위험을 원천적으로 방지하기 위해 시행한다.
피보전권리 비금전채권(소유권이전(말소)등기청구권, 건물철거청구권, 공유물분할청구권)	소유권에 기한 명도청구권
보전의 필요성 본안 소송에서 승소 시 집행불능 또는 그 위험방지	명도판결의 집행불능 또는 그 위험방지
효력 처분금지효	현상(점유 주체)변경의 금지
상대적 무효	당사자의 항정효(恒定效)

2 처분금지가처분의 효력

(1) 처분금지효

부동산에 관해서 처분금지가처분의 등기를 마친 후에 가처분권자가 본안 소송에서 승소판결을 받아 확정되면, 그 피보전권리의 범위 내에서 그 가처분에 저촉되는 처분행위의 효력을 부정할 수 있다. 이때 그 처분행위가 가처분에 저촉되는지 여부는 그 처분행위에 따른 등기와 가처분등기의 선후에 의해서 정해진다(대법원 1982. 10. 12. 선고 82다129 판결).

(2) 상대적효력

채무자 소유의 부동산에 대해서 처분금지가처분결정이 된 경우에 가처분 채무자는 그 부동산을 처분할 수 없는 것이 아니다. 다만 그 처분을 가지고 가처분에 저촉하는 범위 내에서 가처분 채권자에게 대항할 수 없는 것이다(대법원 1988. 9. 13. 선고 86다카191 판결).

❸ 점유이전금지가처분의 효력

· 집행문 고시 내용

이 집행권원에 기한 채권자의 위임에 의해 별지 표시 부동산에 대해서 채무자의 점유를 해제하고 집행관이 이를 보관합니다.

그러나 이 부동산의 현상을 변경하지 않는 조건으로 채무자가 사용할 수 있습니다.

채무자는 별지 표시 부동산에 대해서 그 점유를 타인에게 이전하거나 또는 점유명의를 변경하지 못합니다.

누구든지 집행관의 허가 없이 이 고시를 손상 또는 은닉하거나 기타의 방법으로 그 효용을 해하는 때는 벌을 받을 수 있습니다.

(1) 현상(점유 주체)의 변경금지

점유이전금지가처분 이후 채무자로부터 점유를 이전받은 제삼자에 대해서 채무자를 상대로 한 명도판결에 대한 승계집행문을 부여받아 본집행을 함으로써 제삼자의 점유를 배제할 수 있다.

(2) 당사자 항정효

점유이전금지가처분 이후 채무자가 점유를 타인에게 이전하더라도 가처분 채무자는 가처분 채권자에 대한 관계에서는 여전히 그 점유자의 지위에 있다.

(3) 공무상표시무효죄

집행관이 이 사건 건물에 관해서 가처분을 집행하면서 '채무자는 점유를 타에 이전하거나 또는 점유 명의를 변경해서는 안 된다' 등의 집행 취지가 기재되어 있는 고시문을 이 사건 건물에 부착한 이후에 제삼자에게 이 사건 건물 중 3층에서 카페 영업을 할 수 있도록 이를 무상으로 사용하게 했다는 것이다. 이러한 피고인의 행위는 이 고시문의 효력을 사실상 멸각시키는 행위라 할 것이다(대법원 2004. 10. 28. 선고 2003도 8238 판결).

'공유물분할을 원인으로 한 소유권이전 등기청구권'을
피보전권리로 한 가처분

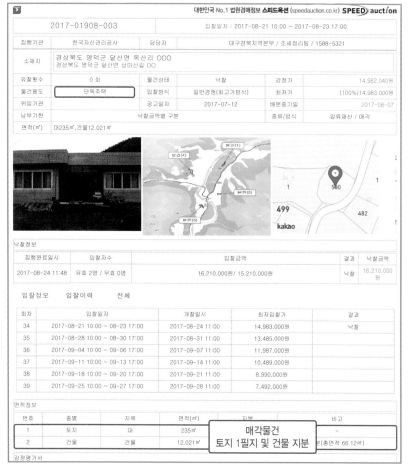

○ 물건 개요

2017. 8. 29. 낙찰 후 잔금 납부

2017. 11. 3. 대구지방법원 영덕지원에 '공유물분할을 원인으로 한 소유권이전 등기청구권'을 피보전권리로 한 가처분을 신청했다.

2017. 11. 3. 서울중앙지방법원에 부당이득금반환청구의 소를 제기했다.

낙찰받은 물건에 따라 필요한 소송을 제기하면 된다. 투자를 하다 보면 물건의 상황에 따라 부당이득금만 청구할지, 공유물분할을 병행할지 판단이 서게 된다.

이 물건도 이 건에 노모가 거주하고 있었다. 장성한 자식들이 있는 상태에서 간단한 부당이득청구의 소로만 압박해도 단기매도가 예상이 된다. 추가로 공유물분할청구소송까지 하게 되면 이래저래 비용과 시간만 낭비하게 된다. 지분 물건이라고 무턱대고 공유물분할청구를 하는 것은 닭 잡자고 장검을 뽑아 드는 모양이 될 수 있다.

2018. 2. 23. 조정성립 후 매도 완료(조정결정문으로 매매계약서 대체 가능하다)

2018. 2. 23. 가처분 신청 취하 및 집행해제신청서 제출

○ 이 사건의 가처분 신청서

부동산처분금지 가처분신청서

채 권 자

채 무 자

목적물의 표시 : 별지목록기재 부동산
목적물의 가액 : 금   ○   ○   원
피보전권리의 요지 : 부당이득금청구 및 공유물분할을 원인으로 한 소유권이
　　　　　　　　　　전등기청구권

신청취지

별지목록 기재 부동산 목록2 중 채무자 김○순 지분 11분의 3전부, 채무자
박○영 지분 11분의 2 전부, 채무자 박○일 지분 11분의 2 전부, 채무자 박
○례 지분 11분의 2 전부에 관하여 매매, 증여, 양도, 저당권, 임차권, 전세
권의 설정 등 기타 일체의 처분행위를 하여서는 아니된다 라는 결정을 구합
니다.

신청이유

1. 이 사건의 경위
가. 신청인은 별지목록의 각 부동산(이하 '이사건 토지, 건물')에 관하여 토
지 전부 및 건물 지분 11분의 2 전부를 2017. 08. 24 한국자산관리공사
2017-01908-003의 공매사건 절차에서 낙찰 받아 2017. 08. 29 잔대금을
완납하고 그 소유권을 취득하였습니다.
(소갑 제1호증-토지등기사항전부증명서)
(소갑 제2호증-건물등기사항전부증명서)

나. 채권자는 위와 같이 이건 토지 전부 및 건물의 일부지분을 취득하였으나
채무자는 채권자 소유 토지 및 건물 일부를 임의대로 사용하며 불법점유하
고 있어 그 손해에 상응하는 부당이득금을 지급하여 줄 것을 수차례 요청하
였으나 무응답으로 일관하며 전혀 타협의 여지가 없습니다. 사정이 위와 같
은 바, 채무자와의 협의는 불가능한 것으로 판단되며 채권자는 채무자들에
대한 부당이득금청구 및 공유물 분할청구소송을 통하여 이 문제를 해결하고
자 합니다.

2. 보전의 필요성
　이상과 같이 부당이득금 및 공유물분할에 대한 논의조차 거부하고 있는 채
무자들의 태도로 미루어 보아 이사건 건물에 관한 자신들의 지분을 타인에
게 처분할 우려가 있고 또한 사해행위를 통하여 가등기, 저당권 등을 경료할
우려가 있는바 이럴 경우 채권자로서는 후일 본안소송에서 승소판결을 받게
되더라도 집행을 할 수 없으므로 강제집행보전을 위하여 본 신청을 하게 되
었습니다.

3. 담보제공에 대하여는 보증보험회사와 지급보증위탁계약을 체결한 문서로
　제출하고자 하오니 허가하여 주시기 바랍니다.

4 가처분등기의 유형 및 신청 이유

(1) 매매계약 등 약정에 의한 소유권이전등기청구권 보전을 위한 가처분

예 아파트를 새로 매입하는 과정에서 계약금과 중도금을 납입해서 이행의 착수에 이르렀다. 상대방이 이중매매로 타인에게 소유권 이전등기를 경료해준다면 매수인은 낭패를 볼 수밖에 없다.

'소유권이전등기청구권' 보전을 위한 가처분

2004년9월24일 등기

2	가처분	2004년9월24일 제56440호	2004년9월21일 수원지방법원성남지원의 가처분결정(2004카단727 2)	피보전권리 소유권이전등기청구권 채권자 이○○ 　　서울 강남구 역삼동 ○○-○○ 금지사항 매매,증여,전세권,저당권,임차권의 설정 　　기타일체의 처분행위 금지
3	가처분	2004년10월1일	2004년9월24일	피보전권리 1999.11.9. 대금260,000,000원의 매매름
9	소유권이전	2005년9월26일 제58603호	2004년3월3일 매매	소유자 이○○ 420927-1****** 　　서울 강남구 역삼동 ○○-○○, ○○○ 수원지방법원 성남지원의 확정판결(2004가단34850)
9-1	9번등기명의인표시변경	2010년6월29일 제34376호	2007년1월4일 전거	이○○의 주소 경기도 광주시 오포읍 능평리 ○○○ 　　○○○아파트 ○○○동 ○○○호

(2) 사해행위 취소로 인한 소유권이전등기말소청구권 보전을 위한 가처분

예 채무자가 채무의 면탈을 목적으로 부동산을 타인(수익자)에게 매도한 경우 이의 원상회복을 위해 사해행위취소소송 제기 전 처분금지가처분을 해야 할 것이다.

'사해행위취소를 원인으로 한 소유권이전등기말소등기청구권'
보전을 위한 가처분

수원지방법원 여주지원 · 대한민국 No.1 법원경매정보 **스피드옥션** (speedauction.co.kr) SPEED auction

2019 타경 34621 (강제) 2020타경32713(병합)		매각기일 : 2021-07-07 10:00~ (수)		경매3계 031-880-7447
소재지	(12504) 경기도 양평군 서종면 수능리 OOO [도로명] 경기도 양평군 서종면 낙촌길 OO-O [수능리 OOO]			
용도	주택	채권자	김OO	감정가	403,816,000원
토지면적	728㎡ (220.22평)	채무자	명OOO	최저가	(49%) 197,870,000원
건물면적	131.98㎡ (39.92평)	소유자	명OOO	보증금	(30%) 59,361,000원
제시외	6㎡ (1.81평)	매각대상	토지/건물일괄매각	청구금액	278,914,679원
입찰방법	기일입찰	배당종기일	2020-08-19	개시결정	2019-09-26

기일현황 ▼전체보기

회차	매각기일	최저매각금액	결과
신건	2020-11-11	403,816,000원	유찰
	2020-12-16	282,671,000원	변경
	2021-01-13	282,671,000원	변경
2차	2021-02-17	282,671,000원	매각
강OO/입찰1명/낙찰327,730,000원(81%)			
	2021-02-24	매각결정기일	허가
	2021-04-05	대금지급기한	미납
2차	2021-06-02	282,671,000원	유찰
3차	2021-07-07	197,870,000원	기각
최종기일 결과 이후 기각원 사건입니다.			

▶ 21-07-05 채권자대리인 기각결정정본 발송

변경공고 ▶ 변경일자 : 2020-12-09

변경내용	코로나 대응 격상으로 인한 일괄 기일변경(추정)

물건현황 / 토지이용계획

황순원문학촌 소나기마을 서측 인근에 소재

인근일대는 서후천을 따라 형성된 야산 하단부에 위치한 주거 및 농경지대

버스정류장이 소재하는 2차선 간선도로변에서 남측 직선거리 약250미터 저점에 위치한 지역, 본건까지 차량접근 가능함

동측으로 폭3~4미터 정도의 포장도로에 접함

공장설립승인지역

수질보전특별대책지역

이용상태(단독주택)

급배수시설, 위생설비, 난방설비 등

계획관리지역(수능리 376)

조적조박공슬라브

감정평가현황 씨티감정

가격시점	2019-10-11	
감정가	403,816,000원	
토지	(73.73%)	297,752,000원
건물	(26.15%)	105,584,000원
제시외포함	(0.12%)	480,000원

면적 (단위:㎡)

[토지]

수능리 OOO 대지
계획관리지역
728㎡ (220.22평)

[건물]

낙촌길 OO-O
단층 주택
131.98㎡ (39.92평)
조적조박공슬라브

[제시외]

낙[...]
6[...]

전소유자 이한O씨가 매매로 소유권을
O원산업주식회사로 이전했다.

임차인 / 대항력여부

배당종기일: 2020-08-19

박OO
　전입: 없음
　확정: 없음
　배당: 없음
　보증금:
현황조사 권리내역

등기사항 / 소멸여부

가등기 2003-06-07 이OO 청구의소로 말소가능	인수 건물
(근)저당 2007-08-31 양OOOOOOO 430,000,000원	소멸기준 건물/토지
소유권 2009-10-29 이OO 증여	이전 건물
가압류 2015-06-24 안OO 230,334,245원	소멸 건물/토지
가압류 2018-03-23 김OO 256,252,160원	소멸 건물/토지
소유권 2018-10-25 명OOO (거래가 2건) 650,000,000원 매매	이전 건물/토지
가처분 2019-04-26 강OOOOO 수원지방법원여주지원 (2019카단10243) 가처분등기보기	소멸 건물/토지
강제경매 2019-09-26 김OO	소멸 토지

○ 사실 관계

빚이 많은 소유자 이한○가 이 사건 주택의 채무를 동결하기 위해 주택의 소유권을 명원산업주식회사에 매매를 원인으로 한 소유권이전등기를 했다.

가처분권자 입장에서는 이한○가 조만간 도래할 채무를 면탈하기 위해 의도적으로 명원산업주식회사로 이전했다고 판단하고, 이를 다시 이한○의 소유로 되돌리기 위해서 가처분을 신청했다.

이 사건은 소유권이 이한○의 명의로 있을 때의 가압류가 본압류로 이행(즉 가압류 이후 판결을 받아서 경매 진행)되었다. 그렇기 때문에 가처분권자가 승소한들 전 소유자의 가압류가 본압류로 이행되어 진행된 경매의 결과에는 어떠한 영향도 없다.

	등기	제16082호.	매매예약	양평군 서종면 수능리
4	소유권이전	2009년10월29일 제45722호	2009년10월28일 증여	소유자 이한○ 630528-******* 경기도 양평군 서종면 수능리
5	강제경매개시결정	2010년9월29일 제40108호	2010년9월29일 수원지방법원 여주지원아	채권자 박○○ 520519-******* 성남시 분당구 판교동-(반동)
26	가압류	2018년3월23일 제13000호	2018년3월23일 서울중앙지방법원의 가압류결정(2018카단8 04179)	청구금액 금256,252,160 원 채권자 김○○ 600615-******* 서울 서초구 신반포로 (반포동,)
27	23번강제경매시결정등기말소	2018년8월24일 제39906호	2018년7월25일 취소기각결정	
28	소유권이전	2018년10월25일 제49640호	2018년10월1일 매매	소유자 명원산업주식회사 134311-0037037 경기도 양평군 서종면 수능리 매매목록 제2018-2750호
29	가처분	2019년4월26일 제17781호.	2019년4월25일 수원지방법원 여주지원의 가처분결정(201 9카단10243)	피보전권리 사해행위취소를 원인으로 한 소유권이전등기말소등기청구권 채권자 강○○ 서울 양천구 목동중앙본로22길 (목동,)
31	강제경매개시결정(2 6번가압류의 본압류로의 이행)	2020년5월1일 제19087호.	2020년5월1일 수원지방법원 여주지원의 강제경매개시결정(2020타경327 13)	채권자 김○○ 600615-1673814 서울특별시 동작구 만양로 (노량진동,)

(3) 서류위조 및 등기원인의 무효로 인한 소유권이전등기말소청구
권 보전을 위한 가처분

말소기준권리의 선후를 불문하고 본안소송의 결과에 따라 낙찰자는
소유권을 상실할 수 있다.

(4) 토지 소유권에 기한 방해배제로서의 건물에 대한 철거청구권
보전을 위한 가처분

토지 소유자가 건물철거소송을 제기해서 소송이 진행 중(변론 종결 전)
건물 소유자가 건물을 타인에게 처분하는 경우 기존의 소송을 취하하
고 새로운 건물 주인을 상대로 소송을 제기해야 하는 절차의 반복을 방
지할 수 있다.

'건물철거청구권' 보전을 위한 가처분

▶ 서울북부지방법원			대한민국 No.1 법원경매정보 스피드옥션 (speedauction.co.kr) SPEED auction		
2010 타경 19044 (임의)		매각기일 : 2011-12-27 10:00~ (화)		경매6계 02-910-3676	
소재지	(01657) 서울특별시 노원구 상계동 OOO-OO [도로명] 서울특별시 노원구 한글비석로44가길 OO (상계동)				
용도	대지	채권자	우OOOOOOOOOO	감정가	728,200,000원
토지면적	331㎡ (100.13평)	채무자	김OO	최저가	(80%) 582,560,000원
건물면적		소유자	김OOOO	보증금	(10%)58,256,000원
제시외		매각대상	토지만매각	청구금액	162,851,501원
입찰방법	기일입찰	배당종기일	2011-01-07	개시결정	2010-10-13

기일현황 ▼전체보기

회차	매각기일	최저매각금액	결과
신건	2011-06-14	728,200,000원	변경
신건	2011-08-22	728,200,000원	변경
신건	2011-09-27	728,200,000원	유찰
	2011-10-31	582,560,000원	변경
차	2011-12-27	582,560,000원	매각
이OO / 입찰4명 / 낙찰656,100,000원(90%)			
	2012-01-03	매각결정기일	허가
배당종결된 사건입니다.			

지상에 건물이 소재한 토지만 매각진행 후 낙찰

▶ 물건현황/토지이용계획	▶ 면적(단위:㎡)	▶ 임차인/대항력여부	▶ 등기사항/소멸여부
계상초등학교 북동측 인근에 위치	[토지]	배당종기일: 2011-01-07	소유권(전부) 이전 2003-10-13 토지
주위는 단독주택, 다세대주택등이 혼재한	상계동 OOO-OO 대지	성OO 있음	홍OO

2012년 2월 29일 낙찰자가 토지만 낙찰(2010타경19044)받은 이후 지상의 '건물철거 및 토지인도 청구' 소송을 제기하기 전에 '건물철거청구' 가처분등기를 했다.

건물철거 및 토지인도 판결 이후에 건물 경매를 신청(2014타경2273)했다.

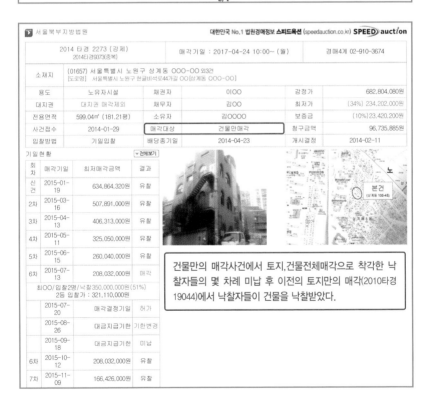

		2013년5월23일 등기		
2	가처분	2013년5월23일 제47679호	2013년5월21일 서울북부지방법원의 가처분결정(2013카단1657)	피보전권리 건물철거청구권 채권자 이○○ 420330-******* 서울특별시 강남구 역삼로77길 ○○○(○○동,○○빌) 681220-******* 서울특별시 강남구 역삼로77길 ○○○(○○동,○○빌) 금지사항 매매, 증여, 전세권, 저당권, 임차권의 설정 기타일체의 처분행위 금지
3	1번김○○지분압류	2013년8월30일 제81595호	2013년8월29일 압류(소득세과-5137)	권리자 국 처분청 노원세무서
4	강제경매개시결정	2014년2월11일 제11294호	2014년2월11일 서울북부지방법원의 강제경매개시결정(2014	채권자 이○○ 420330-******* 서울 강남구 역삼로77길 ○○○(○○동,○○빌)

열람일시 : 2016년12월28일 11시07분50초

2/4

서울북부지방법원					대한민국 No.1 법원경매정보 스피드옥션 (speedauction.co.kr) SPEED auction		

2014 타경 2273 (강제)
2014타경9373(중복)

매각기일 : 2017-04-24 10:00~ (월)

경매4계 02-910-3674

소재지	(01657) 서울특별시 노원구 상계동 ○○○-○○ 외3건 [도로명] 서울특별시 노원구 한글비석로44가길 ○○[상계동 ○○○-○○]					
용도	노유자시설	채권자	이○○	감정가	682,804,080원	
대지권	대지권 매각제외	채무자	김○○	최저가	(34%) 234,202,000원	
전용면적	599.04㎡ (181.21평)	소유자	김○○○○	보증금	(10%) 23,420,200원	
사건접수	2014-01-29	매각대상	건물만매각	청구금액	96,735,885원	
입찰방법	기일입찰	배당종기일	2014-04-23	개시결정	2014-02-11	

기일현황 [전체보기]

회차	매각기일	최저매각금액	결과
신건	2015-01-19	634,864,320원	유찰
2차	2015-03-16	507,891,000원	유찰
3차	2015-04-13	406,313,000원	유찰
4차	2015-05-11	325,050,000원	유찰
5차	2015-06-15	260,040,000원	유찰
6차	2015-07-13	208,032,000원	매각
최○○/입찰2명/낙찰 350,000,000원(51%) 2등 입찰가 : 321,110,000원			
	2015-07-20	매각결정기일	허가
	2015-08-26	대금지급기한	기한변경
	2015-09-18	대금지급기한	미납
6차	2015-10-12	208,032,000원	유찰
7차	2015-11-09	166,426,000원	유찰

건물만의 매각사건에서 토지,건물전체매각으로 착각한 낙찰자들의 몇 차례 미납 후 이전의 토지만의 매각(2010타경19044)에서 낙찰자들이 건물을 낙찰받았다.

(5) 공유물분할을 원인으로 한 소유권이전등기청구권 보전을 위한 가처분

공유물분할청구소송이 진행되는 중에 변론 종결 전에 지분소유권을 타인에게 처분할 경우 소송승계(참가승계, 인수승계) 신청 또는 다시 새로운 소송을 제기해야 하며, 다른 지분권자가 가등기나 가처분할 경우 후에 공유물분할 판결에 따른 형식적 경매를 진행할 때 인수 여부에 따라 낙찰가가 떨어질 수 있다.

또한 변론 종결 전에 타인이 자기의 지분에 '약정에 의한 소유권이전 등기청구권'을 피보전권리로 해서 가처분을 한 후 변론 종결 후에 약정에 따른 지분이전등기를 마친 새로운 공유자에게는 공유물분할판결에 따른 집행력이 승계되지 않는다.

(6) 재산분할청구권을 보전하기 위한 가처분

이혼소송을 청구하기 전에 배우자의 재산을 보존하기 위해 미리 재산분할청구권을 피보전권리로 가처분 신청

'재산분할청구권' 보전을 위한 가처분

민선○의 재산분할청권 보전을 위한 가처분(1/2지분) 이후 민선○에 의한 강제경매 신청했다(선순위 가처분이나 목적이 달성된 것으로 경매 진행의 결과에는 영향이 없다).

대한민국 No.1 법원경매정보 **스피드옥션** (speedauction.co.kr) **SPEED** auct/on

서울남부지방법원

2014 타경 8230 (강제)	매각기일 : 2015-02-25 10:00~ (수)	경매6계 02-2192-1336

소재지	(07382) 서울특별시 영등포구 신길동 OOO-OO [도로명] 서울특별시 영등포구 도림로100길 OO-O(신길동)		
용도	주택	채권자	민OO	감정가	461,084,950원
토지면적	106㎡ (32.06평)	채무자	정OO	최저가	(64%) 295,094,000원
건물면적	164.09㎡ (49.64평)	소유자	정OO	보증금	(10%)29,509,400원
제시외	15.94㎡ (4.82평)	매각대상	토지/건물일괄매각	청구금액	150,000,000원
입찰방법	기일입찰	배당종기일	2014-06-18	개시결정	2014-04-07

기일현황 ▼전체보기

회차	매각기일	최저매각금액	결과
신건	2014-12-09	461,084,950원	유찰
2차	2015-01-14	368,868,000원	유찰
3차	2015-02-25	295,094,000원	매각
	김OO /입찰1명/낙찰335,760,000원(73%)		
	2015-03-04	매각결정기일	허가
	2015-04-13	대금지급기한 납부 (2015.04.13)	납부
	2015-05-14	배당기일	완료
	배당종결된 사건입니다.		

물건현황 / 토지이용계획

대영중학교 북서측 인근에 소재

주변은 단독주택, 공동주택 및 근린생활시
설 등 중심으로 형성된 주거지대

본건까지 차량 진출입 가능하며, 인근에 버
스정류장이 있는 등 전반적인 교통상황은
보통

북동측으로 노폭 약 4m의 포장도로에 접하
고 있음

이용상태(주택)

위생설비, 난방설비, 급·배수 설비 등

제2종일반주거지역(신길동 359-26)

벽돌조

일괄매각, 제시외건물포함

감정평가현황 선감정

가격시점	2014-04-16	
감정가	461,084,950원	
토지	(84.83%) 391,140,000원	
건물	(14.77%) 68,097,350원	
제시외포함	(0.4%) 1,847,600원	

면적 (단위:㎡)

[토지]

신길동 OOO-OO 대지
제2종일반주거지역
106㎡ (32.06평)

[건물]
보존등기일:1990-11-17

신길동 OOO-OO
1층 주택
52.92㎡ (16.01평)
벽돌조

신길동 OOO-OO
2층 주택
52.92㎡ (16.01평)
벽돌조

신길동 OOO-OO6
지층 주택
58.25㎡ (17.62평)
벽돌조

[제시외]

신길동 OOO-OO
1층 다용도실 포함
2.56㎡ (0.77평)
벽체벽돌 및 샷시조

신길동 OOO-OO
1층 복도 포함

임차인 / 대항력여부

배당종기일: 2014-06-18

이OO
전입 : 2012-03-28
확정 : 없음
배당 : 없음
점유 :
현황조사 권리내역
전액매수인 인수예상
있음

최OO
전입 : 2012-08-03
확정 : 없음
배당 : 없음
점유 :
현황조사 권리내역
전액매수인 인수예상
있음

등기사항 / 소멸여부

소유권		이전
1983-05-18		토지
정OO		
매매		

소유권		이전
1990-11-17		건물
정OO		
보존		

가처분(지분)		해제
2012-04-04		건물/토지
민OO		
서울가정법원		
(2012즈단522)		
경매신청채권자		
배당으로 소멸		

가처분등기보기
2014.10.28 해제

강제경매		소멸기준
2014-04-07		건물/토지
민OO		
청구 : 150,000,000원		

▷ 채권총액 :
150,000,000원

건물열람 : 2014-04-10

토지열람 : 2014-04-10

			10월 30일 전산이기	
2	소유권일부(2분의1)가처분	2012년4월4일 제12808호	2012년4월4일 서울가정법원의 가처분결정(2012즈단522)	피보전권리 재산분할 청구권 채권자 민선○ 530121-2****** 서울특별시 영등포구 신길동 ○○○-○○ 금지사항 매매, 증여, 전세권, 저당권, 임차권의 설정 기타일체의 처분행위 금지
2-1	2번등기명의인표시변경	2011년10월31일 도로병주소	2011년10월31일 도로병주소	민선○의 주소 서울특별시 영등포구 도림로100길 ○○-○(신길동) 2013년11월11일 부기
3	강제경매개시결정	2014년4월7일 제14909호	2014년4월7일 서울남부지방법원의 강제경매개시결정(2014 타경8230)	채권자 민선○ 530121-2****** 서울 영등포구 도림로100길 ○○-○(신길동)

— 이 하 여 백 —

관할등기소 서울남부지방법원 영등포등기소

(7) 근저당권설정계약에 따른 근저당권설정등기청구권보전을 위한 가처분

토지 담보로 지상에 신축공사대금을 대출해주면서 은행과 건축주 간에 추후 건물이 지어지면 건물에 추가근저당을 설정하기로 하는 약정을 체결했다. 이런 때, 근저당설정청구권을 피보전 권리로 한 선순위 가처분 또는 시공사가 건물을 완공했음에도 공사대금을 지급받지 못해서 공사대금채권을 확보할 목적으로 근저당설정청구권을 피보전권리로 해서 가처분을 해두기도 한다.

'근저당설정청구권' 보전을 위한 가처분

의정부지방법원			대한민국 No.1 법원경매정보 스피드옥션 (speedauction.co.kr) SPEED auction		
2010 타경 41846 (임의)		매각기일 : 2011-07-20 10:30~ (수)			경매1계 031-828-0321
소재지	(12277) 경기도 남양주시 와부읍 팔당리 OOO-O [도로명] 경기도 남양주시 팔당로81번길 OO-OO (와부읍)				
용도	주택	채권자	박OO	감정가	95,245,000원
토지면적	토지 매각제외	채무자	김OO	최저가	(100%) 95,245,000원
건물면적	182.8㎡ (55.3평)	소유자	김OO	보증금	(20%) 19,049,000원
제시외	150㎡ (45.37평)	매각대상	건물만매각	청구금액	708,800,000원
입찰방법	기일입찰	배당종기일	2011-02-21	개시결정	2010-11-26

기일현황 ▼전체보기

회차	매각기일	최저매각금액	결과
신건	2011-04-06	95,245,000원	매각
김OO /입찰2명/낙찰1,061,217,000원(1,114%)			
	2011-04-13	매각결정기일	불허가
신건	2011-05-11	95,245,000원	매각
김OO /입찰2명/낙찰1,117,900,000원(1,174%)			
	2011-05-18	매각결정기일	허가
	2011-06-24	대금지급기한	미납
신건	2011-07-20	95,245,000원	매각
박OO성외1인공동/입찰1명/낙찰251,000,000원 (264%)			
	2011-07-27	매각결정기일	허가
배당종결된 사건입니다.			

물건현황/토지이용계획

팔당대교 북동측 인근에 위치

이용상태(1층부분(작업실,주방,화장실등),2 층부분(창고))

1층부분은 기본적인 위생설비,급배수설비

철골조

제시외건물포함, 특별매각조건 매수보증금 20%

감정평가현황 더원감정

가격시점	2011-01-17
감정가	95,245,000원
건물	(68.5%) 65,245,000원
제시외포함	(31.5%) 30,000,000원

면적(단위:㎡)

[건물]
팔당리 OOO-O
1층 작업실
151.3㎡ (45.77평)
철골조

팔당리 OOO-O
2층 창고
31.5㎡ (9.53평)
철골조

[제시외]
팔당리 OOO-O
지하1층 작업장 포함
150㎡ (45.37평)
철골조

임차인/대항력여부

배당종기일 : 2011-02-21

김OO · · · · · · · 있음
사업 : 2005-05-30
확정 : 없음
배당 : 미상
보증 : 미상
점유 : 미상
현황조사 권리내역
채무자
전액매수인 인수예상

김OO · · · · · · · 있음
전입 : 2010-04-16
확정 : 없음
배당 : 없음
보증 : 28,000,000원
점유 : 2층
현황조사 권리내역
전액매수인 인수예상

문OO · · · · · · · 있음
전입 : 2010-04-16
확정 : 없음
배당 : 없음
보증 : 미상
점유 : 미상
현황조사 권리내역
전액매수인 인수예상

▷ 보증금합계
28,000,000원

- 김OO과 수차례 통화를 하였으나 명확히 밝혀주지 않았음.

등기사항/소멸여부

소유권 · · · · · · 이전
건물
김OO
보존

가처분 · · · · · · 인수
2009-12-17 건물
박OOOOO
의정부지방법원
(2009가단719채권자의)
[가처분등기보기]
2002다53389 판례보기

(근)저당 건물소멸기준
2010-10-11 건물
박OOOOO
1,050,000,000원
(주택) 소액배당 4000 이하 1400
(상가) 소액배당 2500 이하 750

임의경매 · · · · · · 소멸
2010-11-26 건물
박OOOOO
청구 : 708,800,000원

▷ 채권총액 :
1,050,000,000원

건물열람 : 2010-11-30

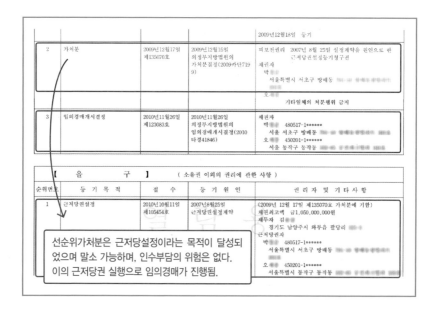

2	가처분	2009년12월17일 제135070호.	2009년12월15일 의정부지방법원의 가처분결정(2009카단719 9)	피보전권리 2007년 8월 25일 실정계약을 원인으로 한 근저당권설정등기청구권 채권자 박 서울특별시 서초구 방배동
				오 기타일체의 처분행위 금지
3	임의경매개시결정	2010년11월26일 제123083호.	2010년11월26일 의정부지방법원의 임의경매개시결정(2010 타경41846)	채권자 박 480517-1****** 서울 서초구 방배동 오 450201-1****** 서울 동작구 동작동

【 을 구 】		(소유권 이외의 권리에 관한 사항)		
순위번호	등 기 목 적	접 수	등 기 원 인	권 리 자 및 기 타 사 항
1	근저당권설정	2010년10월11일 제105454호.	2007년8월25일 근저당권설정계약	(2009년 12월 17일 제135070호 가처분에 기함) 채권최고액 금1,050,000,000원 채무자 김 경기도 남양주시 와부읍 팔당리 근저당권자 박 480517-1****** 서울특별시 서초구 방배동 오 450201-1****** 서울특별시 동작구 동작동

선순위가처분은 근저당설정이라는 목적이 달성되었으며 말소 가능하며, 인수부담의 위험은 없다.
이의 근저당권 실행으로 임의경매가 진행됨.

권리분석

기본적으로는 처분금지가처분은 말소기준권리(등기)보다 후순위인 경우에는 낙찰 후 소멸되고, 말소기준권리보다 선순위인 경우에는 매수인이 인수책임을 져야 한다. 다만, 예외적인 경우가 있다는 것을 별도로 숙지해야 한다.

1 단계별 가처분 물건 분석

(1) 단계 : 말소기준권리를 기준으로 인수, 말소 여부를 판단하자

선순위에서 가처분 및 피보전권리의 소멸 가능성을 판단하고,
후순위 가처분에서 피보전권리의 위험성을 판단한다.

(2) 단계 : 본안소송의 제기 여부와 결과 조사

① 어떤 경우는 선순위 가처분을 말소시키더라도 낙찰자가 소유권을 상실할 수도 있다. 그렇기 때문에 단지 가처분의 말소 가능 여부만 가지고 낙찰자의 소유권확보 안정성을 평가하면 곤란하다. 즉, 가처분이 낙찰자에게 위험한지(가처분 목적 달성, 피보전권리 소멸 여부)를 따져 봐야 한다. 이 경우 최종적으로 본안 소송의 진행 내역이나 결과를 조사해야 한다.

소송으로 다투게 될 피보전권리가 본안 소송에서 가처분 채권자가 승소하면(또는 승소가능성이 높다면, 벌써 승소했다면) 등기부등본상 권리가 어떻게 바뀔 것인지, 그로 인해 낙찰자의 소유권은 어떻게 될 것인가로

위험 여부를 판단해야 한다.

물론 그 반대의 경우, 가처분 채권자가 패소하면(또는 패소 가능성이 높다면, 벌써 패소했다면) 현 등기부상 내용이 변동하지 않기 때문에 낙찰자에게는 크게 문제가 되지 않는다.

전후로 인수되는 건물철거청구권 가처분 역시 가처분권자(토지 소유자)가 건물 소유자와 소송에서 패소한다면 문제가 없다.

② 가처분 집행이 3년이 지났더라도 제삼자 입장에서는 채권자와 채무자의 이 본안 소송이 진행되었는지 확인할 방법은 없다. 하지만 법원의 문건접수내역에서 '배당권자 ○○○보정서(집행권원 및 채권계산서) 제출'이 확인되면 본안 소송이 제기되어 판결이 선고되었음을 알 수 있다.

가처분의 집행이 된 후 3년이 경과해서 말소시킬 수 있다. 그러나 점희○이 그 후 본안소송을 제기해서 승소하게 되면 점희○의 소유권 이후에 있는 박태○의 강제경매는 원인무효가 될 수 있어 낙찰자는 소유권을 상실할 수 있다.

| 12 | 가처분 | 2008년5월7일
제20256호 | 2008년5월7일
수원지방법원
평택지원의
가처분결정(2008카단143
6) | 피보전권리 소유권이전등기이행청구권
채권자 점희 610216-2******
아산시 배방면세교리
금지사항 매매, 증여, 전세권, 저당권, 임차권의 설정
기타일체의 처분행위 금지 |
| 13 | 강제경매개시결정 | 2013년12월18일
제40679호 | 2013년12월18일
수원지방법원
평택지원의
강제경매개시결정(2013
타경19630) | 채권자 박태 570224-1******
경남 창원시 마산합포구 진북면 학동마을길
(영학미) |

③ 가처분이 설정된 때로부터 상당한 시간이 지났다면 일단 가처분의 효력이 상실된 경우가 아닌가 의심해보자. 가처분에 기한 본안소송에서 가처분권자가 패소한 경우일 수도 있고, 아니면 다른 방식으로 원

만히 해결되어 가처분이 무용해진 경우도 있다.

<blockquote>
예 매매계약을 체결했는데 건물주가 등기를 이전해주지 않자 소유권이 전청구권을 보전할 목적으로 매수인이 처분금지 가처분을 걸어둔다. 그 후 건물주와 협의가 이루어져 위약금을 받고 계약을 해제하기로 했다. 그렇다면 이 가처분은 더는 쓸모가 없는 상황이 되어버린다. 건물주도 말소 필요성을 못 느껴 차일피일 미루다 건물이 경매에 들어가버리면 선순위 가처분이 걸려 있는 채로 경매가 진행되는 것이다.
</blockquote>

2 선순위 가처분

인수, 예외적인 경우 말소

(1) 말소되는 가처분의 유형

① 말소동의서 확보

사전에 가처분권자 파악 및 접촉 후 협상을 통한 말소동의서 확보

입찰 전 소정의 사례금 지급하고 '낙찰조건부 합의서(약정서)' 작성

: 가처분결정문, 인감증명서, 주민등록등본, 해지증서 날인

② 본안의 제소명령(민사집행법 제287조)

- 제1단계는 제소명령 신청

채무자에게 채권자가 상당한 기간(2주일 이상)내에 본안의 소를 제기하고, 이를 증명하는 서류를 제출할 것을 명하도록 법원에 신청한다.

- 제2단계는 가처분취소

채권자가 법원이 정한 제소기간 내에 제소증명서 등을 제출하지

않으면 법원은 채무자의 신청에 따라 결정으로 가처분을 취소해야 한다.

③ 사정변경 등에 따른 가처분취소(민사집행법 제288조)

가. 피보전권리에 관한(가처분 이유가 소멸되거나 그 밖에 사정이 바뀐 때)

- 피보전권리의 전부 또는 일부가 보전처분 결정 후 변제, 대물변제, 상계, 소멸시효 등의 사유로 소멸하거나 변경된 경우

• 가처분결정 후 그 본안 소송에서 가처분 채권자가 패소하고 그 판결이 상급심에서 변경될 염려가 없다고 인정되는 경우 그 가처분 결정은 사정변경을 이유로 취소할 수 있다(대법원 2008. 11. 27. 자 2007마1470 결정).

• 피보전권리의 소멸시효

사해행위의 취소는 한 날로부터 5년 안 날로부터 1년 이내 본안소송을 제기해야 한다.

재산분할청구권은 이혼한 날로부터 2년 이내 행사해야 한다.

소유권이전등기청구권 : 10년

나. 보전의 필요성에 관한(법원이 정한 담보를 제공한 때)

- 채무자가 충분한 재산을 갖게 된 경우, 물적·인적담보를 제공한 경우, 채무를 공탁한 경우

- 채권자의 담보제공조건부 보전처분결정 이후 채권자가 담보를 제공하지 않은 경우

- 집행기간 도과, 본집행을 게을리한 경우

- 소취하, 화해성립
  • 가처분권자가 가처분결정의 본안소송에서 패소판결을 받고 항소했다. 그러나 항소심에서 소취하를 했다. 민사소송법 제240조 제2항 규정의 재소금지 원칙에 따라 다시 가처분 부동산에 대한 소유권이전등기청구를 할 수 없게 되었다. 이런 경우, 그 가처분결정은 그 보전의 필요성이 없어 더는 유지될 수 없는 사정변경이 생겼다고 할 수 있다(대법원 1999. 3. 9. 선고 98다12287 선고).

다. 제소기간의 도과(소멸시효)
  - 가처분 집행 후 3년간 본안의 소송을 제기하지 않으면 채무자는 또는 이해관계인(매수인 등 제3취득자)이 '사정변경에 의한 가처분(가압류)취소신청'을 할 수 있다. 취소신청에 따라 결정으로 가처분을 취소해야 한다.
  - 경과기간이 지나면 취소요건이 완성된다. 그 뒤 본안 소송이 제기되어도 가처분(가압류)을 취소할 수 있다. 단, 가처분 후 3년간 본안 소송을 제기하지 않았다고 해서 취소결정이 없더라도 당연히 가처분이 취소되는 것은 아니다. 따라서 가처분 후 3년이 경과되었지만, 가처분 취소 결정이 있기 전에 가처분권자에 의해 이루어진 소유권이전등기는 유효하다.

가압류 · 가처분 등기	경과기간
2002. 6. 30.까지 등기된 보전처분	10년
2002. 7. 1.부터 등기된 보전처분	5년
2005. 7. 28.부터 등기된 보전처분	3년

● 가처분취소신청서(제소기간도과)

부동산 가처분 취소신청

사건 2000 카단 1091호 부동산 가처분

채무자(신 청 인) 성명

주소

채권자(피신청인) 성명

신청취지

1. 귀원 2000카단112 부동산처분금지가처분 사건에관하여 귀원이 2000년
   01월12일자로 한 가처분결정은 이를 취소한다.
2. 소송비용은 피신청인의 부담으로 한다.
   라는 재판을 구합니다.

신청이유

1. 피신청인(채권자)은 신청인을 상대로 2000년 1월 1일자로 귀원 2000카단1234
부동산처분금지가처분결정을 받아 그 무렵 가처분집행을 하였습니다.

2. 그런데 피신청인이 본안소송을 제기하지 아니하여 신청인이 2000년 3월 1일 귀
원에 본안의 제소명령을 신청하였고, 이에 귀원에서 같은 달 6일 제소명령을 발하
였는바, 피신청인은 위 제소명령에서 정한 기간이 지나도록 본안소송을 제기하지
아니하므로 위 가처분결정을 취소하여 주시기 바랍니다.

첨 부 서 류

1. 부동산등기부 등본	1 부
1. 등록면허세, 지방교육세 영수필 확인서 및 통지서	1 부
1. 등기신청수수료 영수필 확인서	1 부
1. 신청서 부본	1 부

2001. 2. 10.

채무자(신청인)   000

대구지방법원   귀중

라. 목적달성

(가) 선순위 가처분권자와 강제경매 신청 채권자가 동일(丙)

㉠ 소유권(甲) → 소유권 이전(乙) → 가처분(丙) → 근저당권(丁) → 강
    제경매 신청(丙)

甲이 채무면탈을 목적으로 乙에게 소유권을 이전하자 甲의 채권자인
丙이 채권자취소권에 의해서 乙에 대한 소유권이전등기의 말소를 구하
는 가처분을 했다. 丙이 본안 소송에서 승소했다. 乙명의의 소유권이전
등기를 말소한 후 甲을 상대로 강제경매를 신청했다. 이 경우, 丙의 가
처분은 그 목적을 달성해서 해제신청과 말소촉탁만을 기다리는 가처분
이다.

설정일	권리 내용	권리자	권리 내용
2011. 5. 1	소유권	甲	丙의 채무자
–	소유권 이전	甲 → 乙	甲의 채무면탈 목적
2013. 1. 17	소유권	乙	–
2013. 4. 1	가처분	丙	소유권이전등기말소청구의 소
2013. 9. 5	근저당권	丁	–
2013. 11. 15	강제경매 신청	丙	乙 소유권 말소 후 경매 신청

목적달성한 가처분 1

대한민국 No.1 법원경매정보 스피드옥션 (speedauction.co.kr) SPEED auction

대전지방법원

2019 타경 106262 (강제)		매각기일 : 2020-04-29 10:00~ (수)		경매6계 042-470-1806

소재지	(34816) 대전광역시 중구 목동 OO-OO [도로명] 대전광역시 중구 동서대로1403번길 OO [목동 OO-OO]				
용도	주택	채권자	예OOOOO	감정가	53,478,920원
지분토지	41.56㎡ (12.57평)	채무자	홍OO	최저가	(70%) 37,435,000원
지분건물	34.95㎡ (10.57평)	소유자	홍OOOO	보증금	(10%)3,743,500원
제시외	0.71㎡ (0.21평)	매각대상	토지/건물지분매각	청구금액	13,414,246원
입찰방법	기일입찰	배당종기일	2019-10-08	개시결정	2019-07-18

기일현황 ▼전체보기

회차	매각기일	최저매각금액	결과
신건	2020-02-19	53,478,920원	유찰
	2020-03-25	37,435,000원	변경
차	2020-04-29	37,435,000원	매각
	홍OO(공유자) / 입찰2명 / 낙찰41,666,000원 (78%) 2등 입찰가 : 38,932,653원		
	2020-05-06	매각결정기일	허가
	2020-06-04	대금지급기한 납부 (2020.05.27)	납부
	2020-07-24	배당기일	완료
	배당종결된 사건입니다.		

변경공고 ▶ 변경일자 : 2020-03-18

변경내용	2020.03.18. 변경 후 추후지정

물건현황/토지이용계획	면적(단위:㎡)	임차인/대항력여부	등기사항/소멸여부
목동초등학교 북측 안근에 위치	[(지분)토지]	배당종기일: 2019-10-08	소유권 이전 1988-09-27 건물/토지 홍OO 매매
주변은 단독주택, 다세대 및 다가구주택, 소형점포 등이 혼재되어 있는 기존주택지대	목동 OO-OO 대지 제2종일반주거지역 41.56㎡ (12.57평) 187면적중 홍OO지분 41.56전부	문OO 있음 전입 : 2015-03-31 확정 : 없음 배당 : 없음 점유 : 2층(구조도'가'부	소유권(지분) 이전 2015-05-28 건물/토지 박OOOOO 협의분할에 의한 상속
본건까지 직접적인 차량 접근 및 주정차가 가능하고 인근에 시내버스승강장이 소재하며 공익시설 및 편익시설과의 접근성 등을 고려 할 때, 전반적인 교통여건은 보통	[(지분)건물] 동서대로1403번길 OO 1층 주택 19.8㎡ (5.99평) 벽돌조및시멘트벽돌조슬래브	현황조사 권리내역 전액매수인 인수예상 - 가. 위 사항은 임차인 통지를 하기 위해 작성된 것임 나. 일부 폐문부재로 임차인	가처분 인수 2017-01-23 토지 예OOOOO 서울중앙지방법원 (2017가단30395) 특별매각조건에의한 인수
북동측으로 포장된 소로에 접함		을 직접 조사하지 못하였으	가처분등기보기
문화재보존영향 검토대상구역	89.1면적중 홍OO지분 19.8전부	므로, 점유관계 등은 별도 확인 요망	2022디5839 판례보기 가처분.박OO.홍OO.홍OO .홍OO지분
이용상태(주택(1, 2층), 지하실)	동서대로1403번길 OO 2층 주택		소유권(지분) 이전 2017-11-10 건물/토지 홍OO 진정명의회복
기본적인 전기설비, 급·배수설비, 위생설비, 개별난방설비 등	10.98㎡ (3.32평) 벽돌조및시멘트벽돌조슬래브		
제2종일반주거지역(목동 10-52)			홍OO.홍OO지분
벽돌조및시멘트벽돌조슬래브	49.41면적중 홍OO지분 10.98전부		가압류(지분) 소멸기준 2018-01-19 건물/토지 메OOOOOOOO 10,659,570원 홍OO지분
철근콘크리트조			
시멘트벽돌조슬래브	동서대로1403번길 OO 지하층 지하실 3.73㎡ (1.13평) 철근콘크리트조		가압류(지분) 소멸 2018-04-25 건물/토지 경OOOOOO 6,430,778원 홍OO지분
감정평가현황 한진감정	16.8면적중 홍OO지분 3.73전부		
가격시점 2019-08-05			가압류(지분) 소멸 2018-04-26 건물/토지
감정가 53,478,920원	동서대로1403번길 OO		홍OO지분
토지 (87.12%) 46,588,760원			
건물 (12.77%) 6,830,160원			
제시외포함 (0.11%) 60,000원			

www.speedauction.co.kr/v3/M_view/printpage.php

1/2

● 사실 관계

애초 법정상속인이 4명으로 박학○(3/9), 홍현○(2/9), 홍○규(2/9), 홍○엽(2/9)인데, 홍○엽이 채무문제로 빠지고 3명만이 협의분할 상속받았다(박학○, 홍현○, 홍○규).

이에 채권자 한빛자산관리대부가 가처분에의해 진정명의회복으로 홍○엽의 지분에 해당하는 2/9를 원상복구했다.

박학○(노모)의 협의상속지분(1/3)은 법정상속지분(3/9)으로 가더라도 변함이 없다. 따라서 홍현○(1/3 → 2/9)과 홍○규(1/3 → 2/9)의 각각의 지분에서 되찾아왔다.

2	소유권이전	2015년5월28일 제33175호	2015년4월27일 협의분할에 의한 상속	공유자 지분 3분의 1 박██ 400919-******* 대전광역시 중구 동서대로 77(목동) 지분 3분의 1 홍██ 600523-******* 대전광역시 동구 동부로 ██(판암동) 지분 3분의 1 홍██ 640820-******* 대전광역시 서구 둔산로 ██ ████(둔산동, ██████)
3	가처분	2017년1월23일 제3578호	2017년1월23일 서울중앙지방법원의 가처분결정(2017카단30288)	피보전권리 협의분할에 의한 상속 말소등기절차 이행청구권 채권자 예스자산대부주식회사 110111-5260362 서울특별시 중구 수표로 ██(저동2가,) (법무팀) 금지사항 매매, 증여, 전세권, 저당권, 임차권의 설정 기타일체의 처분행위 금지
4	2번홍██지분3분의 1 중 일부(9분의1), 2번홍██지분3분의 1 중 일부(9분의1)이전	2017년11월10일 제52454호	진정명의회복	공유자 지분 9분의 2 홍██ 620715-******* 강원도 강릉시 보래미상길 ██, ████████(포남동, ████████) 대위자 주식회사한빛자산관리대부 서울특별시 도봉구 마들로 ██, ████████(도봉동, ██████) 대위원인 서울북부지방법원 2016가단127661 사해행위취소 사건의 판결정본에 기한 소유권이전등기 청구권
5	4번홍██지분가압류	2018년1월19일 제3275호	2018년1월19일 서울중앙지방법원의 가압류결정(2018카단30198)	청구금액 금10,659,570 원 채권자 메이슨에프앤아이대부주식회사 110111-4439752 서울특별시 강남구 역삼로 ██(역삼동) (엔피엘1팀)
8	4번홍██지분강제경매개시결정	2019년7월18일 제33381호	2019년7월18일 대전지방법원의 강제경매개시결정(2019타경106	채권자 예스자산대부주식회사 110111-5260362 서울특별시 중구 수표로 ██ ██ ████ (저동2가, 인농빌딩)

1. 소유지분현황 (갑구)

등기명의인	(주민)등록번호	최종지분	주　　　　　　　소	순위번호
박██ (공유자)	400919-*******	9분의 3	대전광역시 중구 동서대로1403번길 ██(목동)	2
홍██ (공유자)	640820-*******	9분의 2	대전광역시 서구 둔산로 ██ ████ (둔산동,)	2
홍██ (공유자)	620715-*******	9분의 2	강원도 강릉시 보래미상길 ██, (포남동,)	4
홍██ (공유자)	600523-*******	9분의 2	대전광역시 동구 동부로 ██(판암동)	2

ⓒ 이혼을 이유로 한 위자료 및 재산분할청구권 보전을 위한 가처분 → 본안 승소판결 → 강제경매 신청 → 매각대금에서 위자료 및 재산분할액 수령

ⓒ 사해행위를 이유로 한 소유권이전등기말소청구권 보전을 위한 가처분 → 본안 승소판결(가액반환) → 강제경매 신청 또는 배당요구 → 매각대금에서 채권액 수령

		제4755호	취소	
4	가처분	2001년7월6일 제7887호	2001년7월5일 창원지방법원거창지원의 가처분결정(2001카단668)	피보전권리 소유권이전등기청구권 채권자 한실 　　　서울 서초구 반포동 금지사항 매매, 증여, 전세권, 저당권, 임차권의 설정 기타일체의 처분행위 금지
5	강제경매개시결정	2014년5월9일 제4982호	2014년5월9일 창원지방법원 거창지원의 강제경매개시결정(2014 타경1483)	채권자 한실　490114-1****** 　　　서울 서초구 반포동

(나) 선순위 가처분권자와 근저당권자가 동일

피보전권리가 근정당설정청구권이고, 가처분권자가 근저당권설정을 완료한 경우

⇒ 집행법원은 가처분을 한 근저당권자가 가처분을 한 법원에 가처분의 목적달성을 이유로 가처분등기의 말소촉탁을 하도록 한다. 그 후 말소된 것이 확인되면 매각 절차를 진행한다.

그러나 문제는 근저당권자가 이를 이행하지 않거나 집행법원이 위와 같은 절차를 취하지 않고 매각 절차를 진행하는 경우다. 이 경우 매수인은 당해 가처분등기의 말소에 이익이 있는 자다. 집행법원에 가처분의 목적 달성했음을 이유로 말소촉탁을 신청할 수 있다.

• 선순위 가처분의 피보전권리가 근저당설정청구권인 경우

을구란에 가처분권자 명의의 저당권등기가 되어 있지 않다면 먼저, 법원의 문건접수내역을 살펴보자.

㉠ 권리신고 및 배당요구를 한 경우

가처분권자가 가처분에 기해서 권리신고와 배당요구까지 했다. 그렇다면, 일단 가처분권자는 당해 절차에서 배당받겠다는 의지가 있는 만큼 추후 근저당설정청구소송에서 승소할 것을 전제로 자신에게 배당될 금액을 공탁해두도록 요청할 것이다. 결국 당해 절차에서 배당을 받아갈 것이므로 이 가처분도 목적달성을 이유로 추후 취소될 수 있다.

㉡ 권리신고 및 배당요구를 하지 않은 경우

가처분권자가 당해 경매 절차에서 아무런 권리신고도 없는 경우라면 자칫 이 선순위 가처분을 인수할 수도 있으니 신중한 검토가 필요하다.

다만, 가처분에 기한 저당권설정청구소송만 제기하면 선순위로 피담보채권액 전액을 배당받을 수 있는 가처분권자가 아무런 움직임이 없다는 것은 선순위 가처분의 실효를 의심해볼 수 있는 정황이다. 일단 심도 있는 사실조사를 해볼 필요가 있다.

㉢ 가처분을 해둘 정도의 사정이라면 필히 근시일 내에 본안 소송을 제기했을 것이다. 가처분된 때부터 4~5년 이상 아무런 결과가 나

오지 않았다는 것은 필히 속사정이 있을 것이다. 그 속사정을 탐문을 통해 알아봐야 한다.

목적달성한 가처분 2

1. 선순위 가처분

대부회사에서 2009년 3월, 채무자에게 채권최고액 4억 5,000만 원의 근저당을 설정해야 한다. 그러나 당시 아파트가 건축법상 사용승인을 득하지 못해 근저당설정등기를 하지 못했다. 2009년 3월 가처분등기의 촉탁으로 소유권보존등기와 근저당권설정등기청구권을 피보전권리로 한 가처분등기를 했다. 그후 2009년 9월경에 근저당설정 등기를 하고 그 근저당에 기해 임의경매 신청한 사건이다.

따라서 선순위 가처분은 사정변경(목적달성)에 따른 취소사유가 된다. 가처분권자는 매각 시 말소해도 이의를 제기하지 않겠다는 확약서까지 집행법원에 제출했다.

	서울중앙지방법원		대한민국 No.1 법원경매정보 스피드옥션 (speedauction.co.kr) SPEED auction		
2011 타경 32120 (임의)		매각기일 : 2012-10-16 10:00~ (화)		경매21계 02-530-1822	

소재지	(06702) 서울특별시 서초구 방배동 OOO-O [도로명] 서울특별시 서초구 효령로2길 OOO (방배동)				
용도	다세대(빌라)	채권자	대OOO	감정가	500,000,000원
대지권	18.44㎡ (5.58평)	채무자	김OO	최저가	(51%) 256,000,000원
전용면적	102.309㎡ (30.95평)	소유자	김OO	보증금	(10%) 25,600,000원
사건접수	2011-11-01	매각대상	토지/건물일괄매각	청구금액	300,000,000원
입찰방법	기일입찰	배당종기일	2012-01-20	개시결정	2011-11-02

기일현황 ✔전체보기

회차	매각기일	최저매각금액	결과
신건	2012-07-03	500,000,000원	유찰
2차	2012-08-07	400,000,000원	유찰
3차	2012-09-11	320,000,000원	유찰
4차	2012-10-16	256,000,000원	매각

정OO /입찰6명/낙찰352,000,000원(70%)

2012-11-29 대금지급기한

최종기일 결과 이후 기각된 사건입니다.

물건현황/토지이용계획

동덕여중고교 남동측 인근에 위치

주위는 방배래미안아파트, 대우아파트, 방배아트e-편한세상,리더스빌, 신성빌딩, 단독주택, 연립주택, 동덕여중고교, 방배근린공원 등 형성

대중교통수단인 시내버스정류장이 인근에 위치, 지하철역(사당역:2,4호선)은 원거리이며 대체로 교통사정은 보통정도임

북측 및 북동측으로 로폭 약6m 포장도로와 접함

제2종일반주거지역

가축사육제한구역

급,배수 위생시설, 도시가스 개별난방, 승강기, 옥내소화전, 주차시설

철근콘크리트조

일괄매각 대금지급기한이후 지연이자 연 20% 임대차 : 물건명세서와 같음

감정평가현황 S·R감정

가격시점	2011-11-09
감정가	500,000,000원
토지	(30%) 150,000,000원
건물	(70%) 350,000,000원

면적(단위:㎡)

[대지권]

방배동 OOO-O 대지 대지권지분있음 18.44㎡ (5.58평) 958.8 면적중 김수현지분 18.44 전부 대지권이등기이나 감정가격에포함됨

[건물]

방배동 OOO-O 7층701호 다세대 102.309㎡ (30.95평) 철근콘크리트조 7층 건물 7층

임차인/대항력여부

배당종기일: 2012-01-20

강OO 없음
전입 : 2011-08-18
확정 : 없음
배당 : 없음
보증 : 미상
점유 : 701호
현황조사 권리내역
미배당금 소멸예상

등기사항/소멸여부

소유권 이전 집합
김OO 보존

가처분 인수 집합
2009-03-10 근OOOOOOOO
서울중앙지방법원 (2009카합311)
가처분등기보기
2002다58389 판례보기
가처분김수현지분

가압류 소멸기준 집합
2009-07-21
한OO
160,000,000원
가압류김수현지분

(근)저당 소멸 집합
2009-09-01
대OOOO
450,000,000원
김수현지분

예고등기 인수 집합
2009-10-20
1동OOOOOOOOOOOO원
1번소유권말소예고등기김수현지분
소유권말소예고등기김수현지분

가압류 소멸 집합
2009-12-18
하OO 211,504,724원
가압류김수현지분

2. 기각 사유

매각물건명세서에 '이 사건 건물에 대해서 소외 사공옥○외 11명이 김수○의 소유권 명의는 착오라고 주장하며 개시결정 이의 등으로 소유권 귀속 여부에 다툼이 있다'라고 기재되어 있다. 등기부에도 '소유권말소예고등기'가 되어 있다.

집행법원에서는 '서울중앙지방법원 2009가단387367'소유권말소 청구소송이 확정되지 않는 상태에서 경매가 진행되는 것을 고려해서 2011타경32120 사건을 기각한다.

순위번호	등 기 목 적	접 수	등 기 원 인	권 리 자 및 기 타 사 항
1	소유권보존			소유자 김수○ 731127-1****** 경기도 양주시 삼숭동 가처분등기의 촉탁으로 인하여 2009년3월10일 등기
2	가처분	2009년3월10일 제10706호	2009년3월6일 서울중앙지방법원의 가처분결정(2009가합311)	피보전권리 2008.12.12.자 근저당권설정계약에 기한 근저당권설정등기청구권 채권자 ○명다아인주식회사 서울특별시 강남구 역삼동 금지사항 매매, 증여, 저당권, 임차권의 설정 기타일체의 처분행위 금지
3	가압류	2009년7월21일 제47469호	2009년7월21일 서울중앙지방법원의 가압류결정(2009카단637 4)	청구금액 금160,000,000 원 채권자 한○○ 서울 서대문구 홍은동 ○○○
4	1번소유권말소예고등기	2009년10월20일 제66490호	2009년10월14일 서울중앙지방법원에 소제기(2009가단387367)	
5	가압류	2009년12월18일 제77806호	2009년12월18일 서울중앙지방법원의 가압류 결정(2009카단120254)	청구금액 금211,504,724 원 채권자 주식회사하나은행 110111-0015671 서울특별시 중구 을지로1가 101-1 (서초지점)
6	가압류	2010년2월4일	2010년2월4일	청구금액 금50,000,000 원

3. 이후 다시 경매 신청(2013타경 31176)

그 후 권리관계가 정리(예고등기 말소, 원고 패소)된 후 다시 채권자들의 경매 신청에 의해서 김효○가 낙찰받아 종결되었다.

서울중앙지방법원 ▶

대한민국 No.1 법원경매정보 **스피드옥션** (speedauction.co.kr) **SPEED》auction**

2013 타경 31176 (강제) 2015타경5935(중복)		매각기일 : 2015-12-31 10:00~ (목)		경매4계 02-530-1816	
소재지	(06702) 서울특별시 서초구 방배동 OOO-O [도로명] 서울특별시 서초구 효령로2길 OOO (방배동)				
용도	아파트	채권자	엄OO	감정가	440,000,000원
대지권	18.44㎡ (5.58평)	채무자	김OO	최저가	(64%) 281,600,000원
전용면적	102.309㎡ (30.95평)	소유자	김OOOO	보증금	(10%) 28,160,000원
사건접수	2013-09-06	매각대상	토지/건물일괄매각	청구금액	50,000,000원
입찰방법	기일입찰	배당종기일	2013-11-14	개시결정	2013-09-09

기일현황 ✓전체보기

회차	매각기일	최저매각금액	결과
신건	2015-10-15	440,000,000원	유찰
2차	2015-11-19	352,000,000원	유찰
3차	2015-12-31	281,600,000원	매각

김OO / 입찰2명 / 낙찰335,900,000원(76%)
2등 입찰가 : 333,980,000원

2016-01-07	매각결정기일	허가
2016-02-16	대금지급기한 납부 (2016.02.15)	납부
2016-03-25	배당기일	완료

배당종결된 사건입니다.

(다) 가처분권자가 소유권을 취득한 경우

경매 신청 채권자는 가처분권자가 목적을 달성(소유권이전)해서 실질적으로 해제해야 하는데도 가처분권자들이 해제를 하지 않은 형식적 등기에 불과하다는 보정서를 제출해서 경매를 진행한다.

처분금지가처분권리자가 본안 소송에서 승소해서 그 승소판결에 의한 소유권이전등기를 하는 경우다. 당해 가처분등기는 그 가처분등기의 말소에 관해서 이익을 갖는 자가 집행법원에 가처분의 목적달성을 이유로 한 가처분등기의 말소촉탁을 신청한다. 그 신청에 기한 집행법원의 말소촉탁에 의해서 말소해야 한다. 당해 가처분등기에 대한 말소촉탁 신청 시 가처분권리자 및 채무자가 별도의 가처분취소신청이나 가처분집행취소신청을 하게 할 필요는 없다(등기예규 제882호).

(2) 가처분의 목적달성 및 본안소송 여부 확인

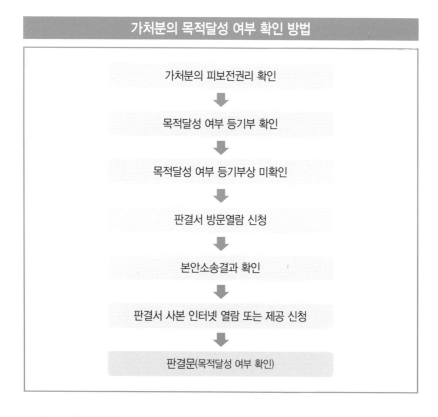

① 등기사항전부증명서를 확인해서 가처분 사건의 사건번호와 관할 법원, 채권자, 피보전권리를 확인한다.

② 대법원사이트 '나의 사건검색'에서 가처분 사건의 내용을 확인한다.

③ 대법원도서관 특별열람실에서 본안 소송 여부 및 결과를 확인한다.
  - 대법원사이트 – 대국민서비스 – 정보 – 나의 사건검색 – 판결서 인터넷열람 신청
  - 예약된 날짜에 대법원도서관 특별열람실 방문해서 판결문 검색

④ 서울남부지방법원사이트 – 판결서 사본제공 신청

⑤ 핸드폰 또는 이메일로 접수 완료 알림 - 법원계좌로 수수료 입금
- 전자메일로 판결문 전송

● 가처분 신청 취하 및 집행해제신청서

부동산 가처분 신청취하 및 집행해제 신청

사건 2017 카단 1091호 부동산 가처분
채권자(신 청 인) 차건환 (███-1██████)
　　　　　　　　　서울특별시 강남구 논현로16길 ██-█, ███ █ <우:06312>
채무자(피신청인) 김█순, 박█영, 박█일, 박█레

신청취지 및 이유

위 사건에 관하여 당사자간에 원만한 합의가 성립되었으므로 채권자(신청인)는 이건 가처분신청 전부를 취하합니다. 따라서 별지 목록 기재 부동산에 대하여 대구지방법원 영덕지원 등기계 2017. 11. 8. 등기접수 제12248호로 경료된 가처분기입등기에 대하여 집행해제를 원인으로 한 말소등기를 촉탁하여 주시기 바랍니다.

첨 부 서 류

1. 부동산등기부 등본	1 부
1. 등록면허세, 지방교육세 영수필 확인서 및 통지서	1 부
1. 등기신청수수료 영수필 확인서	1 부
1. 신청서 부본	1 부
1. 인감증명서	1 부
1. 위임장	1 부

2018. 2. 20.

채권자(신청인)　　차건환

대구지방법원 영덕지원 귀중

3 후순위 가처분

(1) 말소되는 경우

소유권(甲) → 근저당권 → 소유권이전(乙) → 가처분(甲) → 근저당권 경매 신청

소유권 이전의 원인무효를 이유로 가처분

소유권 이전이 원인무효가 되어 설령 소유권이 乙에서 甲으로 이전 되더라도 경매 신청 채권인 근저당권 자체가 甲이 소유자일 때 설정된 것이기 때문에 소유권이 이전되더라도 경매는 영향을 받지 않는다.

전 소유자일 때의 임대차계약

전 소유자 김우○와 체결한 임차인에 의한 경매 신청(성남 2007타경 16504)사건으로 이후에 등기된 가처분권자가 승소했다. 전 소유자에게 소유권이 귀속되더라도 낙찰자의 소유권은 유효하다.

• 이 사건의 가처분권자(최평○)는 본안 소송에서 패소했다.

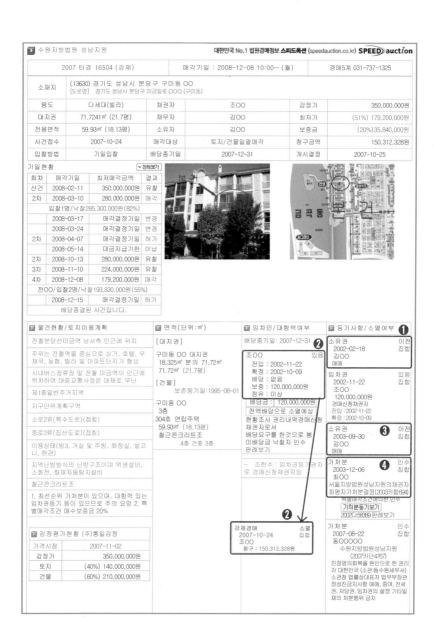

(2) 예외적으로 인수(위험)

① 인수

【 갑 구 】 (소유권에 관한 사항)				
순위번호	등 기 목 적	접 수	등 기 원 인	권리자 및 기타사항
1	소유권보존			소유자 이순██ 551104-2****** 충청남도 논산시 연무읍 봉황1길██ 가처분등기의촉탁으로 인하여 2012년12월21일 등기
2	가처분	2012년12월21일 제40033호	2012년12월21일 대전지방법원 논산지원의 가처분결정(2012카단890)	피보전권리 토지소유권에 기한 방해배제로서의 건물에 대한 철거청구권 채권자 한유██ 440819-2****** 경기도 안성시 대덕면 죽촌길██ 금지사항 매매, 증여, 전세권, 저당권, 임차권의 설정 기타일체의 처분행위 금지
3	강제경매개시결정	2014년2월10일 제3808호	2014년2월10일 대전지방법원 논산지원의 강제경매개시결정(2014 타경501)	채권자 한유██ 440819-2****** 안성시 대덕면 내리██ (죽촌길██)

가. 건물철거 및 토지인도 가처분

(가) 토지 및 건물철거청구권 가처분의 경우 건물만 경매 신청되
었다. 그러나 토지 소유자가 건물에 대해서 토지인도 및 건
물철거청구권을 피보전권리로 하는 가처분등기를 했다면
이 가처분등기는 말소기준권리의 선후 없이 낙찰자의 인수
사항이 된다(법원실무제요 민사집행Ⅱ p390).

(나) 토지와 건물이 따로 경매에 나왔을 경우 특히 토지와 달리
건물만 나온 경우 먼저 건물등기사항전부증명서의 갑구에
땅주인이 건물주를 상대로 건물철거 및 토지인도 관련 소
송제기 여부를 반드시 확인해야 한다. 소송 여부(예정 포함)는
사례와 같은 가처분 등재 여부로 쉽게 확인할 수 있다. 가처
분의 분석 이후 법정지상권 성립 여부를 확인 후 참여해야
한다.

(다) 다만, 건물철거 및 토지인도청구를 위한 가처분이라도 재개

밭이나 재건축을 목적으로 하는 경우는 지상의 건물을 철거하는 목적이 아파트 등의 집합건물을 건설하기 위한 것이므로 입찰 여부를 검토해도 좋을 것이다.

- 절대적 원인무효 사유에 기한 소유권이전등기말소청구권 가처분

㉠ 등기서류의 위조에 의한 소유권이전등기

㉡ 반사회질서의 법률행위(민법 제103조)

㉢ 불공정한 법률행위(민법 제104조)

소유권 이전의 원인무효를 다투는 가처분은 재판 결과에 따라 말소가 안 될 수도 있다. 즉 후순위 가처분은 낙찰로 인해 소멸하나 이후 가처분 채권자가 본안의 소송에서 승소할 경우 낙찰자는 소유권을 상실한다. 그러므로 입찰 시 가처분의 피보전권리가 무엇인가를 사전에 확인해야 한다.

나. 소유권 이전 → 근저당권 → 후순위 가처분

설정일	권리내용	권리자	권리내용
2011. 5. 1	소유권	甲	–
–	소유권 이전	甲 → 乙	乙이 서류 위조
2013. 1. 17	소유권	乙	
2013. 4. 1	근저당권	丙	근저당설정자 : 乙
2013. 9. 5	임의경매 신청	丙	乙의 채무 불이행
2013. 11. 15	가처분	甲	乙 : 소유권이전등기말소소송 丙 : 근저당권 말소소송

(가) 현 소유자(乙)가 서류를 위조(또는 조건부 매매)했다. 전 소유자 (甲)의 소유권을 자기 앞으로 이전등기한 후 근저당권자(丙)에게 근저당을 설정해주었다. 근저당권자(丙)은 현 소유자(乙)가 빌려간 돈을 갚지 않자 근저당권에 기해 임의경매를 신청했다.

이런 사실을 모르고 있던 진정한 소유자(甲)가 가처분을 하고, 각각 현 소유자(乙)와 근저당권자(丙)를 상대로 뒤늦게 소송을 제기했다. 즉, 현 소유자(乙)에게는 소유권이전등기말소 소송을, 근저당권자(丙)에게는 근저당권 말소소송을 했다.

다. 가처분은 후순위이나 말소기준등기인 근저당권에 선행하는 현 소유자(乙)에 대한 소유권 이전이 무효가 되면 근저당권도 무효(丙의 악의 추정)가 된다. 무효인 근저당권에 근거한 임의경매도 역시 무효가 된다. 매각대금을 모두 납부했더라도 소유권을 취득할 수 없다. 이는 후순위 가처분이 마치 예고등기와 비슷한 효력이다.

라. 형식만 남은 선순위 근저당(말소기준권리) 이후 가처분
실제적 권리가 소멸해서 이름만 남아 있는 말소기준권리 바로 뒤에 있는 후순위 가처분일 경우, 외관상으로는 후순위 가처분이지만 사실상은 선순위 가처분이 되기 때문에 낙찰자가 인수해야 한다.

마. 소유권(甲) → 근저당권 → 소유권 이전(乙) → 가처분(甲) → 근저 당권 경매 신청

근저당권에 대해 원인무효 가처분이 제기된 경우 가처분 본안 소송의 결과에 따라 근저당권이 무효로 판명되면 근저당권에 터 잡은 경매가 무효가 된다. 이를 신뢰하고 낙찰받은 매수인의 소유권 이전도 무효가 된다.

② 위험(상대적 원인무효)

가. 의사 표시의 취소(민법 제107조~제110조)

설정일	권리내용	권리자	권리내용
2011. 5. 1	소유권	甲	–
–	소유권 이전	甲→乙	乙의 사기로 소유권 이전
2013. 1. 17	소유권	乙	
2013. 4. 1	근저당권	丙	악의 : 무효 선의 : 유효
2013. 9. 5	가처분	甲	소유권이전등기말소청구의 소

말소기준권리보다 후순위 가처분은 말소가 되지만, 본안 소송의 결과에 따라 발생할 수 있는 위험은 별도로 고려해야 한다.

즉 甲은 사기로 상가의 소유권을 乙에게 이전했다. 乙은 상가를 담보로 丙은행에 근저당을 설정해주었다. 甲은 본안 소송(소유권이전등기말소청구의 소)을 제기하기 전 丙의 근저당 후순위로 가처분 등기를 했다. 丙이 사기로 인한 소유권 이전에 대해서 '선의'인 경우, 甲은 본안 소송에서 승소하더라도 근저당의 효력은 유효하다. 하지만 丙이 '악의'인 경우 甲이 본안 소송에서 승소하면

丙의 근저당은 효력을 잃고 낙찰자는 경매로 이 상가의 소유권을 얻었더라도 결국 잃게 된다.

일반적으로 근저당권자가 누구냐가 중요하다. 은행이나 공기업이라면 甲이 본안 소송에서 은행이나 공기업의 '악의'를 입증하는 것은 거의 불가능하다. 즉 낙찰자는 은행이나 공기업의 근저당권에 의한 임의경매에서 낙찰을 받더라도 안전하다고 판단되는 경매 사건이 훨씬 많다. 실제 경매 사건의 80% 이상은 은행이 1순위 근저당권자다.

나. 사해행위의 취소

설정일	권리내용	권리자	내용
2011. 5. 1	소유권	乙	–
2013. 3. 13	판결	甲	乙의 채무불이행으로 승소판결
–	소유권이전	乙→丙	
2013. 3. 20	소유권	丙	乙의 사해행위 취소 대상
2013. 4. 1	근저당권	丁	악의: 무효 선의: 유효
2013. 9. 5	가처분	甲	소유권이전등기말소청구의 소

甲은 乙에게 빌려준 돈을 받지 못하자 소송으로 판결을 받아 乙의 아파트를 경매 신청할 계획이었다. 그런데 乙은 아파트를 丙에게 매도했다. 丙은 丁(은행)에게 돈을 빌리면서 저당권을 설정했다.

이때 甲은 乙의 이러한 사해행위를 취소하고 소유권이전등기를 말소해서 원상회복을 요구할 수 있다.

丁(은행)의 신청으로 경매로 나왔다면 결국 이 경매 사건도 제삼자인 丙과 丁의 선의 여부에 따라 낙찰자의 안전성이 달라진다. 만약 근저당권자가 은행이나 공기업이라면 입찰을 고려해볼 만하다.

한편, 사해행위 취소의 경우에는 제삼자의 행위를 악의로 추정한다. 그러므로 소송에서 丙과 丁은 스스로 선의임을 입증해야 한다.

감정평가사가 알려주는
스타트! 소액 특수 경매

03 가처분의 해법

1 개관

　가처분된 부동산을 낙찰받아 이전등기를 완료한 후에 가처분권자의 본안소송의 승소판결로 가처분에 기한 본등기를 한다. 낙찰자는 부동산의 소유권을 상실하게 되었다면 민법 제578조, 제576조에 따라 채무자나 채권자를 상대로 대금의 반환을 청구할 수 있다(법리상 부당이득반환청구는 허용되지 않는다는 것에 주의한다).

　⇒ 민법 제578조의 담보책임은 경매 절차는 유효하게 이루어졌으나 경매의 목적이 된 권리의 전부 또는 일부가 타인에게 속하는 등의 하자로 매수인이 완전한 소유권을 취득할 수 없을 때 인정되었기 때문이다.

민법 제576조(저당권, 전세권의 행사와 매도인의 담보책임)

① 매매의 목적이 된 부동산에 설정된 저당권 또는 전세권의 행사로 인하여 매수인이 그 소유권을 취득할 수 없거나 취득한 소유권을 잃은 때에는 매수인은 계약을 해제할 수 있다.

② 전항의 경우에 매수인의 출재로 그 소유권을 보존한 때에는 매도인에 대하여 그 상환을 청구할 수 있다.

③ 전 2항의 경우에 매수인이 손해를 받은 때에는 그 배상을 청구할 수 있다.

민법 제578조(경매와 매도인의 담보책임)

① 경매의 경우에는 경락인은 전8조의 규정에 의하여 채무자에게 계약의 해제 또는 대금감액의 청구를 할 수 있다.

② 전항의 경우에 채무자가 자력이 없는 때에는 경락인은 대금의 배당을 받은 채권자에 대하여 그 대금전부나 일부의 반환을 청구할 수 있다.

③ 전2항의 경우에 채무자가 물건 또는 권리의 흠결을 알고 고지하지 아니하거나 채권자가 이를 알고 경매를 청구한 때에는 경락인은 그 흠결을 안 채무자나 채권자에 대하여 손해배상을 청구할 수 있다.

• 경락인이 강제경매 절차를 통해서 부동산을 경락받아 대금을 완납하고 그 앞으로 소유권이전등기까지 마쳤다. 그러나 그 후 강제경매 절차의 기초가 된 채무자 명의의 소유권이전등기가 원인무효의 등기다. 경매 부동산에 대한 소유권을 취득하지 못하게 된 경우, 이와 같은 강제경매는 무효라고 할 것이다.

경락인은 경매 채권자에게 경매대금 중 그가 배당받은 금액에 대해서 일반 부당이득의 법리에 따라 반환을 청구할 수 있다. 민법 제578조 제1항, 제2항에 따른 경매의 채무자나 채권자의 담보책임은 인정될 여지가 없다(대법원 2004. 6. 24. 선고 2003다59259 판결).

2 배당 절차 종료 전

경락대금 납부 후 경락 부동산에 관해 가등기에 기한 소유권이전의 본등기가 경료되어 경락인이 소유권을 상실한 경우, 민사소송법 제613조의 경매 절차 취소사유에 해당하는지 여부(소극) 및 이때 경락대금 배당 전인 경우 경락인의 구제 방법이다.

⇒ 아직 배당이 실시되기 전이라면, 이러한 때도 낙찰인이 배당이 실시되는 것을 기다렸다가 경매 절차 밖에서 별소에 의해서 담보책임을 추급하게 하는 것은 기혹하다. 이 경우 낙찰인은 민사소송법 제613조를 유추적용해서 집행법원에 경매에 의한 매매계약을 해제하고 납부한 낙찰대금의 반환을 청구하는 방법으로 담보책임을 추급할 수 있다(대법원 1997. 11. 11. 자 96그64 결정).

◉ **매매계약해제 및 경매대금반환신청서**

매매계약해제 및 경매대금반환 신청서

신청인(최고가 매수신고인)
채권자
채무자

위 당사자간의 귀원　　　타경　　　호 부동산 임의경매 사건에 관하여 2020년　월　일의 입찰기일에서 신청인은 매각결정허가를 받고, 매각대금을 전액납부 하였으나 이 사건 별지목록 기재 부동산에 관하여 이 법원 2007.09.28. 접수 제63641호로 마친 "갑구2번 가처분(2003카합1634)에 의한 원상회복등기가 실행되어 별지목록 기재 부동산에 대한 신청인의 소유권취득은 불가하게 되었는바, 매매계약해제와 경매대금을 반환해 주시기를 신청합니다.

첨 부 서 류

1. 등기사항전부증명서　　　1통

년　　월　　일

위 신청인(최고가 매수신고인)　　　(인)

지방법원　　　귀중

3 배당 절차 종료 후

매수인은 경매 절차 밖에서 별도의 소송으로 민법 제578조 1항에 따라 채무자(대개 무자력인 경우가 많다) 또는 채권자를 상대로 대금의 반환을 청구할 수 있다.

이때는 가능한 한 배당을 받을 수 있는 채권자가 금융기관과 같이 향후 담보책임을 부담하기에 충분한 자력이 있는 공신력 있는 기관일 때 입찰을 고려한다. 그래야 여차하면 납부한 매각대금을 소송을 통해 돌려받을 수 있다. 만일 배당받은 채권자가 개인이거나 경제력이 취약한 법인일 경우 소송을 통해 매각대금을 돌려받기가 어렵거나 불가능할 수도 있다.

⇒ 매매계약해제 및 매각대금반환청구의 소 제기

PART
05

유치권

유치권 개관

1 개요

부동산 경매 절차에서 유치권은 매수인이 인수해야 하는 권리다. 등기사항전부증명서(이하 등기부)에 공시되지 않고 점유에 의해서 공시된다. 제삼자는 그 존재 여부를 쉽게 알 수 없다. 경매 절차에서도 집행법원에 유치권의 신고의무는 없다.

그러므로 경매 절차에서 입찰자 등 이해관계인은 유치권의 존재나 성립 여부 등에 관해서 쉽게 알지 못하고 불확실한 가운데 경매가 진행될 수밖에 없다.

이러한 불확실성을 악용해서 채무자 등은 제삼자와 통모해 허위 또는 과장된 유치권을 신고해서 물건을 헐값에 낙찰받기도 한다. 또 낙찰자에게 허위 또는 과다채권의 변제를 강요하기도 한다. 또한 채권자의 채권회수를 방해하고 입찰자들의 공정한 입찰을 저해해서 경매 시장의 혼란을 가중시킨다.

그러나 유치권을 주장하는 물건 중 90%가 가장유치권이라는 말이 있을 정도다. 또한 유치권을 주장하는 자의 피담보채권이 실제로 존재하더라도 유치권의 성립요건을 충족하지 못해서 유치권이 불성립되는 경우도 존재한다.

이와 같이 유치권이 신고된 물건에도 많은 허점이 존재하므로 유치권 관련 내용을 충분히 숙지해서 나만의 투자 물건으로 선점하길 바란다.

2 유치권의 의의

(1) 유치권의 개념

민법 제320조 【유치권의 내용】

① 타인의 물건 또는 유가증권을 점유한 자는 그 물건이나 유가증권에 관하여 생긴 채권이 변제기에 있는 경우에는 변제를 받을 때까지 그 물건 또는 가증권을 유치할 권리가 있다.

② 전항의 규정은 그 점유가 불법행위로 인한 경우에 적용하지 아니한다.

(2) 유치권의 성질

① (법정)담보물권으로써 유치권은 목적물을 유치해서 심리적 압박에 의해 채무자의 변제를 간접적으로 강제함을 주된 목적으로 한다.

민사집행법 제91조(인수주의와 잉여주의의 선택 등)

⑤ 매수인은 유치권자에게 그 유치권으로 담보하는 채권을 변제할 책임이 있다.

- 유치권자는 경락인에 대해서 그 피담보채권의 변제가 있을 때까지 유치 목적물인 부동산의 인도를 거절할 수 있을 뿐이다. 그 피담보채권의 변제를 청구할 수는 없다(대법원 2014. 12. 30. 자 2014마1407 결정).

② 저당권설정청구권

민법 제666조(수급인의 목적 부동산에 대한 저당권설정청구권)

부동산 공사의 수급인은 전조의 보수에 관한 채권을 담보하기 위하여 그 부동산을 목적으로 한 저당권의 설정을 청구할 수 있다.

유치권자의 근저당설정과 채권자의 유치권소멸청구권 대위행사

김천4계 2017 타경 4811 공장

사건내용

병합/중복	2017-6152(병합-인동농협)				
소 재 지	경북 김천시 개령면 덕촌리 OOO-O ,OOO,OOO,OOO,OOO,OOO O동 (현:OOO-O지상) [일괄]O동, OOO, OOO, 외4 (39513)경북 김천시 개령면 덕촌2길 OO				
경매구분	임의경매	채 권 자	인OOO		
용 도	공장	채무/소유자	온OOO	매 각 기 일	20.09.21 (3,338,000,000원)
감 정 가	4,455,891,400 (17.09.26)	청 구 액	1,515,220,744	종 국 결 과	20.11.23 배당종결
최 저 가	3,119,124,000 (70%)	토 지 면 적	35,276.0㎡ (10,671.0평)	경매개시일	17.09.19
입찰보증금	311,912,400 (10%)	건 물 면 적	3,093㎡ (935.7평)	배당종기일	17.11.27
주 의 사 항	유치권·일부맹지·입찰외				
조 회 수	·금일조회 1 (0) ·금회차공고후조회 19 (9) ·누적조회 123 (12) ·7일내 3일이상 열람자 2 ·14일내 6일이상 열람자 1			()는 5분이상 열람 (기준일-2020.09.21/전국연회원전용)	

소재지/감정요약	물건번호/면적(m²)	감정가/최저가/과정	임차조사	등기권리
(39513) 경북 김천시 개령면 덕촌리 OOO-O ,OOO,OOO, -O,OOO,OOO O동 [덕촌2길OO] 감정평가액 건물 :1,480,920,000 감정평가서요약 - 일반철골구조기타지붕 - 일괄입찰 - 제반교통사정보통 - 계획관리지역 2017.09.26 시민감정	물건번호: 단독물건 건물 · 물품제조공 장 2,468.2 (746.63평) ₩1,480,920,000 - 총1층 - 승인 : 2017.04.17 - 보존 : 2017.06.22 입찰외이용가능하고경 제적가치미비한컨테이 너3동,창고1동소재	감정가 4,455,891,400 ·대지 2,537,471,400 (56.95%) (평당 237,792) ·건물 1,918,420,000 (43.05%) 최저가 3,119,124,000 (70%) 경매진행과정 ① 4,455,891,400 2018-10-22 변경 ① 4,455,891,400 2020-04-20 유찰 ② 30%↓ 3,119,124,000 2020-05-18 변경 ② 3,119,124,000 2020-09-21 매각	법원임차조사 *본건에 임하였으나 점유자 및 이해관계인등을 만나지 못 하여 임대차내용을 신고 하라는 내용의 고시문을 출 입문에 남겨 두었으나 아무 런 연락이 없어 점유자를 확 인하지 못 하였음(주민등록 전입자 및 상가건물임대차 현황서에 등재된 사람 및 업 체는 없음). 본건 진입로 및 건물입구, 건물등에 유치권 을 주장한다는 공고문 및 현 수막이 여러장 걸려 있음	소유권 온OOO 2017.06.22 근저당 호진건설 2017.09.01 2,070,000,000 임 의 인동농협 [공동] 2017.09.19 *청구액:1,515,220,744원 근저당 농협자산관리 [공동] 2018.07.31 1,950,000,000 근저당 서OO [공동] 2018.08.01 390,000,000 근저당 김OO [공동] 2018.08.29 130,000,000 근저당 정OO [공동] 2018.08.29 240,000,000 압 류 서울보증보험 [공동] 2019.01.09 정OO근저압류 압 류 대구시동구 2019.07.22

매수인	(주)한불
응찰수	1명
매각가	3,338,000,000

○ 사건 개요

2015. 10. 30. : 피고(호○건설)는 소유자(주식회사온○○○, 이하 C)로부터 공장 건물 3개동 신축공사 도급 후 4차례 계약변경을 통해 목록기재 공장 건물 2개동을 공사대금 2,277,000,000원에 2017년 4월 30일까지 건축하는 공사로 변경했다.

2017. 4. 17. : 일에 피고가 건축을 완료해서 부동산의 사용승인을 경료했다.

2017. 9. 1. : C는 공사대금채무 담보를 위해 피고에게 채권최고액 2,070,000,000원으로 한 근저당설정등기를 해주었다.

2017. 10. 30. : 피고는 공사대금 2,170,000,000원에 대해서 지급명령결정을 받았다.

2017. 11. 16. : 지급명령은 확정되었다.

2018. 7. 31. : C는 소외 E조합(○동농업협동조합)으로부터 대출을 받고 채무의 담보를 위해 채권최고액 1,950,000,000원의 근저당설정등기를 경료했다.

2017. 9. 15. : E조합은 ○천지원에 건물 및 5필의 토지에 관해서 임의경매를 신청했다.

2017. 9. 19. : 경매개시결정

2018. 11. 28. : 원고(○협자산관리)는 E조합으로부터 근저당권부채권을 양도받았다.

2019. 1. 3. : 근저당권에 관해서 확정채권양도를 원인으로 한 근저당권 이전의 부기등기를 경료했다.

2017. 10. 19. : 피고는 경매 절차에서 공사대금 2,170,000,000원에

대한 채권신고 및 유치권신고를 경료했다.

2019. 1. 11. : 유치원부존재확인 소송을 접수했다.

2019. 7. 5. : 원고(○협자산관리)가 승소했다.

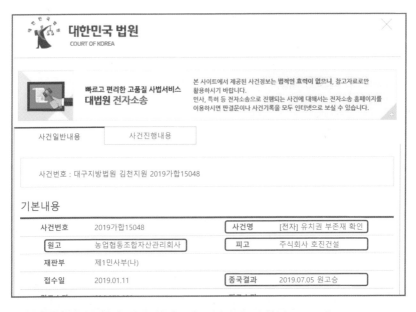

○ 원고의 주장

각 기재, 변론 전체의 취지

2. 원고 주장의 요지

원고는 아래와 같은 사유로 이 사건 각 부동산에 관한 피고의 유치권이 존재하지 아니한다고 주장한다.

가. 피고는 이 사건 1 매개시결정이 이루어기 전에 이 사건 각 부동산에 대한 점유를 개시한 것이 아니므로, 이 사건 각 부동산에 관하여 유치권을 주장할 수 없다.

2 . C는 피고에게 이 사건 각 부동산을 저당목적물로 제공하였으므로, 민법 제327조가 정하는 유치권 소멸청구권이 있다. 피고는 C의 채권자로서 C의 유치권 소멸청구권을 대위행사하는 바이므로, 피고의 유치권은 소멸하였다.

3 . 피고의 유치권이 존재한다 하더라도, 이 사건 각 부동산에 설정된 피고 근저당권의 채권최고액이 2,070,000,000원인 점에 비추어 볼 때, 유치권에 의해 담보되는 이 사건 공사대금채권이 2,170,000,000원에 이른다고 볼 수는 없다.

● 법원의 판단

3. 판단

3. 판단

가. 피고의 점유 여부에 관한 판단 유치권자의 점유는 인정됨.

1) 민법 제320조에서 규정한 유치권의 성립요건이자 존속요건인 점유는 사회통념상 그 사람의 사실적 지배에 속한다고 보이는 객관적 관계에 있는 것을 말하고, 이때 사실적 지배는 반드시 물건을 물리적, 현실적으로 지배하는 것에 국한하는 것이 아니라

물건과 사람과의 시간적·공간적 관계와 본권 관계, 타인 지배의 배제 가능성 등을 고려하여 사회관념에 따라 합목적적으로 판단하여야 할 것이지만, 그러한 사실적 지배에 속하는 객관적 관계에 있다고 하기 위해서는 적어도 타인의 간섭을 배제하는 면이 있어야 할 것이다(대법원 2015. 1. 29. 선고 2013다84971 판결 등 참조).

2) 위 법리에 비추어 이 사건에 관하여 본다. 갑 제4, 6호증, 을 제2 내지 5호증의 각 기재에 변론 전체의 취지를 종합하면, ① 피고가 이 사건 경매의 개시결정이 이루어지기 전인 2017. 9. 14. 이 사건 각 부동산의 건물 벽과 진입로에 피고가 공사대금을 받지 못하여 이 사건 각 부동산에 관하여 유치권을 행사하고 있다는 현수막들을 부착하였고, 이 현수막들은 이 사건 경매의 현황조사일인 2017. 9. 26.에도 부착되어 있었던 사실, ② 피고가 2017. 10. 13. 주식회사 K과 사이에 이 사건 각 부동산에 대한 시스템 경비계약을 체결한 사실, ③ 2019. 4. 23. 현재에도 피고가 이 사건 각 부동산의 공장 마당 입구를 대형버스로 가로막고 유치권 행사 현수막을 걸어둔 사실을 인정할 수 있다. 위 인정사실에 의하면, 피고는 타인의 간섭을 배제하고 이 사건 각 부동산을 사실적으로 지배함으로써 이 사건 각 부동산을 유치권의 목적물로 점유하고 있다고 봄이 상당하다.

나. 유치권 소멸청구권 대위행사에 관한 판단 상당한 담보를 제공했다. 유치권 소멸청구권을 대위행사할 수 있다.

1) 채무자는 유치권자에게 상당한 담보를 제공하고 유치권의 소멸을 청구할 수 있다(민법 제327조). 민법 제327조에 의하여 제공하는 담보가 상당한가의 여부는 그 담보의 가치가 채권의 담보로서 상당한가, 태양에 있어 유치물에 의하였던 담보력을 저하시키지는 아니한가 하는 점을 종합하여 판단하여야 할 것인바, 유치물의 가격이 채권액에 비하여 과다한 경우에는 채권액 상당의 가치가 있는 담보를 제공하면 족하다고 할 것

민법 제327조(타담보제공과 유치권 소멸)
채무자는 상당한 담보를 제공하고 유치권의 소멸을 청구할 수 있다.

이고(대법원 2001. 12. 11 선고 2001다59866 판결 등 참조), 유치물이 가액이 채권액보다 적을 때에는 유치물의 가액에 상당하는 담보이면 된다.

2) 앞서 본 바와 같이 피고는 유치물인 이 사건 각 부동산 자체에 대하여 1순위 근저당권을 설정받았고, 그 채권최고액은 이 사건 각 부동산의 감정평가액인 1,918,420,000원을 초과하므로, 피고는 1순위 근저당권자로서 유치물인 이 사건 각 부동산의 교환가치 전부를 물권적으로 장악하고 있는 상태이다. 이와 같이 C는 피고에게 유치물의 가액과 동일한 담보를 제공하였고, 1순위 근저당권에 의한 교환가치 전부의 물권적 장악은 담보물의 태양에 있어 유치물에 의하였던 담보력을 저하시키지 아니하므로, 피고가 취득한 근저당권은 C가 이 사건 각 부동산에 대한 유치권 소멸청구를 하기에 상당한 담보에 해당한다. 따라서 C는 피고에게 이 사건 각 부동산에 대한 유치권 소멸청구권이 있다.

3) 결국, 원고는 이 사건 각 부동산에 관한 근저당권을 가진 채권자로서 채무자 C의 유치권 소멸청구권을 대위행사할 수 있고, 원고가 피고에 대한 이 사건 소장의 송달로써 C의 유치권 소멸청구권을 대위행사하였으므로, 피고의 이 사건 각 부동산에 대한 유치권은 소멸하였다(피고의 유치권으로 담보되는 이 사건 공사대금채권의 액수에 관하여는 판단하지 아니한다).

유치권의 성립요건

유치원 성립의 요건은 다음과 같다.

첫째, 타인의 물건에 관해서 생긴 채권이어야 한다.

둘째, 적법한 점유를 하고 있어야 한다.

셋째, 채권의 변제기가 도래해야 한다.

넷째, 당사자 사이에 유치권의 발생을 배제하는 특약이 없어야 한다.

유치권 성립 여부 진단표

민법 제320조 (유치권의 내용)	성립요건	깨뜨리기
타인의 물건 또는 유가증권을	채무자 또는 제삼자의 소유	유치권자의 소유?, 소유권이전등기?
	물건 또는 유가증권	① 종물, 부합물(○), 부속물 여부(×)
		독립된 건물 여부
적법한 점유의 계속	배타적 지배	시정장치?, 출입통제 여부?
	지속적 지배	유치권행사 현수막, 스티커 부착?
	점유개시시점	경매개시결정의 등기 이후의 점유?
	적법한 점유	채무자(또는 소유자)의 동의?
	–	불법점유
	적법한 점유의 계속	점유의 중단, 상실?
	–	유치권자로서의 점유인가?
	점유보조자의 점유	채무자, 소유자의 가족, 지인 등에 의한 점유
	간접점유	점유매개관계가 존재 여부
	선관주의의무	② 소유자의 동의 없이 무단으로 사용, 대여, 담보제공

민법 제320조 (유치권의 내용)	성립요건	깨뜨리기
그 물건이나 유가증권에 관해 생긴 채권	피담보채권의 유효한 성립	허위과장, 채권
	피담보채권의 유효한 존속	피담보채권의 소멸
		변제, 대물변제, 상계, 혼동
		③ 소멸시효의 완성
		④ 시효중단조치?
	⑤ 채무자에 대한 통지/승낙	피담보채권의 양도 + 점유의 이전?
		점유의 이전 + 피담보채권의 양도?
⑥ ※견련관계	공사대금채권	추가공사대금채권(△)
	부합물, 종물에 대한 공사대금채권	사전공사대금채권
	하수급인의 공사대금채권	부속물 공사대금채권
	–	공사대금채권을 임차보증금으로 전환 (△)
변제기에 있는 경우	변제기의 도래	변제기의 미도래
		변제기의 유예
–	유치권배제 특약의 부존재	⑦ 유치권배제특약의 존재?
		⑧ 유치권포기각서의 존재?
		⑨ 원상복구조항의 존재?
	※유치권 소멸사유 부존재	상당한 담보의 제공
		선관의무 위반

① 종물 : 주된 부동산의 효용에 이바지하기 위해 부속된 동일인 소유의 독립한 물건일 것(예 마당화장실, 정화조는 건물의 구성 부분)

부합물 : 주된 부동산에 부가되어 거래상 독립성을 잃고 훼손하지 않으면 분리할 수 없는 경우(예 목욕탕 건물에 설치된 한증막시설)

부속물 : 건물의 칸막이 설치.

② 당연 소멸이 아니라 소멸청구를 할 수 있을 뿐이다(민법 제324조 1항 ~3항 참조). 다만, 유치물의 보존에 필요한 사용은 소유자의 승낙이 없어도 가능하다.

③ 공사대금채권은 보통 공사완료 시나 공사 중단 시로부터 3년, 유 익비상환청구권은 일반소멸시효 10년

④ 가압류, 가처분, 승인, 최고, 소 제기 등의 시효중단조치가 있는 경 우 시효연장됨, 다만, 최고의 경우 최고 후 6개월 이내 재판상의 청구 등을 취해야 중단의 효력이 생긴다.

⑤ 유치권의 적법한 양도를 위해서는 반드시 피담보채권의 양도와 점유의 이전이라는 2가지 요건이 충족되어야 하며, 피담보채권의 양도는 채무자에 대한 대항요건으로 확정일자부 증서에 의한 채 권양도통지 또는 승낙이 필요하다.

⑥ 임차인의 특정 용도나 목적을 위한 내부시설이나 인테리어 비용 은 유익비에 해당하지 않아 유치권이 성립하지 않는다.

⑦, ⑧ 일반적으로 금융기관에서 건물 신축공사를 위한 대출을 하는 경우, 건축주(시행사)를 통해서 건축업자(시공사)의 유치권포기각서 를 받으며, 경매 진행 중에 유치권신고가 들어오면 낙찰가의 저감 을 방지하기 위해 금융기관에서 유치권배제신청서를 제출한다.

⑨ 대부분의 임대차계약서상 '임차인의 비용으로 시설철거나 원상복구 조항'이 명시되어 있는데, 판례는 이를 비용상환청구권의 포기로 해서, 결국 그 비용상환청구권을 피담보채권으로 하는 유치권도 성립할 수 없게 된다.

❶ 타인의 물건 또는 유가증권

자기 소유의 부동산에는 유치권이 성립할 수 없다.

정읍1계 2015 타경 4659 다세대(생활주택)

사건내용

소 재 지	전북 정읍시 수성동 953-2 도시형생활주택 원룸형 O층OOO호 (외벽상:OOO호) (56176)전북 정읍시 수성로 O				
경 매 구 분	임의경매	채 권 자	최OO		
용 도	다세대(생활주택)	채무/소유자	명OOOOOO / 명OOOO	매 각 기 일	16.06.13 (1,230,000,000원)
감 정 가	3,432,500,000 (15.09.10)	청 구 액	408,690,410	종 국 결 과	16.08.18 배당종결
최 저 가	1,177,348,000 (34%)	토 지 면 적	1,072.0m² (324.3평)	경매개시일	15.08.07
입찰보증금	117,734,800 (10%)	건 물 면 적	1,385m² (418.9평)	배당종기일	15.11.04
주 의 사 항	· 유치권				

조 회 수	· 금일조회 1 (1) · 금회차공고후조회 99 (43) · 누적조회 355 (61) · 7일내 3일이상 열람자 1 · 14일내 6일이상 열람자 0	()는 5분이상 열람 (기준일-2016.06.13/전국연회원전용)

소재지/감정요약	물건번호/면적(m²)	감정가/최저가/과정	임차조사	등기권리
(56176) 전북 정읍시 수성동 OOO 도시형생활주택 원룸형 O층OOO호 [수성로3] 감정평가액 건물 : 99,000,000 감정평가서요약 - 일괄입찰 - 철콘벽식구조경사슬라브지붕 - 서영여고교남측인근위지 - 부근주상용건물,다가구주택,기존단독주택등혼재 - 주위환경여건무난 - 차량출입가능 - 인근시내버스(승)소재 - 제반교통상황무난 - 사다리형등고평탄지 - 남동측,남서측15m포장도로접함 - 중로2류(폭15-20m)접함 - 도시지역 - 2종일반주거지역 - 도시계획구역 - 토지구획정리사업지구	물건번호: 단독물건 건물 · 건물 48.9 (14.79평) ₩99,000,000 공용15.1413 - 총6층 - 보존 : 2014.07.24 *총1개동(28세대)	감정가 **3,432,500,000** · 대지 536,000,000 (15.62%) (평당 1,652,893) · 건물 2,896,500,000 (84.38%) 최저가 **1,177,348,000** (34%) 경매진행과정 ① 3,432,500,000 2016-02-29 유찰 ② 30%↓ 2,402,750,000 2016-04-04 유찰 ③ 30%↓ 1,681,925,000 2016-05-09 유찰 ④ 30%↓ 1,177,348,000 2016-06-13 매각 매수인 김OO 응찰수 1명 매각가 1,230,000,000 (35.83%)	법원임차조사 석OO 배당 2015.11.04 (보) 80,000,000 점유기간 2014.7.15-2015.11.4 지지옥션 전입세대조사 전입세대없음(세대원본참고바람) 주민센터확인:2016.02.15	근저당 최OO 2014.07.24 **450,000,000** 근저당 양O호 2014.07.24 **300,000,000** 가압류 심OO 2015.05.26 **7,689,000** 2015 카단 1673 전주 ⒢ 근저당 이OO 2015.06.03 **30,000,000** 근저당 한OO 2015.06.03 **43,000,000** 근저당 박OO 2015.06.03 **15,000,000** 가압류 송원개발 2015.06.05 **119,640,000** 2015 카단 1820 전주 ⒢ 임 의 최OO 2015.08.07 *청구액:408,690,410원

◉ 사건 개요

원고는 낙찰 후 건물의 점유자인 피고 석진○를 상대로 유치권의 존재 여부를 처음부터 주장하지 않고 건물인도 및 지료청구의 소송을 제기한다.

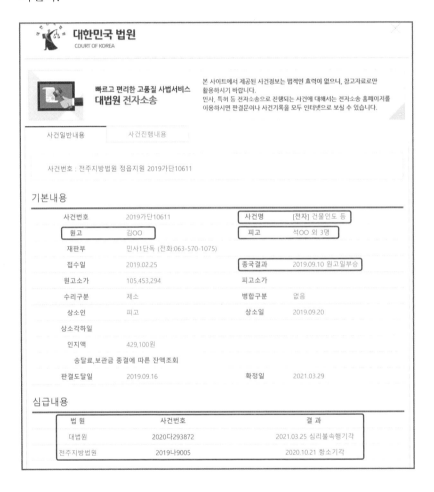

● 피고 석진○(이하 B)의 주장

피고 석진○는 건물을 공사한 업자로서 임의경매 당시 소유자인 '주식회사○진디앤씨(G)'에 대해서 공사대금채권을 가지고 있어 유치권이 있다. 공사 하수급인들의 유치권을 위임받아 유치권을 행사 중이다. 피고 D(김애○)는 유치권자인 피고 B가 고용한 점유보조자다.

● 법원의 판단

변론 전체의 취지에 의하면 피고 B는 건물의 건축주였다. 2013년 6월 11일 G를 설립하고 그 대표이사로 취임했다. 이 건물의 완공 후 G의 명의로 소유권보존등기를 마친 사실을 인정할 수 있다. 피고 B가 G에 대해 공사대금채권이 있다고 보기 어렵다.

또한 공사하수급인들이 피고 B에게 유치권을 위임했다고 인정할 증거도 없다.

나. 판단

을라 제4호증의 기재 및 변론 전체의 취지에 의하면, 피고 B는 별지 목록 기재 각 건물의 건축주였는데, 2013. 6. 11. G를 설립하고 그 대표이사로 취임하였으며, 위 건물의 완공 후 G 명의로 소유권보존등기를 마친 사실을 인정할 수 있는바, 피고 B가 G에 대하여 공사대금 채권이 있다고 보기 어렵다. 또한 공사 하수급인들이 피고 B에게 유치권을 위임하였다고 인정할 증거도 없다. 따라서 피고 B의 위 주장은 이유 없다.

● 상업 등기부

등기사항전부증명서(말소사항 포함)

등기번호	001640		
등록번호	211211-0016401	해산	. .

상 호	주식회사 ○진디엔씨	. .
본 점	전라북도 정읍시 수성1로 ○○(수성동)	. .

공고방법	전라북도에서 발행하는 일간 전북일보에 게재한다.	. .

1주의 금액	금 10,000 원	. .

발행할 주식의 총수	124,000 주	. .

발행주식의 총수와 그 종류 및 각각의 수		자본금의 액	변경연월일 등기연월일
발행주식의 총수	31,000 주		. .
보통주식	31,000 주	금 310,000,000 원	

목 적
1. 주택건설업
1. 대지조성업
1. 건축공사업
1. 부동산매매 및 임대업
1. 주택분양공급업
1. 부동산 컨설팅업
1. 시설물 유지관리업
1. 위에 관련된 부대사업 일체

임원에 관한 사항	
사내이사 석○○ 730512-*******	
2016 년 05 월 23 일 해산	2016 년 06 월 02 일 등기
사내이사 김○○ 711017-*******	
2016 년 05 월 23 일 해산	2016 년 06 월 02 일 등기
사내이사 김○○ 800201-*******	
2016 년 05 월 23 일 해산	2016 년 06 월 02 일 등기

기 타 사 항
1. 해산
2016년 5월 23일 주주총회 결의에 의한 해산
2016 년 05 월 31 일 등기

회사성립연월일	2013 년 06 월 11 일
등기기록의 개설 사유 및 연월일	
설립	2013 년 06 월 11 일 등기

-- 이 하 여 백 --

(1) 건물 신축의 경우

① 건물 신축의 경우 등기하지 않더라도 신축자에게 원시적으로 소유권이 귀속된다. 결국 건물의 신축자를 누구로 볼 것인가가 문제다. 처음부터 건물 소유를 목적으로 건물 신축을 의뢰한 도급인을 신축자로 볼 여지도 있고, 실제 건물을 신축한 수급인(공사업자)를 신축자로 볼 여지도 있다

② 건축공사수급인이 자기의 재료와 노력으로 건물을 건축한 때는 완성 건물의 소유권은 특별한 사정이 없는 한 도급인이 공사비를 청산해서 소유권을 취득하기 전에는 수급인의 소유에 속한다(대법원 1992. 2. 9. 선고 98두16675 판결).

실제 도급계약의 대다수는 도급인 명의로 건축허가를 받아 소유권보존등기를 하기로 하는 것을 예정하고 있다. 수급인이 자신의 노력과 재료를 들여 건물을 완성하고, 그 후 공사대금을 지급받기로 했다고 해도 도급인에게 신축 건물의 소유권이 인정될 여지가 높다.

(2) 소유권이전등기 여부(대물변제)

① 모텔 공사업자가 내장공사 잔대금채권에 기해 모텔을 유치하고 있는 사건 공사완료 후 잔대금채권에 대한 대물변제로 그 모텔의 소유권을 넘겨받았다면, 그 점유는 '타인'의 부동산에 관한 점유가 될 수 없어 유치권은 성립하지 않는다(부산고법 2007. 4. 12. 선고 2006나11180판결)

② 기초공사, 벽체공사, 옥상슬라브공사만이 완공된 건물에 전세금을 지급했다. 입주한 후 소유자 간에 이 건물을 매수하기로 합의해서 자기 자금으로 미완성 부분을 완성한 자는 이 건물에 들인 금액 상당의 변제를 받을 때까지 이 건물의 제3취득자에 대해서 유치권을 행사할 수 있다(대법원 1967. 11. 28. 선고 66다2111 판결).

⇒ 합의만 했을 뿐 이전등기가 되지 않았으므로 또는 유익비상환청구권도 가능하다.

2 점유

대법원은 '점유는 물건이 사회통념상 그 사람의 사실적 지배에 속한다고 보이는 객관적 관계에 있는 것을 말한다. 사실상의 지배가 있다고 하기 위해서는 반드시 물건을 물리적, 현실적으로 지배하는 것만을 의미하는 것이 아니고, 물건과 사람과의 시간적, 공간적 관계와 본권관계, 타인지배의 배제가능성 등을 고려해서 사회관념에 따라 합목적적으로 판단해야 한다'라고 했다(대법원 1996. 8. 23. 선고 95다8713 판결).

(1) 적법한 점유

① 권원 없는 점유

가. 불법점유이므로 유치권이 성립하지 않는다.

건물 점유자가 미등기건물의 원시취득자에게 그 건물에 관한 유치권이 있다고 하더라도 그 건물의 존재와 점유가 토지 소유자에게 불법행위가 되고 있다면 그 유치권으로 토지 소유자에게 대항할 수 없다(대법원 1989. 2. 14. 선고 87다카3073 판결).

나. 채권이 있어도 '건축주나 소유자의 동의나 승낙 없이' 점유를 개시했다면 불법점유이므로 유치권이 성립하지 않는다.

② 신의칙 위반의 점유

건물 및 대지에 거액의 근저당권, 전세권, 가압류등기 등이 설정되어 있어 부동산 소유자의 재산상태가 좋지 않다면 경매 절차가 개시될 가능성이 있음을 충분히 인식하고 있었다면 소유자와 거액의 건물 공사 도급계약을 체결한 뒤 공사대금을 받지 못해 공사한 건물을 점유하고 있을 때 불법점유이거나 유치권행사가 신의칙에 반하기 때문에 허용되지 않는다(대전고법 2004. 1. 15. 선고2002나5475 판결).

(2) 점유의 계속 유지

① 대상 부동산의 사무실, 방실, 컨테이너 등에 상주해서 관리하거나 경비용역계약을 맺어 경비시킬 것(공간, 계속성)

가. 점유공간

건물이 신축 중 공사가 중단된 경우 건물 내부의 상주가 곤란하다. 건물 인접 지역에서 컨테이너를 두고 관리한다. 또는 출입문이 잘 보이는 인접 건물에 상주하면서 출입문 열쇠를 소지하고 상주하면서 출입을 통제했다면 공간적 관계에서 점유가 있었다고 볼 수 있다.

• 목적 부동산의 일부만 점유해도 되나? 전부를 점유해야 하나?

민법 제321조(유치권의 불가분성)

유치권자는 채권전부의 변제를 받을 때까지 유치물전부에 대하여 그 권리를 행사할 수 있다.

유치권에 관한 민법 제321조의 규정 취지상, 유치물은 그 각 부분으로써 피담보채권의 전부를 담보한다고 할 수 있다. 이와 같은 유치권의 불가분성은 그 목적물이 분할 가능하거나 수 개의 물건인 경우에도 적용된다.

나. 점유의 계속성

주간만 점유해도 야간은 시정장치로 지배가 계속된다고 볼 때 점유라고 할 수 있다.

모텔공사업자가 완공 후 건축주가 모텔영업을 하던 중 2005년 5월 10일에 그 직원을 보내서 출입구에 유치권이 있다는 내용의 안내문을 게시하게 했다. 그 무렵부터 그 직원이 건축주로부터 현관 열쇠와 방 열쇠를 넘겨받아 건축주와 함께 그 모텔에 상주해왔다. 한편, 그 후 수도 및 전기공급의 중단으로 영업을 하지 못하게 된 이후부터는 현관문을 자물쇠로 잠가두었다. 1주일에 한두 번씩 모텔에 들러 건물의 상태를 확인해왔다. 그렇다면 공사업자는 2005년 5월 10일부터 채무자인 건축주와 공동으로 또는 단독으로 모텔을 적법하게 점유한 것이다(부산고법 2007. 10. 4. 선고 2007나8129 판결).

② 출입구에 시정장치를 하고 열쇠를 소지할 것(점유의 방법)

가. 잠금장치(시정장치)

타인지배를 배제하고 물건을 장악할 수 있는 각종 도구 내지 장비를 갖추며, 외부로부터의 사실적 지배에 관심 있는 자가 인식할 수 있는 정도의 행동, 표시를 한 것

나. 직접점유 외에 간접점유도 되나?

직원이나 경비용역업체 등 사람을 시켜 점유하게 하는 등의 간접점 유도 가능하다. 다수의 유치권자가 1내지 2인 등 소수에게 점유를 위임할 수도 있다. 또한 임차인에게 점유를 위임하는 것도 가능하다. 다만 유치권자와 임차인 간의 점유매개관계가 존재해야 한다. 간접점유자인 유치권자가 직접점유자인 임차인에 대해 반환청구권을 행사할 수 있어야 한다(대법원 2008. 4. 11. 선고 2007다27236 판결).

③ 유치권을 주장하는 안내문(플래카드 등)을 대상 부동산에 게시할 것

가. 유치권 행사 안내문 등 게시의 필요성 여부

유치권 행사를 위한 점유개시 목적을 외부에 인식시키는 것으로 중요하다. 그러나 그렇다고 유치권의 성립요건으로서 안내문 게시 등의 외부표현이 반드시 필요한 것은 아니다.

④ 유치권을 행사할 목적으로 점유를 개시할 것(점유개시의 목적)

내심의 의사결정 외에 외부로부터의 인식가능성도 함께 갖추어야 유치권 행사로 인정받을 수 있다.

⇒ 여관 건물의 공사업자가 공사대금을 다 받지 못하자 그 여관을 인수해서 영업을 하다가 제삼자에게 매각한 뒤 매매대금에서 공사잔대금을 변제받으려고 여관을 점유했다. 영업 중 여관이 경매에 들어가자 유치권을 행사한 사안이다. 공사업자의 여관 건물에 대한 점유의 개시는 건축주와 공사업자 간의 여관 영업의 위수탁관리약정에 따른 것이다. 공사잔대금채권의 확보를 위한 유치권 행사에 기한 것이라 할 수 없다. 공사업자의 유치권 주장은 이유가 없다(대구고법 2006. 7. 12. 선고 2005나8133 판결).

⑤ 점유의 상실

민법 제328조(점유상실과 유치권소멸)
유치권은 점유의 상실로 인하여 소멸한다.

가. 점유의 일시상실

유치권자가 물건에 대한 점유를 일시 상실했다가 후에 다시 같은 물건을 점유하게 된 경우에는 점유 상실 당시 유치권을 포기하는 등 특별한 사정이 없는 한 그 채권을 위해서 유치권을 취득한다(대법원 2005. 1. 13. 선고 2004나50853 판결).

나. 점유물 반환 후 재취득

유치권자가 유치물의 존재를 안 상태에서 조건 없이 유치물을 채무자 등에게 반환했거나 반환했다가 다시 취득했어도 유치권은 포기한 것으로 간주한다. 반면 유치권자가 유치물의 존재를 모르고 반환했거나, 조건부(변제, 대물변제 등)로 반환해주었는데, 조건이 성취되지 못해서 재점유하는 경우에는 유치권을 다시 취득하게 된다.

⑥ 점유침탈

가. 점유자가 그의 의사에 기하지 않고 물건의 점유를 잃게 되는 것을 말한다. 반드시 물리력이 동원되어야 하는 것은 아니고, 점유회수의 소에 있어서 침탈 사실에 대한 입증책임 및 침탈자의 특별승계인이 악의라는 점에 대한 입증 책임은 '점유를 침탈당했다고 주장하는 자'에게 있다(인천지법 2009. 1. 23. 선고 2008나962 판결).

나. 인도명령의 집행과 점유침탈 여부

적법한 요건을 갖춘 유치권자에 대해 인도명령을 집행했다고 하더라도 이는 점유를 침탈하는 행위다. 유치권자가 집행당한 날로부터 1년 내에 점유회수의 소를 제기해서 승소판결을 받으면 유치권이 되살아난다(대법원 2010. 7. 26. 선고 2010마458 결정 등).

다. 점유회수의 소

민법 제204조(점유의 회수)
① 점유자가 점유의 침탈을 당한 때에는 그 물건의 반환 및 손해의 배상을 청구할 수 있다.
② 전항의 청구권은 침탈자의 특별승계인에 대하여는 행사하지 못한다. 그러나 승계인이 악의인 때에는 그러하지 아니하다.
③ 제1항의 청구권은 침탈을 당한 날로부터 1년 내에 행사하여야 한다.

유치권은 점유의 상실로 소멸하는데(민법 제328조), 불법적인 점유의 침탈로 인한 점유상실이 있어도 유치권은 소멸된다. 다만 민법 제204조의 침탈당한 때부터 1년 이내에 점유회수의 소를 제기해서 승소판결을 받아 점유를 회복하게 되면 소멸했던 유치권이 되살아난다. 그러나 아직 점유의 회복이 이루어지지 아니한 이상 제1심에서 승소판결을 받았다는 사실만으로는 유치권이 존재한다고 할 수 없다(대법원 2004. 2. 27. 선고 2003다46215 판결). : 승소판결 + 점유회복 = 유치권 회생

라. 침탈자의 특별승계인의 악의

점유회수청구권은 침탈자의 특별승계인에 대해서는 행사하지 못하고, 다만 승계인이 악의인 때에만 행사할 수 있다(민법 제204조 제2항, 대법원 1995. 6. 30. 선고95다12927 판결).

마. 점유를 침탈당한 후 자력탈환한 경우

점유자는 그 점유를 부정히 침탈 또는 방해하는 행위에 대해서 자력으로 이를 방위할 수 있다. 그 점유물이 부동산일 때는 침탈 후 직시(直時)가해자를 배제해서 이를 탈환할 권리가 있다(민법 제209조 제1항, 제2항).

⑦ 점유의 승계와 유치권의 양도

가. 유치권도 피담보채권과 함께 양도할 수 있다. 이 경우 채권양도통지 절차를 제대로 거쳤는지, 양수인에게 점유가 이전되었는지 여부를 확인한다. 채권양도통지가 부적법하거나 점유가 이전되지 않았다면 유치권 성립이 부정된다.

나. 점유는 이전되었으나 채권이 이전되지 않았을 때, 점유승계인이 전 점유자를 대위해서 유치권을 주장할 수 없다. 전 점유자는 점유 상실로 이미 유치권을 상실했기 때문이다(대법원 1972. 5. 30. 선고 72다548 판결).

반면 채권은 양도되었으나 점유가 함께 이전되지 않았다면 역시 유치권이 소멸하게 된다. 그 후 그 채권을 양수인으로부터 다시 양도받았다고 해서 다시 유치권을 취득한다고 볼 수는 없다(부산고법 2008. 1. 17. 선고 2007나14087 판결).

다. 유치권자가 적법하게 점유 중 경매개시결정의 기입등기 이후에 유치권양도(채권양도 및 점유승계)가 이루어졌다면 압류의 처분금지효에 저촉되는지 여부다. 경매개시결정의 효력에 반하는 것은 아니다(서울고법 2007. 4. 5. 선고 2006나55670 판결).

(3) 점유의 대항력 확보(점유개시시점)

① 경매개시결정 기입등기 이후

경매개시결정의 기입등기가 경료되어 압류의 효력이 발생된 이후에 점유를 이전받아 유치권을 취득한 경우다. 그와 같은 점유의 이전은 민사집행법 제92조 제1항, 제83조 제4항에 따른 압류의 처분금지효에 저촉된다. 경매 절차의 매수인에게 대항할 수 없다(대법원 2006. 8. 25. 선고 2006다22050 판결).

유치권자가 계속 점유했는지 여부

대전지방법원 서산지원 | 대한민국 No.1 법원경매정보 스피드옥션 (speedauction.co.kr) SPEED auction

2016 타경 5776 (임의) 2018타경225(병합)		매각기일 : 2018-08-28 10:00~ (화)		경매5계 041-660-0695	
소재지	(31940) 충청남도 서산시 음암면 부창리 OOO 외1건 [도로명] 충청남도 서산시 칠거리로 OO (음암면)				
용도	아파트	채권자	케이알앤씨(변경전:	감정가	7,935,680,000원
대지권	11585.634㎡ (3504.64평)	채무자	비OOOOOO	최저가	(49%) 3,888,483,000원
전용면적	8388.9989㎡ (2537.66평)	소유자	비OOOOOO	보증금	(20%)777,696,600원
사건접수	2016-06-30	매각대상	토지/건물일괄매각	청구금액	4,800,000,000원
입찰방법	기일입찰	배당종기일	2016-10-18	개시결정	2016-07-20

기일현황 ▼전체보기

회차	매각기일	최저매각금액	결과
신건	2017-07-18	7,979,912,000원	유찰
	2017-09-05	5,585,938,000원	변경
2차	2017-10-31	7,914,556,240원	유찰
3차	2017-12-05	5,540,189,000원	유찰
	2018-01-09	3,878,132,000원	변경
신건	2018-03-27	7,935,680,000원	유찰
2차	2018-03-27	5,554,976,000원	유찰
3차	2018-05-01	3,888,483,000원	매각
OO산업개발 / 입찰1명 / 낙찰4,001,000,000원 (50%)			
	2018-05-08	매각결정기일	허가
	2018-06-15	기한후납부	
	2018-07-17	3,889,483,000원	변경

● 사건 개요

낙찰 후 유치권부존재확인소송 제기(광주지방법원 2019가합540)

원고 : 낙찰자 ○명산업개발주식회사

피고 : ○건종합건설주식회사

2016. 7. 20. : 임의경매개시결정 및 기입등기

2016. 7. 26.~27. : 집행관 현황조사, 각 부동산의 점유 등 관계에 관해서 별지 목록 아파트(이하 아파트) 신축공사를 수급받아 이를 진행했던 피고가 유치권을 행사 중인 것으로 기재

2018. 8. 27. : 원고의 낙찰 후 소유권이전등기

2018. 9. 12. : 유치권자들 상대로 인도명령 신청

2019. 2. 21. : '경매개시결정 기입등기 이후 이 사건 각 부동산을 점

유했거나 이 사건 각 부동산을 점유했다고 보기 어렵다는 이유로 유치권 주장 5인은 원고에게 각 부동산을 인도하라'는 결정을 받았다.

◉ 쟁점 : 계속 점유하며 유치권 행사했는지 여부(경매개시 이후의 증거자료 없다)

경개개시결정 이전의 점유는 현황조사보고서상으로도 기재되어 있다. 그러나 경매개시결정(2016. 7. 20) 전후의 점유증거사진은 없다. 2018년 8월의 네이버 사진은 현수막만 설치되어 있는 상태다.

현재 골조와 내,외벽, 계단, 엘리베이터등은 완공되었으나, 전기 및 수도시
설, 내부인터리어등에 대한 공사는 하지 않은 상태임.

제시외 건물등은(각 목록 1호 소재),

- 철근콘크리트조슬라브지붕(관리동 및 노인정) 2층 건물 1동,

- 판넬조판넬지붕(현장사무실) 1동,

- 변압기 1식.

- 콘테이너박스(유치권 행사 거주용) 2동,

집행관의 현황조사는 경매개시결정 이후 진행한다.

- 철근콘크리트조슬라브지붕(상기) 1동이 각 소재함.

점유등 관계는,

- 1차 방문시 본건 목록 1~123호 전체 가장자리에 함석울타리가 설치되어 있고,
출입문은 시정되어 있는 관계로 조사 불가하고,

- 출입문 주변과 아파트 외벽에 부건종합건설에서 본건 공사대금으로 인한 유치
권행사중이라는 표시가 되어 있음을 확인한후,

- 2차 방문시 유치권행사 회사인 위 건설회사 본부장 박 우(010-3640-)를
만나, 본건 아파트 공사대금 36억 2,000만원에 대한 유치권행사키 위하여 위
제시외 콘테이너박스에서 거주하고 있음을 확인.

- 그외 본건 공사와 관련된 함바식당을 운영한 김 자(010-8503-)는 동 소
에 전입신고후 체납된 식대를 받기위하여 위 제시외 콘테이너박스에서 거주하
고 있음을 확인.

- 일응 동소에 전입을 근거로 목록 1호에 위 김경자를 임차인으로 등록하고,

- 목록 1~123호는 위 부건종합건설에서 유치권행사중이므로, 대표로 목록 1호에
대하여 제3자 점유자로 등록함.

● 법원의 판단(점유의 계속성 부정)

을 행사하고 있으므로, 피고의 유치권은 소멸하지 않았다.

3. 판단

가. 관련 법리

유치권 주장자의 입증책임

소극적 확인소송에서는 원고가 먼저 청구를 특정하여 채무 발생원인 사실을 부정
하는 주장을 하면 채권자인 피고가 권리관계의 요건사실에 관한 주장·증명책임을 부
담하므로, 유치권 부존재 확인소송에서는 그 유치권을 주장하는 피고가 그 성립 및 존
속의 요건사실을 주장·증명하여야 한다(대법원 2015. 1. 29. 선고 2013다84971 판결,

② 이중경매개시결정과 유치권의 대항력

이중경매개시결정 선행사건의 경매 신청이 취하되거나 그 절차가 취소된 경우다. 선행의 경매개시결정에 따른 압류의 효력시점을 기준으로 유치권의 대항력을 판단할 것인지, 후행의 경매개시결정에 따른 압류의 효력시점을 기준으로 판단할 것인지 여부가 관건이다.

선행사건의 경매 신청이 취하되거나 그 절차가 취소된 경우 선행의 경매개시결정에 따른 압류의 효력시점을 기준으로 유치권의 대항력을 판단할 것이 아니다. 후행의 경매개시결정에 따른 압류의 효력시점을 기준으로 판단해야 한다(대법원 2007. 5. 10. 선고 2007다9122 판결).

③ 경매개시결정이 이뤄지기 직전에 공사를 도급받아 경매기입등기 이후에 완성한 경우

그 공사대금채권의 변제기가 경매개시결정 전에 도래했다고 볼 만한 특별한 사정이 인정되지 않는 이상 수급인이 유치권을 내세워 경매 절차의 매수인에게 대항할 수 없다(대법원 2011. 10. 13. 선고 2011다55214 판결).

3 피담보채권의 존재 여부

유치권이 성립하려면 담보하는 담보물권의 성격상 점유자가 채권을 가지고 있어야 한다. 실무상 신고되는 유치권의 피담보채권의 대부분은 공사업자나 임차인의 공사대금채권이다. 공사를 전혀 하지 않았거나 공사한 것처럼 꾸미거나, 실제 공사한 것보다 공사대금을 부풀려 신고하는 경우가 잦다.

피담보채권의 존재 여부

인천16계 2017 타경 17629 임야

사건내용

소 재 지	인천 옹진군 영흥면 외리 OOO-O (23121)인천 옹진군 영흥면 영흥남로 OOO			
경 매 구 분	임의경매	채 권 자	부OOOOO	
용 도	임야	채무/소유자	김OO	매 각 기 일 19.11.05 (731,999,999원)
감 정 가	1,481,320,000 (17.07.07)	청 구 액	863,236,638	종 국 결 과 20.02.19 배당종결
최 저 가	725,847,000 (49%)	토 지 면 적	14,558.0㎡ (4,403.8평)	경매개시일 17.06.08
입찰보증금	72,584,700 (10%)	건 물 면 적	0㎡ (0.0평)	배당종기일 17.08.31
주 의 사 항	·유치권·일부맹지·분묘기지권·입찰외·농지취득자격증명			
조 회 수	·금일조회 1 (0) · 금회차공고후조회 29 (10) · 누적조회 786 (99) ·7일내 3일이상 열람자 2 · 14일내 6일이상 열람자 1			()는 5분이상 열람 (기준일-2019.11.05/전국연회원전용)

소재지/감정요약	물건번호/면적(m²)	감정가/최저가/과정	임차조사	등기권리
(23121) 인천 옹진군 영흥면 외리 OOO-O [영흥남로OOO]	물건번호: 단독물건 임야 3,772.0 (1,141.03평) ₩603,520,000 현:계단형태의잡종 지(나지)	감정가 **1,481,320,000** ·토지 1,481,320,000 (100%) (평당 336,373)	법원임차조사 하 유치권행사주장 OOOO	소유권 김OO 2004.01.14
감정평가액 토지 : 603,520,000 감정평가서요약	일부택지조성공사로수목제거되어있으나공사중지된채파헤쳐진상태입찰외세시외타인소유및철거등용이한컨테이너박스소재	최저가 725,847,000 (49%) 경매진행과정	보 유치권행사주장 OOOO	근저당 농협자산관리 2010.12.10 910,000,000
- 부정형평지 - 지적도상맹지이나OOO-O, -OO,-OO,-OO,OOO-O번지 등을이용하여 출입가능 함 - 건축법제2조제1항제11호나목에따른도로(도로일부포함)		① 864,340,000 2018-07-23 변경 ① 1,481,320,000 2018-08-24 유찰	·기타점유. 현황조사시 현장에 임한 바, 소유자 등을 만날 수 없어 상세한 점유 및 임대차관계는 알 수 없음. 2 017.6.24. 방문시 택지조성공사가 중지된 상태로 하우건설. 보람건설(주)가 유치권 행사중임을 알리는 현수막	지상권 부천지구축협 2010.12.13 30년 근저당 위드에셋대부 2015.01.02 110,000,000 가압류 권OO 2015.02.27 800,000,000 2015 카합 10024

◉ 사건 개요

2017. 6. 8. : 경매개시결정 → 인천지방법원 2018가단272505 유치

권 부존재 확인 → 공시송달(원고 : ○업협동조합자산관리회사)

○ 기초 사실

1. 피고 B(송귀○), G(○우건설이라는 상호로 건설업)는 경매 절차가 진행 중
   이던 2018년 8월 23일에 각 부동산에 야영장 부지조성공사를 하
   고 유치권신고서를 제출(200,000,000원)했다.

2. 피고 F주식회사(○람건설)는 경매 절차에서 유치권신고서를 제출하
   지는 않았다. 하지만 유치권행사 중이라는 현수막을 설치하고 현
   황조사보고서에 유치권을 주장하고 있다. 각 부동산의 점유자로
   표시되어 있는 자다.

   ⇒ 그러나 피고들은 각 부동산을 유치권자로 점유하고 있지 않았
   다. 피담보채권 존재 여부도 의심스럽다.

● 피담보채권의 존재 여부(법원의 판단 : 원고의 주장 인용)

3. 피담보채권의 존재여부

가. 피고 B의 피담보채권 법원의 판단

(1) 피고 B은 2016. 10. 20.경 이 사건 각 부동산에 대한 H 야영장부지조성공사 도급계약을 체결하고 공사를 하였으나, 위 공사대금 2억 원을 지급받지 못하였다고 주장하면서 위 미지급공사대금채권을 피담보채권으로 주장하고 있습니다. 피고 B이 유치권신고서에 첨부하여 제출한 자료는 하도급대금직접지급합의서(2016. 12. 22.), 위임장 (2016. 12. 29. 위임인 I, 수임인 B, 위임내용 공사대금), 공사도급계약서(2016. 10. 20. 도급인 (주)J I, 수급인 G회사 B, 공사명 H 야영장 부지조성공사, 공사기간 2016. 10. - 2017. 2., 계약금액 410,000,000원), 건설공사 하도급계약서(2017. 7. 14. 원사업자 K, 하도급사업자 주식회사 J L, I, 계약금액 520,000,000원), 공사도급계약서(2016. 3. 18. 도급인 D, 수급인 K, 계약금액 520,000,000원)을 제출하였습니다(갑 제3호증 유치권신고서).

(2) 그러나 피고 B이 제출한 각 공사도급계약서를 통해 피고 B이 H 야영장부지조성공사 하도급계약을 체결한 사실을 인정할 수 있다고 하더라도 위 문서만으로 피고

B이 위 공사도급계약에 따라 공사를 하였는지 알 수 없고, 공사를 하였다고 할 경우에도 미지급 공사대금이 얼마인지 확인할 수 없습니다.

나. 피고 F 의 피담보채권

(1) 피고 F은 이 사건 부동산 상에 유치권 행사 중이라는 현수막을 설치하여 유치권자임을 주장하고 있으나, 이 사건 부동산에 대한 경매절차에 유치권 신고서를 제출하지는 않아 피고가 주장하는 유치권의 피담보채권이 무엇인지는 확인되지 않습니다.

(2) 다만 이 사건 경매절차에서 집행관이 부동산현황을 조사하고 작성한 부동산현황조사보고서에서 피고 F은 피고 B과 함께 야영장 부지 조성공사를 한 것으로 조사되어 있습니다.

(3) 한편 이 사건 각 부동산에 대한 2015년 위성사진, 2016. 사진, 2018. 위성사진을 비교하여 볼 때 이 사건 각 부동산의 현황은 유사한 상태였고, 새로이 공사를 진행할 것으로 보이지 않습니다(갑 제7호증 유치권 권리배제 신청서 첨부 각 위성사진 참조). 그렇다면 피고 F 또한 피고 B의 유치권 신고에 대하여 밝힌 바와 같이 유치권의 피담보채권이 존재하는지 의문입니다.

◉ 현장사진 및 위성사진 비교

▲ 2015년 위성사진

▲ 2018년 위성사진

(1) 허위·과장채권

건물의 신축 및 증축공사를 했다고 주장하는 자가 건축 경험이 전무했다. 기수령한 공사대금 1억 5천만 원을 모두 현금으로 지급받아 즉시 지출했다는 등 공사대금지급과 관련한 금융자료를 제출하지 못한점 등을 종합해보면, 그가 이건 건물을 신축 및 증축했음을 인정할 수 없다. 따라서 잔대금 채권에 기한 유치권 주장을 인정할 수 없다(광주고법 2007. 8. 17. 선고 2007나663 판결).

유치권을 주장하는 수급인이 건설업등록을 하지 않은 점, 공사를 입증할 세금계산서, 공사비 세부내역서, 공사자금의 출처 등에 관한 정확한 자료를 제출하지 못하고 있는 점을 고려해봐야 한다.

공사업자가 유치권신고를 하면서 공사도급계약서를 제출했다. 공사대금지급을 독촉하는 통지를 한 사실은 인정된다. 그러나 공사업자인 법인의 대표이사는 이 사건 부동산 이전 소유자의 아버지였다.

(2) 혼동

동일한 물건에 대한 소유권과 다른 물권이 동일한 사람에게 귀속한 때는 그 물권이 제삼자의 권리의 목적이 된 경우를 제외하고는 다른 물권은 혼동(混同)으로 소멸한다(민법 제191조 제1항).

① 유치권자가 유치권을 취득한 이후 해당 건물의 소유권을 취득한 사실이 인정된다. 설령 유치권이 존재했더라도 이 유치권은 민법 제191조 제1항에 의해서 해당 건물의 소유권을 취득한 때에 혼

동으로 소멸한다(서울고법 2007. 3. 30. 선고 2006나78956 판결).

② 공사업자가 유치권을 주장하던 건물을 대물변제받아 그 소유자가 되었다. 그 건물에 근저당권이 설정된 사안이다. '공사업자의 유치권이 혼동으로 소멸한다고 하면 근저당권자에게 부당하게 이득을 주는 반면, 공사업자에게는 유치권자로서 누리는 이익을 부당하게 침해하는 결과가 되므로 이 경우 공사업자가 유치권의 목적물의 소유자가 된 사실만으로 그 유치권이 소멸하는 것은 아니라 할 것이다.'

(3) 변제, 대물변제

① 도급인이 건물 완공 후 약정에 따라 수급인(유치권자)에게 그 건물 등에 대한 처분권을 위임한다. 그 분양대금에서 공사대금을 받을 수 있는 권한을 부여했다. 수급인이 그 건물 등을 매각해서 그 대금으로 공사대금을 지급받을 수 있게 되었다. 그렇더라도 아직 현실로 공사대금을 지급받지 못한 이상 유치권은 소멸되었다고 볼 수 없다(대법원 1995. 9. 15. 선고 95다16202, 95다16219 판결).

② 신축모텔을 대물변제로 공사업자(유치권자)에게 이전하기로 약정하고 점유를 이전해주었다. 그렇더라도 그 이전등기까지 경료해주지 않은 이상 대물변제가 이루어진 것이 아니다. 그러므로 공사대금채권이나 유치권이 소멸되었다고 볼 수 없다(부산고법 2007. 10. 4. 선고 2007나8129 판결).

그 이전등기가 경료되지 않는 한 대물변제의 예약에 불과하다. 본래 채무가 소멸하지 않는다(대법원 2003. 5. 16. 선고 2001나27470 판결).

③ 공사대금채권의 변제를 위해서 다른 채권을 채권자에게 양도해 준 경우다. 특별한 사정이 없다면 그 채권양도는 기존 채무의 '변제를 위한' 담보 또는 변제의 방법으로 양도되는 것이다. 기존 채무의 '변제에 갈음해서' 양도되는 것은 아니다. 그러므로 공사대금채권 내지 유치권은 소멸하는 것이 아니다(서울중앙지법 2007. 5. 30. 선고 2006나17316 판결).

④ 유치권자의 과실수취권의 범위

민법 제323조(과실수취권)

① 유치권자는 유치물의 과실을 수취하여 다른 채권보다 먼저 그 채권의 변제에 충당할 수 있다. 그러나 과실이 금전이 아닌 때에는 경매하여야 한다.

② 과실은 먼저 채권의 이자에 충당하고 그 잉여가 있으면 원본에 충당한다.

유치권자에 의한 유치물의 사용·임대 등에 소유자의 승낙이 있거나 그것이 보존행위에 해당할 경우는 민법 제323조에 의해서 유치권자는 과실을 수취한다. 다른 채권보다 먼저 자기채권의 변제에 충당할 수 있다.

공사대금채권에 기해서 유치권을 행사하는 자가 스스로 유치물인 주택에 거주하며 사용하는 것도 유치물의 보존에 필요한 사용에 해당한다. 이 경우 특별한 사정이 없다면 차임 상당 이득을 소유자에게 반환할 의무가 있다(대법원 2009. 9. 24. 선고 2009다40684 판결).

(4) 채권양도

유치권의 적법한 양도를 위해서는 반드시 피담보채권의 양도와 점유의 이전이라는 2가지 요건이 충족되어야 한다. 피담보채권의 양도는 채무자에 대한 대항요건으로 확정일자부 증서에 의한 채권양도통지 또는 승낙이 필요하다. 따라서 피담보채권만 양도하거나 점유만 이전한 경우 유치권은 소멸된다.

(5) 경개

공사대금채권 시효에 의한 소멸 여부 : 견련관계?

○ 사건 개요

경매개시결정 : 2013. 8. 19.

낙찰 후 유치권부존재 판결 이후 건물인도 판결

울산지방법원 2018가단69723 유치권 부존재 확인

울산지방법원 2020가단104186 건물인도 판결

○ 원·피고 주장 및 법원의 판단(시효로 소멸되지 않았다고 하더라도 견련관계 부정)

가. 원고는, 이 사건 공사대금채권이 시효에 의하여 소멸하였으므로 이 사건 부동산에 관한 피고의 유치권이 존재하지 않는다고 주장한다.

나. 이 사건 공사대금채권은 민법 제163조에서 정하는 3년의 단기소멸시효가 적용되고, 피고가 유치권신고를 한 때로부터는 이 사건 공사대금채권을 행사할 수 있었다 할 것인바, 그로부터 3년이 경과된 시점에서 이 사건 공사대금채권이 시효로 소멸하였다고 할 것이다.

다. 피고는, 주식회사 C과 사이에 이 사건 공사대금채권의 변제를 이 사건 부동산에 관한 소유권을 이전받는 방식으로 하기로 합의하였고, 이 사건 부동산에 관한 소유권이전등기청구권은 시효로 소멸되지 않았으므로 이 사건 부동산에 관한 피고의 유치권도 소멸되지 않았다고 주장한다. 피고의 주장에 따르더라도 피고의 주식회사 C에 대한 권리는 이 사건 부동산에 대한 소유권이전등기청구권 또는 인도청구권이라고 할 것인데, 그러한 권리는 이 사건 부동산에 관하여 생긴 것이 아니고 이 사건 부동산 자체를 목적으로 하는 것이어서 유치권에서 요구하는 견련관계가 인정되지 않는다. 피고는, 이 사건 부동산에 대한 소유권이전등기청구권 등은 이 사건 공사대금채권에서 유래된 것으로서 동일성이 유지되므로 이사건 부동산에 관한 유치권의 피담보채권이 된다고 주장하나, 어떤 부동산에 관한 공사대금채권을 그 부동산을 목적으로 하는 소유권이전등기청구권 등으로 변경하는 것은 기존채무의 중요부분을 변경하여 기존채무를 소멸케하고 이와 동일성이 없는 새로운 채무를 성립시키는 경개계약에 해당한다고 할 것이므로 피고의 위 주장은 이유 없다.

채무의 중요한 부분을 변경함으로써 신(新)채무를 성립시키는 동시에 구(舊)채무를 소멸시키는 유상, 낙성계약이다. 주로 '채무내용의 변경에 의한 경개'에 의한 유치권 소멸이 문제다.

① 이 임대차계약은 건축주의 극심한 자금난 때문에 상당한 공사대금을 지급받지 못한 상황에서 체결되었다. 다른 특별한 사정이 없다면 공사대금지급을 위한 방편으로 보는 것이 당사자들의 진실한 의사에 부합한다. 공사업자가 차임을 지급하지 않는 조건으로 이 임대차계약을 체결한 것도 공사대금을 지급받을 때까지 잔여 공사대금에 대한 연체이자로 차임지급에 갈음하기로 한 것으로 해석된다. 종합해보면, 공사업자는 자신의 건축주에 대한 공사대금채권을 확보하기 위해 임대차계약을 체결한 사실이 인정될 뿐이다. 공사대금채권의 지급에 갈음해서 체결한 것으로 인정되지 않는다. 매수인의 이 주장은 이유가 없다(서울고법 2008. 1. 16. 선고 2006나40616 판결).

② 임대차계약서 기재에 의하면, 전세보증금 지급방법에 대해서 '공사금액으로 대체한다'라고 되어 있다. 전세보증금은 일단 20억 200만 원으로 기재했다. 금액 정산은 추후 쌍방 협의해서 조정하고 계약서를 재작성하기로 했다. 금액 완불 시 이 계약서의 효력은 상실한다고 했다. 따라서 이 임차권 설정으로써 공사대금채권을 대신한 것은 아니라 할 것이다. 결국 공사대금채권의 지급을 담보하기 위해 임차권을 설정받았으므로 이 사건에서 공사대금채권을

상실했다고 볼 수 없다(서울고법 2007. 7. 5. 선고 2006나55670 판결).

③ 공사업자가 총 1억 원의 공사대금채권 중 5천만 원은 건축주로부
터 직불받기로 했다. 나머지 5천만 원은 건물 2층의 일부분에 대
한 임대보증금으로 해서 임대차계약을 체결한 사안이다. 이 임대
차계약은 미지급된 공사대금채권의 회수를 담보하기 위한 것으
로 보일 뿐, 공사업자와 건축주 간 공사대금채권을 임차보증금반
환채권으로 확정적으로 변경(경개)하기로 하는 의사가 있었다고
보이지 않는다. 경개로 공사대금채권이 소멸했다는 주장은 받아
들일 수 없다(광주고법 2010. 8. 26. 선고 2010나742 판결).

(6) 시효소멸

민법 제326조(피담보채권의 소멸시효)
유치권의 행사는 채권의 소멸시효의 진행에 영향을 미치지 아니한다.

유치권은 유치물을 점유하는 동안 시효로 소멸하지 않지만 피담보채
권은 별도의 조치(승인, 가압류, 판결 등)를 취하지 않으면 소멸하고 피담보
채권이 소멸하면 담보물권인 유치권도 당연히 소멸한다.

① 소멸시효 기간
- 민법 제163조 제3호 : 3년의 단기소멸시효 - 공사대금채권, 감
리용역비청구권

- 소유권이전등기청구권, 유익비상환청구권은 일반소멸시효 10년
- 내용증명 발송 후 법적인 조치가 진행되는 경우에는 내용증명으로써 6개월
- 가압류의 등기부상 기입이 됨으로써 보전처분의 효력이 있는 기간 동안

② 소멸시효의 기산점
- 채권자가 '권리를 행사할 수 있는 때'
- 특약이 없으면 '공사가 완료된 때'
- 도급계약에서 완성된 목적물의 인도 의무를 부과하고 있는 경우, '목적물 인도일'부터다.
- 공사가 도중에 중단되어 완료되지 못한 경우, 수급인은 공사도급계약을 해지 또는 해제해서 기성고에 상당하는 공사대금의 지급을 구할 수 있다. 이 경우 공사대금의 지급시기는 해지 또는 해제한 날의 다음 날이며 따라서 소멸시효기간도 그때부터 진행된다.
- 공사업자는 이 사건 건물에 대한 골조공사가 중단되고 기성공사대금채권의 액수가 확정된 때로부터는 그 공사대금채권을 행사할 수 있었다고 할 것이다. 이로부터 현재까지 3년이 경과했음이 역수(曆數)상 명백하다. 이 사건 공사대금채권은 시효가 완성되어 소멸했다(서울고법 2005. 10. 11. 선고 2005나13129 판결).
- 도급공사를 시행하던 중 발생한 홍수피해의 복구공사는 '복구공사가 완료한 때부터' 소멸시효가 진행한다(대법원 2009. 11. 12.

선고 2008다41451 판결).

③ 소멸시효이익의 원용

유치권이 성립된 부동산의 매수인은 피담보채권의 소멸시효가 완성되면 시효로 인해서 채무가 소멸되는 결과, 직접적인 이익을 받는 자에 해당한다. 소멸시효의 완성을 원용할 수 있는 지위에 있다(대법원2009. 9. 24. 선고 2009다39530 판결).

④ 소멸시효의 중단

공사대금채권이 소멸시효가 완성되었다 해도 시효중단사유 존재 여부도 체크해야 한다.

⑤ 시효중단사유

재판상의 청구, 압류, 가압류, 가처분, 승인, 파산절차참가, 지급명령, 화해를 위한 소환, 임의 출석, 조정, 최고, 배당요구 등이 있다. 특별법상 사정신청, 회생절차참가, 책임제한절차참가, 심사, 중재, 조정, 재정 신청, 청구, 지급 등이 있다.

다만, 최고의 경우 최고 후 6개월 이내에 재판상의 청구, 파산절차참가, 지급명령, 화해를 위한 소환, 임의 출석 중의 어느 것이나 압류, 가압류, 가처분과 같은 보다 더 강력한 방법을 취해야만 중단의 효력이 생긴다(민법 제174조).

실무상 빈번하게 문제되는 것은 '채무의 승인'이다.

(7) 상계

상계란 채권자와 채무자가 서로 동종의 채권·채무를 가질 때 채무자의 일방적 의사표시에 의해서 그 채권·채무를 대등액에서 소멸시키는 것을 말한다.

○ 유치권의 피담보채권 압류 가능 여부

공사대금 채권과 분리해서 독립적으로 처분하거나 환가할 수 없는 것으로, 결국 압류할 수 없는 성질의 것이라고 보는 것이 타당하다(대법원 2014. 12. 30. 자 2014마1407 결정).

4 견련관계

보통 유치권신고할 때는 공사와 관련된 일체의 채권을 뭉뚱그려 신청한다. 그러나 상당 부분은 목적물과의 견련성이 없는 것으로 판명되어 유치권 주장이 배척되는 일이 다반사다.

점유 및 피담보채권의 부존재

광주지방법원 해남지원			대한민국 No.1 법원경매정보 스피드옥션 (speedauction.co.kr) SPEED auction		
2015 타경 5361 (임의)		매각기일 : 2019-12-09 10:00~ (월)		경매1계 061-530-9115	
소재지	전라남도 완도군 생일면 유서리 OOO 외3필지				
용도	공장	채권자	완OOOOOOO	감정가	707,132,580원
토지면적	3412㎡ (1032.13평)	채무자	김OO	최저가	(36%) 253,436,000원
건물면적	1519.42㎡ (459.62평)	소유자	김OO	보증금	(10%) 25,343,600원
제시외	776.4㎡ (234.86평)	매각대상	토지/건물일괄매각	청구금액	389,638,786원
입찰방법	기일입찰	배당종기일	2015-11-24	개시결정	2015-08-24

기일현황 ▼전체보기

회차	매각기일	최저매각금액	결과
	2016-11-21	697,092,580원	변경
신건	2017-05-22	707,132,580원	유찰
2차	2017-07-03	494,993,000원	유찰
	2017-08-21	395,994,000원	변경
	2018-01-22	395,994,000원	변경
3차	2019-09-02	395,994,000원	유찰
4차	2019-10-21	316,795,000원	유찰
5차	2019-12-09	253,436,000원	매각
(주)OO산업/입찰1명/낙찰273,436,000원(39%)			
	2019-12-16	매각결정기일	허가
	2020-01-21	대금지급기한 납부 (2020.01.20)	납부
	2020-03-09	배당기일	완료
배당종결된 사건입니다.			

변경공고 ▶ 변경일자 : 2016-11-16

○ 사건 개요

2015. 8. 24. : 경매개시일

2017. 8. 8. : 부동산에 관한 콤프레셔 4대 및 반합 등에 관한 시설 공사비용 95,000,000원을 피담보채권으로 하는 유치권 권리신고서를 제출했다.

채권자인 ○협자산관리회사는 유치권 부존재 확인 소송 제기했다(광주지방법원 해남지원 2018가단200348).

공시송달에 의한 판결로 원고(○협자산관리회사)가 승소했다.

◎ 원고의 주장

피고가 주장하는 피담보채권은 유치권 목적물과의 견련관계가 없으며 유치권자로서 점유하고 있지 않다.

◎ 법원의 판단

가. 피담보채권의 부존재

1) "민법 제320조 제1항 은 '타인의 물건 또는 유가증권을 점유한 자는 그 물건이나 유가증권에 관하여 생긴 채권이 변제기에 있는 경우에는 변제를 받을 때까지 그 물건 또는 유가증권을 유치할 권리가 있다.' 고 규정하고 있으므로, 유치권의 피담보채권은 '그 물건에 관하여 생긴 채권' 이어야 한다(대법원 2012. 1. 26. 선고 2011다96208 판결 참조)." 는 것이 대법원 판례의 입장입니다.

2) 유치권의 피담보채권이 되려면 그 물건에 관하여 생긴 채권이어야 하는데, 피고가 주장하는 콤프레셔 4개의 설치 및 반합설치 등의 공사대금채권이 이 사건 각 부동산에 대한 유치권의 피담보채권이 될 수 있는지 의문입니다.

유치권의 피담보채권은 그 물건에 관하여 생긴 것이어야 하는데, 콤프레셔는 공기압축기로 이 사건 각 부동산과는 별개의 독립된 물건이라고 보이고, 이 사건 각 부동산으로부터 용이하게 분리 가능한 것으로 보이며, 피고가 주장하는 반합이 무엇을 의미하는지도 명확하지 않습니다. 결국 피고가 설치하였다고 하는 콤프레셔 등은 이 사건 물건과의 견련성이 인정되지 않는 것으로 보이므로 유치권의 피담보채권이 될 수 없다고 할 것입니다.

3) 또한 피고는 유치권 신고서에 이 사건 부동산에 콤프레셔(공기압축기) 4개 및 반합 등에 관련한 시설 설비 공사대금 중 변제받지 못한 공사대금 9,500만 원을 원인으로 하여 유치권신고를 한다고 하고 있으나, 구체적인 공사계약서 등의 다른 자료는 제출하지 않아 실제 피고가 주장하는 공사대금채권이 존재하는지, 어떤 시설 설비 공사를 진행한 것인지도 명확하지 않습니다.

나. 점유의 부존재

1) 유치권의 성립 및 존속요건으로서 점유

민법 제320조에서 규정하고 있는 유치권의 성립요건이자 존속요건인 점유는 물건이 사회통념상 그 사람의 사실적 지배에 속한다고 보여지는 객관적인 관계에 있는 것

2) 부동산 현황조사보고서

이 사건 부동산에 대한 경매개시결정 기입등기(2015. 8. 24.) 이후인 2015. 9. 14.과 같은 달 25. 집행관 F이 제출한 각 현황조사보고서를 보면, 부동산의 현황 및 점유관계 조사서에서 이 사건 각 부동산은 채무자(소유자)으로 되어 있고, 유치권자가 존재한다는 점을 확인할 수 있는 아무런 표지도 없습니다. (갑 제4호증의 1 : 부동산현황조사보고서 및 첨부사진 참조).

또한 첨부된 사진(전경도)에서도 유치권자가 존재한다는 점을 확인할 수 있는 내용 및 현수막 등은 전혀 존재하지 않습니다(갑 제4호증의 2 : 부동산현황조사보고서 및 첨부사진 참조).

3) 감정평가서

한편, 2015. 9. 3.부터 같은 달 30.까지 조사하여 작성한 이 사건 각 부동산에 대한 감정평가서에서도 유치권자가 존재한다는 점을 확인할 수 있는 아무런 표지가 없습니

또한 감정평가서에 첨부된 이 사건 각 부동산에 대한 사진들에서도 피고가 유치권을 행사한다는 점을 확인할 수 있는 현수막 등의 자료는 전혀 존재하지 않습니다(갑제5호증의 2 : 감정평가서 첨부사진 각 참조).

(1) 공사대금채권

① 목적 부동산의 '부속물이 아닌 본체'의 공사대금채권

② 추가공사대금채권(△)

본래의 공사도급계약에 따른 공사 이외에 추가로 공사를 했다. 하지만 추가공사도급계약서가 없거나 구두로만 약정했거나 공사업자가 임의로 추가공사를 했다면 추가공사대금채권에 대한 입증이 어렵다. 이를 입증하지 못하면 유치권이 인정되지 않는다

③ 건물 신축을 위한 사전(事前)공사대금채권(×)

신축 건물에 관해서 생긴 채권이라고 볼 수 없다. 즉 어떠한 견련관계가 있다고 볼 수 없다(서울고법 2008. 4. 4. 선고 2007나77370 판결).

④ 건물의 부속물 공사대금채권(×)

방과 부엌, 복도의 칸막이와 다다미 등은 건물의 부속물로 봐야한다. 부속물 설치에 소요된 공사비 채권은 건물에 관해서 생긴채권이 아니다(서울고법 1973. 5. 31. 선고 72나2595, 2596 판결).

⑤ 부합물, 종물에 대한 공사대금채권(○)

건물이나 토지의 부합물이나 종물에 대한 공사비용도 견련성이
인정된다.

- 토지의 부합물 : 온천목욕탕시설이 있는 토지에 인접한 토지상
  의 온천공에 대한 공사대금채권으로 온천목욕탕 시설에 유치
  권을 주장할 수 없다.

- 온천공은 토지에 관해서 생긴 채권이다. 따라서 목욕탕 건물에
  유치권을 행사할 수 없다(광주고법 2008. 5. 9. 선고 2007나1956 판결).

- 건물의 부합물 : 온천목욕탕 건물에 연결되어 축조된 돔형한증
  막시설이 내부에서 서로 통하는 출입문이 설치되어 있다. 이
  한증막은 훼손하지 않고는 건물에서 분리할 수 없다. 분할할
  경우 그 기능을 전혀 발휘할 수 없는 것이다. 그러므로 이 건
  목욕탕 건물에 부합되었다고 봐야 한다(광주고법 2008. 5. 9. 선고
  2007나1956 판결).

- 건물의 종물 : 공장 건물과 사무실용 컨테이너를 설치한 공사
  업자가 공장 건물에 대해서 유치권을 가지고 있다면 그 효력
  이 공장 건물의 종물인 이 사건 컨테이너에도 미친다고 주장한
  다. 그러나 주물의 소유자나 이용자의 상용에 공여되고 있더라
  도 주물 그 자체의 효용과 직접 관계가 없는 물건이나, 일시적
  용도에 이바지되는 물건은 종물이 아니라고 할 것이다(수원지법
  2007. 8. 14. 선고 2006나27076 판결).

⑥ 하수급인의 공사대금채권

건물 신축을 위한 공사도급계약은 통상 도급인이 1인 또는 소수의 원수급인과 도급계약을 체결하고 그 원수급인은 다시 다수의 하수급인들과 하도급계약을 체결하는 방식으로 이뤄진다. 이때 하수급인들이 직접 도급인에 대해서 자신들의 하도급대금채권을 담보하기 위해 완성된 건물에 대한 유치권을 주장할 수 있는지 여부가 문제된다.

결론적으로 하수급인들의 채권은 완공 건물을 이루는 각 부분에 관해서 발생한 것이다. 실제로 이를 분리해서 상정하기란 어렵다. 우리 민법은 채무자 아닌 제삼자 소유의 물건에 대한 유치권을 인정하고 있다. 하수급인이 수급인으로부터 승낙을 받아 목적물의 점유사용권한을 이전받아 독립한 점유를 행사하는 단계에 이른 때라면 독립한 유치권을 행사할 수 있을 것이다.

하수급인이 수급인의 유치권을 원용할 수 있는가? 하수급인이 주택신축공사 중 골조공사를 마쳤다. 나머지 공사의 진행을 위해 수급인에게 공조공사 부분을 인도해서 그 점유를 상실했다가, 주택이 완공된 후 소유자 또는 수급인으로부터 담보조로 주택을 인도받아 점유를 개시하게 된 사안이다. 여기서 하수급인은 자신의 공사대금채권을 위한 독립한 유치권을 취득한 것이거나 수급인의 유치권을 원용해서 행사하는 것으로 볼 여지가 있다(대법원 2007. 5. 15. 선고 2007마128 결정).

⑦ 공사대금에 대한 지연손해금 채권(○)

수급인의 공사잔금채권이나 그 지연손해금청구권과 도급인의 건물인도청구권은 모두 쌍방 간의 건축신축도급계약이라고 하는 동일한 법률관계로부터 생긴 것임이 인정될 수 있다. 수급인의 손해배상채권 역시 건물에 관해서 생긴 채권이라 할 것이다. 채무불이행에 의한 손해배상청구권은 원채권의 연장으로 봐야 한다. 그에 기한 유치권행사를 인정한다(대법원 1976. 9. 28. 선고 76다582 판결).

⑧ 공사대금채권을 임차보증금으로 전환한 경우(×)

공사대금채권을 임차보증금으로 전환한 것은 공사대금채권을 소멸시키기 위한 것이기보다는 공사대금채권을 담보하기 위한 것이었다고 해석하는 것이 당사자의 의사에 부합될 것이다. 이처럼 임대차계약 체결만으로 이 사건 공사대금채권이 이 임대차계약의 보증금 상당액만큼 소멸했다고 볼 수는 없다(서울고법 2007. 7. 5. 선고 2006나55670 판결).

한편 공사도급계약체결 당시부터 건축주가 공사대금을 지급하지 못할 것을 예상하고 공사완공 후 공사대금을 임차보증금으로 목적 건물을 임차하기로 약정했다. 이후 공사업자가 공사완공 후 목적 건물을 점유, 사용하고 있다면, 공사업자는 건축주에 대해 임대차보증금 반환채권만 가질 뿐 공사대금 지급이나 유익비 상환을 구할 수 없다. 따라서 그에 기해 유치권을 주장할 수 없다(대전고법 2006. 6. 15. 선고 2005나9676 판결).

(2) 임차인, 유치권자의 채권

민법 제325조(유치권자의 상환청구권)

① 유치권자가 유치물에 관하여 필요비를 지출한 때에는 소유자에게 그 상환을 청구할 수 있다.

② 유치권자가 유치물에 관하여 유익비를 지출한 때에는 그 가액의 증가가 현존한 경우에 한하여 소유자의 선택에 좇아 그 지출한 금액이나 증가액의 상환을 청구할 수 있다. 그러나 법원은 소유자의 청구에 의하여 상당한 상환기간을 허여할 수 있다.

민법 제626조(임차인의 상환청구권)

① 임차인이 임차물의 보존에 관한 필요비를 지출한 때에는 임대인에 대하여 그 상환을 청구할 수 있다.

② 임차인이 유익비를 지출한 경우에는 임대인은 임대차 종료 시에 그 가액의 증가가 현존한 때에 한하여 임차인의 지출한 금액이나 그 증가액을 상환하여야 한다. 이 경우에 법원은 임대인의 청구에 의하여 상당한 상환기간을 허여할 수 있다.

① 필요비상환청구권

유치권자가 유치물에 관해서 필요비를 지출한 때는 소유자에게 그 상환을 청구할 수 있다(민법 제325조 제1항).

(통상의) 필요비는 수선비 등 물건의 보존에 필요한 비용, 조세 등 관리에 필요한 비용 등 선량한 관리자의 주의로써 물건을 보관하는 데 불가결한 비용이다.

특별한 필요비는 천재지변 기타 일반적으로 예측할 수 없는 사정으로 인해서 지출하게 된 비용을 말한다.

② 유익비

기능향상비, 부속물설치비 등 물건의 본질을 변화시키지 않고 이용, 개량하기 위해서 지출한 비용을 유익비라고 한다.

- 유익비에 해당하지 않는 채권
  - 점포의 임차인이 사진관 운영을 위해 특수설비한 비용
  - 다방 경영에 필요한 시설
  - 2층 사무실용 건물 부분에 임차인이 작은 방, 주방 등을 만들어 삼계탕집을 경영하면서 들인 비용
  - 카페 영업을 하기 위한 공사 및 카페의 규모를 확장하면서 한 내부시설공사
  - 창고 지붕의 보수공사를 하고 지출한 공사비용(통상의 관리비)
  - 음식점 영업을 위한 진입로 포장, 진입계단 설치, 상하수도 및 전기공사, 주차장 포장 공사한 비용
  - 주점영업을 위해 강화도어, 유리, 타일공사 등 시설개보수공사를 한 비용
  - 간이음식점으로 경영하기 위해서 부착시킨 시설물인 간판

③ 유익비 또는 필요비 상환청구권 포기특약(원상복구조항)

임차인이 임대차관계 종료 시 건물을 원상으로 복구해서 임대인에게 명도하기로 약정한 것은 건물에 지출한 각종 유익비 또는 필요비의 상환청구권을 미리 포기하기로 한 취지의 특약이라고 볼수 있어 임차인은 유치권을 주장할 수 없다(대법원 1975. 4. 22. 선고 73다2010 판결).

④ 지상물매수청구권 행사에 따른 대금지급청구권

- 민법 제643조(임차인의 갱신청구권, 매수청구권) : 건물 기타 공작물의 소유 또는 식목, 채염, 목축을 목적으로 한 토지 임대차의 기간이 만료한 경우에 건물, 수목 기타 지상시설이 현존한 때에는 제283조의 규정을 준용한다.

- 민법 제283조(지상권자의 갱신청구권, 매수청구권) : ① 지상권이 소멸한 경우에 건물 기타 공작물이나 수목이 현존한 때에는 지상권자는 계약의 갱신을 청구할 수 있다. ② 지상권설정자가 계약의 갱신을 원하지 않을 때는 지상권자는 상당한 가액으로 전항의 공작물이나 수목의 매수를 청구할 수 있다.

⑤ 임차목적물의 하자로 인한 임차인의 손해배상청구권(○)

임차인이 임차목적으로 점유 중인 건물이 천장누수로 인해서 임차기간 중 입게 된 손해는 임차목적으로 점유하는 부분의 하자 자체로 발생한 손해가 명백하다. 건물주에게 갖는 손해배상채권은 유치권의 피담보채권이 된다(대전지법 2008. 5. 28. 선고 2007나12997 판결).

⑥ 건물에 대한 유익비상환청구권으로 대지에도 유치권을 주장할 수 있는가?(○)

건물 임차인이 건물에 관한 유익비상환청구권에 터 잡아 취득하게 되는 유치권은 임차건물의 유지 사용에 필요한 범위에서 임차대지 부분에도 그 효력이 미친다(대법원 1980. 10. 14. 선고 79다1170 판결).

⑦ 부속물매수청구권(×), 다만, 대법원은 부속물매수대금지급의무와 건물인도의무 사이에 동시이행항변권 인정

민법 제646조(임차인의 부속물매수청구권)

① 건물 기타 공작물의 임차인이 그 사용의 편익을 위하여 임대인의 동의를 얻어 이에 부속한 물건이 있는 때에는 임대차의 종료 시에 임대인에 대하여 그 부속물의 매수를 청구할 수 있다.

② 임대인으로부터 매수한 부속물에 대하여도 전항과 같다.

(3) 재개발조합의 추가분담금채권(○)

주택개량재개발조합이 조합원에 대해서 갖는 재개발사업의 시행으로 신축분양한 아파트와 관련한 징수금 채권 등은 그 아파트와 견련관계가 있다(서울중앙지법 2009. 9. 4. 선고 2009가합49365 판결).

(4) 대여금채권(×)

일반대여금 채권 내지 공사대금의 결제를 위해 대여한 대여금채권은 담보목적물 자체로부터 생긴 것이 아니어서 견련성이 없으므로 유치권이 성립하지 않는다(대구고법 2006. 4. 26. 선고 2005나4643 판결).

실무상으로 유치권으로 신고되는 채권에는 공사대금채권과 관련되는 대여금채권이 포함된 경우가 많으므로 채권의 성격을 잘 살펴봐야 한다.

(5) 상사유치권

유의사항 : 상사유치권은 '채무자' 소유의 물건만이 대상이 된다.

상사유치권이 성립하기 위해서는 채권자의 채무자 소유의 물건에 대한 점유가 '상행위로 인한' 점유이어야만 한다. 채권자가 채무자와의 상행위가 아닌 다른 원인으로 목적물의 점유를 취득한 경우에는 상사유치권이 성립할 수 없다. 건축공사 수급인의 건축부지에 대한 점유는 단지 신축공사도급계약에 의해 발생된 공사완성의무를 이행하기 위한 방법으로 점유한 것일 뿐이다. 상행위인 도급계약을 직접적인 원인으로 한 것이 아니므로 상사유치권이 성립할 수 없다(기본적인 대법원 입장).

5 변제기 도래 여부

(1) 이 건 전세권 관련 합의서에 의하면, 전세권 설정자에 대한 공사비용상환청구권은 이 건 전세권의 기간 만료 시에 변제하기로 약정되어 있다. 아직 그 변제기가 도래하지 않았으므로 이를 피담보채권으로 한 유치권은 성립할 수 없다. 지상물매수청구권이나 부속물매수청구권, 비용상황청구권 등도 전세권의 존속기간이 만료되는 때에 발생하거나 변제기에 이르는 것이다. 아직 존속기간이 만료되지 않았으므로 이 각 채권에 기한 유치권은 성립하지 않는다(대법원 2007. 9. 21. 선고 2005다41740 판결).

(2) 공사대금채권을 불확정기한으로 정한 경우다. 즉 도급계약상 공사대금은 건물을 타에 분양해서 그 분양계약금 및 중도금과 입주금으로 정산하기로 했는데, 도급인이 잠적해 분양과 공사가 중단되었다. 이에 따라 신축건물 및 그 부지가 경매에 들어간 경우, '도급인이 잠적한 무렵이나 늦어도 경매 절차가 개시된 무렵'에는 불확정기한 사실의 발

생, 즉 분양에 의한 공사대금 정산은 사회통념상 불가능하게 되었다고 봐야 한다. 따라서 그 시점에서 공사대금채권은 완성된 부분에 한해 변제기가 도래했다(서울고법 2007. 4. 13. 선고 2006나59825 판결).

(3) 수령지체

유치권자가 수령지체에 빠져 있는 때는 공평의 원칙상 유치권을 행사할 수 없다. 비록 채권의 변제기가 도래했더라도 채권자의 물건의 반환의무가 먼저 이행기에 이르고, 그 의무이행을 고의로 자기 채무의 변제기까지 지연시킬 때는 역시 유치권이 인정되지 않는다. 그리고 채권의 변제기가 되었어도 상대방이 동시이행항변권을 주장하면 유치권을 행사할 수 없게 된다는 점도 유의해야 한다.

유익비상환청구권, 필요비상환청구권

전주5계 2017 타경 7960 주택

사건내용

소 재 지	전북 완주군 화산면 운산리 OOO-O [일괄] OOO-O, OOO-O, OOO-O, (55305)전북 완주군 화산면 화산로 OOOO-OO				
경 매 구 분	임의경매	채 권 자	대OOOOO		
용 도	주택	채무/소유자	강OO	매 각 기 일	18.06.18 (156,789,000원)
감 정 가	294,586,640 (17.08.08)	청 구 액	165,352,328	종 국 결 과	18.09.03 배당종결
최 저 가	101,044,000 (34%)	토 지 면 적	1,430.0m² (432.6평)	경매개시일	17.07.26
입찰보증금	10,104,400 (10%)	건 물 면 적	전체 473.8m² (143.3평) 제시외 122.9m² (37.2평)	배당종기일	17.10.24
조 회 수	• 금일조회 1 (0) • 금회차공고후조회 62 (9) • 누적조회 605 (57) • 7일내 3일이상 열람자 3 • 14일내 6일이상 열람자 1				()는 5분이상 열람 (기준일-2018.06.18/전국연회원전용)

소재지/감정요약	물건번호/면적(m²)	감정가/최저가/과정	임차조사	등기권리
(55305) 전북 완주군 화산면 운산리 663-4 [화산로1673-49] 감정평가액 토지 : 17,064,000 건물 : 52,260,000 합계 : 69,324,000 감정평가서요약 - 조적조기와잇기지붕 - 남동측폭3m도로접함 - 위생및급배수설비구비	물건번호: 단독물건 대지 474.0 (143.39평) ₩17,064,000 건물 • 주택 87.1	감정가 294,586,640 • 대지 48,408,000 (16.43%) (평당 111,905) • 건물 210,433,240 (71.43%) (평당 1,468,173) 최저가 101,044,000 (34%)	법원임차조사 이OO 전입 2015.08.07 확정 2016.01.21 배당 2017.08.21 (보) 5,000,000 (월) 300,000 사찰,주택/1,2,3층 방4 점유기간 2015.8.1- 현황조사점유:201 5.8.7- 황OO 전입 2017.07.31	건물 소유권 강OO 2011.11.02 전소유자:김병훈 근저당 대전한일신협 [공동] 2011.11.02 208,000,000 근저당 임OO [공동] 2012.09.05 50,000,000 임 의 대전한일신협 [공동] 2017.07.26 *청구액:165,352,328원

임차인이 유익비 및 필요비상환청구권 주장하면서 유치권 행사

● 사건 개요

2015. 7. 31. : 임대차계약(500/30) ~ 2017. 7. 30까지 임차인 : 이영○

2017. 7. 26. : 임의경매 개시결정

2018. 7. 26. : 원고 낙찰 후 잔금 납부 소유권취득

건물 명도(인도)소송 제기 : 원고 승(전주지방법원 2019가단6272)

원고(오재○)가 낙찰 후 피고(이영○)에게 부동산의 인도를 구했다. 그

러나 피고는 이 부동산을 임차한 전후 수리비 등으로 8,950만 원을 지출했다는 이유로 인도거부 및 유치권행사 현수막 설치했다.

○ 법원의 판단

2) 판단   쟁점 1 : 유익비상환청구권에 기초한 유치권 인정 여부에 대한 판단

가) 먼저, 유익비상환청구권에 기초한 유치권 인정 여부에 관하여 본다. 유치권은 그 목적물에 관하여 생긴 채권이 변제기에 있는 경우에 성립하는 것이어서 아직 변제기에 이르지 아니한 채권에 기하여 유치권을 행사할 수는 없고(대법원 2007. 9. 21. 선고 2005다41740 판결 등 참조), 경매개시결정의 기입등기가 마쳐져 압류의 효력이 발생한 후에 성립한 유치권으로는 경매절차의 매수인에게 대항할 수 없다(대법원 2011. 10. 13. 선고 2011다55214 판결 등 참조).

임차인이 유익비를 지출한 경우에는 임대인은 임대차종료시에 그 가액의 증가가 현존한 때에 한하여 임차인이 지출한 금액이나 그 증가액을 상환하여야 하는바(민법 제626조 제2항), 피고가 주장하는 유익비상환청구권은 이 사건 임대차계약이 종료된 때에 변제기에 이르는 것이다. 그런데 이 사건 임대차계약의 기간은 2017. 7. 30.까지인 사실을 인정할 수 있고, 이 사건 경매개시결정의 기입등기가 마쳐진 2017. 7. 26.

이 사건 임대차계약의 기간이 만료되지 않은 것은 역수상 명백하다. 따라서 피고 주장의 유익비상환청구권은 압류 효력 발생 당시 변제기에 이르지 않았으므로 피고는 이 사건 부동산에 관한 유익비상환청구권으로 유치권을 행사할 수 없다. 나아가 을 제3호증의 1 내지 4, 을 제4 내지 7호증의 각 기재만으로는 피고의 유익비 지출로 인하여 이 사건 부동산의 가치가 증가하였고 그 가치증가가 현존하고 있다고 인정하기에 부족하고,   쟁점 2 : 필요비상환청구권에 기초한 유치권 인정 여부에 대한 판단

나) 다음으로, 필요비상환청구권에 기초한 유치권 인정 여부에 관하여 본다. 임차인이 임차물의 보존에 관한 필요비를 지출한 때에는 임대인에 대하여 그 상환을 청구할 수 있고(민법 제626조 제1항), 이러한 필요비상환청구권은 임대차의 목적물에 관하여 생긴 채권에 해당하므로, 이를 피보전채권으로 하여 임대차 목적물에 관하여 유치권을 행사할 수 있다. 그러나 을 제3호증의 1 내지 4, 을 제4 내지 7호증의 각 기재만으로는 피고가 이 사건 부동산의 보존을 위하여 수리비 등을 지출하였다고 인정하기에 부족하고, 달리 이를 인정할 증거가 없다.

다) 따라서   을3호증, 을7호증 : 피고가 유익비 및 필요비 지출에 관한 증거
3. 결 론   자료를 제출했으나 인정받지 못했다.

6 유치권 배제(포기)특약의 부존재, 원상복구약정의 취지

임대차계약에서 '임차인은 임대인의 승인하에 개축 또는 변조할 수 있으나 부동산의 반환기일 전에 임차인의 부담으로 원상 복구키로 한다'라고 약정한 경우, 이는 임차인이 임차목적물에 지출한 각종 유익비의 상환청구권을 미리 포기하기로 한 취지의 특약이라고 봐야 한다(대법원 1995. 6. 30. 선고 95다12927 판결).

7 유치권의 소멸사유가 존재

(1) 상당한 담보제공에 의한 소멸청구

민법 제327조(타담보제공과 유치권소멸)
채무자는 상당한 담보를 제공하고 유치권의 소멸을 청구할 수 있다.

유치물의 가격이 채권액에 비해서 과다한 경우, 채권액 상당의 가치가 있는 담보를 제공하면 족하다. 한편 당해 유치물에 관해서 이해관계를 가지고 있는 자인 채무자나 유치물의 소유자는 상당한 담보가 제공되어 있는 이상 유치권 소멸청구의 의사표시를 할 수 있다.

(2) 선관의무 위반으로 인한 소멸청구

민법 제324조(유치권자의 선관의무)

① 유치권자는 선량한 관리자의 주의로 유치물을 점유하여야 한다.

② 유치권자는 채무자의 승낙 없이 유치물의 사용, 대여 또는 담보제공을 하지 못한다. 그러나 유치물의 보존에 필요한 사용은 그러하지 아니하다.

③ 유치권자가 전 2항의 규정에 위반한 때에는 채무자는 유치권의 소멸을 청구할 수 있다.

소유자의 승낙이 없는 유치권자의 임대차에 의해서 유치권의 목적물을 임차한 자의 점유는 소유자에게 대항할 수 있는 적법한 권원에 기한 것이라고 볼 수 없다(대법원 2011. 2. 10. 선고 2010다94700 판결).

유치권의 해법

1 개요

　경매 실무에서 유치권의 다수는 공사업자(또는 인테리어 업자)가 공사를
했으나 경매 사건에 존재하는 유치권자가 집행법원에 공사대금을 부풀
려서 신고하는 경우다. 또 총공사대금 중에서 상당한 금액의 공사대금
이 지급되었어도 공사업자가 이를 숨기고 공사대금 전액을 변제받지
못한 것으로 채권신고를 하는 경우도 있다. 또는 실제로 공사를 전혀
하지 않은 허위·가장 유치권자도 간혹 존재한다.

2 유치권의 해결과정

(1) 유치권 관련 자료 수집

① 유치권신고서 등 사전조사

　입찰희망자는 집행관의 현황조사서와 감정평가서 및 유치권 권리
　신고내역을 미리 조사해서 유치권의 성립 유무와 공사대금의 피
　담보채권금액을 확인해야 한다.

　　• 유치권권리신고내역서

　　　- 공사도급계약서

　　　- 공사견적서

　　　- 공사대금에 관한 영수증

‑ 공사에 관련한 상세내역서

- 유치권자의 조사

가. 유치권자의 건축공사와 관련된 자격증 유무

나. 사업등록자 발급 유무

다. 부가가치세 납부 여부

라. 소유자와 친인척 여부

시공능력이 전혀 없으면서 허위로 공사계약서 등을 작성, 제출하는 경우가 많기 때문이다.

- 채무자(소유자)의 조사

채무자와 공사업자(유치권자)는 서로 감정의 대립이 심한 상태가 일반적이다. 그러나 서로를 두둔하는 행태를 보여주는 경우는 채무자와 유치권자 간에 서로 통정허위표시에 의해서 유치권을 주장하는 것으로 보면 된다.

② 입수방법

권리신고내역의 확인을 위해서는 관계인(근저당권자, 채무자 및 소유자, 유치권 권리주장자) 등의 사전에 접촉한다. 이들로부터 유치권 권리신고서(유치권신고서, 공사계약서, 견적서, 세금계산서 및 영수증, 공사에 관한 상세내역서 등)를 사전에 입수한다.

⇒ 유치권 해결 여부의 핵심은 유치권권리신고서의 입수 여부에 달려 있다 해도 과언이 아니다.

- 임차인 등의 이해관계인

　가. 근저당권자나 임차인 등에게 채권 내지 보증금확보의 필요
　　　성을 설득

　나. 대체로 1저당권자는 '개인정보보호법'을 이유보 비협조적
　　　이나 2금융 및 3금융기관은 피담보채권의 미회수를 우려해
　　　서 다소 협조적이다.

　다. 금융기관에 '유치권포기각서'나 '유치권배제특약서' 유무
　　　확인

집행관의 현황조사보고서를 맹신하지는 말자

대전지방법원 논산지원			대한민국 No.1 법원경매정보 스피드옥션 (speedauction.co.kr) SPEED auction		
2017 타경 1482 (임의)		매각기일 : 2018-01-22 10:00~ (월)		경매2계 041)746-2782	
소재지	(32832) 충청남도 계룡시 금암동 OO-O [도로명] 충청남도 계룡시 계룡대로 OOO [금암동 OO-O]				
용도	숙박시설	채권자	남OOOOOOO	감정가	5,541,516,600원
토지면적	958.9㎡ (290.07평)	채무자	권OO	최저가	(64%) 3,546,570,000원
건물면적	3586.73㎡ (1084.98평)	소유자	권OOOO	보증금	(10%)354,657,000원
제시외	109.2㎡ (33.03평)	매각대상	토지/건물일괄매각	청구금액	802,581,917원
입찰방법	기일입찰	배당종기일	2017-07-18	개시결정	2017-04-18

기일현황 　[전체보기]

회차	매각기일	최저매각금액	결과
신건	2017-11-13	5,541,516,600원	유찰
2차	2017-12-18	4,433,213,000원	유찰
3차	2018-01-22	3,546,570,000원	매각
낙찰 3,604,000,000원(65%)			
	2018-01-29	매각결정기일	허가
	2018-02-27	기한후납부	
	2018-03-22	배당기일	완료
배당종결된 사건입니다.			

정정공고 ▶ 정정일자 : 2018-01-10

○ 사건 개요

2017. 4. 18. : 임의경매 개시결정

2017. 4. 19. : 압류등기 완료

2017. 5. 8. : 채병○(E) 도장공사 유치권 신고

2017. 7. 25. : ○전기(F) 전기공사 유치권 신고

2018. 3. 2. : 낙찰자 4인 잔금 납부 소유권이전등기

채무자겸 소유자 : ○두산업(G)

- 원고(낙찰자) 승소(대전지방법원 논산지원 2018가단21176)

- 피고의 항소, 원고(낙찰자)패소(대전지방법원 2019나105205)

원고 : 낙찰자 4인

피고 : 도장공사 E

전기공사 F회사

증인

1층 점유 유치권자 : 주식회사○원(O)—대표 K

주식회사N : 시스템보안회사

G(채무자)의 전 대표 : H

G(채무자)의 현 대표 : P

G의 직원 : M

집행관

▲ 해당 건 주위 환경

▲ 해당 건 전경

▲ 지층(주차장 등)

▲ 숙박시설 내부-1

● **쟁점** : 경매개시결정 이전부터 2층(식당부분), 3층 및 4층(위락시설 부분)을 점유했는지 여부

- 1심 법원판단 : 유치권자의 점유 부정(대전지방법원 논산지원2018가단21176)

> ① 이 사건 경매절차에서는 <u>2017. 5. 8., 2017. 5. 10. 및 2017. 5. 24. 각 법원</u>
> 조사관에 의하여 이 사건 건물에 대한 **현황조사가 이루어졌다. 그 결과,** 이 사건 건물
> 의 1층 일부는 주식회사 O에서 유치권 행사 중인 것으로 조사되었으나, 이 사건 건물
> 의 <u>2, 3, 4층은 채무자 겸 소유자인 G이 점유하고 있는 것으로 조사되었다</u>(갑 제4호증
> 의 1 내지 18).

집행관의 현황조사보고서의 기재사항을 토대로 유치권자의 점유를 부정했다. 이 건 호텔의 구조가 2층(숙박시설, 제2종근린생활시설인 식당), 3층 및 4층(숙박시설, 위락시설)만 구조가 분리된 것을 1심 법원은 간과해서 판단한 듯하다.

즉 집행관들은 피고(유치권자)들이 점유하는 2층의 근린생활시설인 식당, 3층 및 4층의 위락시설은 잠금장치로 인해 확인하지 못했다. 단지 각 층의 숙박시설만을 채무자가 점유하고 운영하고 있던 상황을 현황조사보고서를 작성했다.

---

(2) 이용상태

건물명 "계룡호텔" 로서

지층 : 주차장, 발전기실, 전기실, 계단실, 창고 등

1 층 : 숙박시설(카운터), 소매점(상가 2개호), 계단실, 화장실 등

2 층 : 숙박시설(객실8), 제2종근린생활시설, 계단실, 화장실 등

3 층 : 숙박시설(객실8), 위락시설, 계단실, 화장실 등

4 층 : 숙박시설(객실8), 위락시설, 계단실, 화장실 등

5 층 : 숙박시설(객실8), 제2종근린생활시설(사무소), 계단실, 화장실 등

6 층 : 숙박시설(객실8), 계단실 등

7 층 : 숙박시설(객실5), 계단실 등

> 피고들이 점유하고 잠금장치를 하여 집행관의 현황조사 시 확인 못하고 단지 각 층의 숙박시설만을 채무자가 운영하고 있던 것을 전체를 점유하는 듯이 기재했다.

하였다(증인 ~~M~~)

> 주식회사 ○의 대표이사 K의 증언이 항소심에서는 달라졌다.

③ 이 사건 건물 중 1층 일부분에 관하여 유치권을 행사하였던 주식회사 O의 대표이사 K은 2017. 4. 18. 무렵까지 이 사건 건물에서 유치권을 행사하고 있던 자는 주식회사 O과 H 뿐이었고, 이 사건 건물 2, 3, 4층은 건축주인 G이 점유하고 있었다고 한다(증인 K,

> G(○도산업) 전 대표이사의 증언은 항소심에서는 허위의 증언으로 판단했다.

④ G의 전 대표이사였던 H은, 피고들이 2017. 5.경 법원의 현황조사 이후에 비로소 유치권을 주장하기 시작하였고, 2017. 4. 전에는 H이 건물을 임대하기 위하여 2, 3, 4층을 자유롭게 출입하였다고 한다(증인 H, 갑 제6호증의 1 내지 3, 갑 제8호증. 을나 제21호증의 1, 2의 일부기재만으로 달리 보기 어렵다.)

⑤ 이 사건 건물 2층 일반음식점 253.52㎡에는 2016. 11.경부터 G에서 식당 영업 준비를 위하여 테이블, 의자, 싱크대, 냉장고 등 업소용 집기를 비치하여 놓았다(갑 제7, 8, 10호증, 증인 L, H, M).

⑥ 피고 E은 2017. 5. 8., 피고 F는 2017. 7. 25. 각 유치권를 신고하면서 이 사건 건물 중 어느 부분을 점유하고 있는지 특정하지 못하였다(을가 제2, 8호증, 을나 제12호증).

⑦ 피고 F가 이 사건 건물에 관하여 주식회사 N에 시스템경비를 신청한 일자

> 전 소유자(채무자) 회사의 전 대표이사, 현 대표이사 및 소액의 소외 유치권자들의 증언이 대부분이다.

- 6 -

○ 피고의 항소(대전지방법원2019나105205) : 원고 패소

> 피고들이 이 사건 경매 기입등기 전에 이 사건 건물 2층 일반음식점과 3, 4층 유흥주점의 점유를 개시하였는지 여부에 대하여 살펴본다.

> 2) 그런데 이 사건 건물에 대한 현황조사보고서에는 이 사건 건물 중 지하층과 1층, G이 숙박업을 하던 2층 내지 4층의 숙박시설 복도와 5층 내지 7층 사진만 첨부되어 있을 뿐 이 사건 건물 2층 일반음식점과 3. 4층 유흥주점 사진은 첨부되어 있지 않다.
>
> 제1심 증인 M는 G 대표 P의 지시로 G이 보관하고 있던 3벌의 열쇠 중 2020. 2. 초

또한 집행관들의 법정 증언에서 승강기도 작동하지 않아 확인하지 못했다고 증언했다.

채무자인 G의 직원은 현황조사 당시 집행관을 만났고 2층의 일반음식점과 2, 4층의 유흥주점은 유치권자인 피고들이 점유해서 잠가놓아서 확인하지 못했다고 진술했다.

이 사건 경매에서 부동산 현황조사를 위해 집행관이 2017. 5. 8., 2017. 5. 10., 2017. 5. 24. 3차례에 걸쳐 이 사건 건물을 방문하여 현황을 조사하였고(갑4호증의1), 그 즈음 G은 이 사건 건물 5층에 사무소를 두고 이 사건 건물 2층 내지 4층의 숙박시설 부분과 5층 내지 7층에서 숙박업을 운영하고 있었다(제1심 증인 K 녹취록 8쪽).

이와 같이 소유자이자 채무자인 G이 이 사건 건물 5층에 사무실을 두고 숙박업을 하고 있었음에도 현황조사보고서에 피고들이 점유하고 있는 부분에 대한 사진이 첨부되어 있지 않은 점에 비추어, 이 사건 경매에서 현황조사를 한 집행관은 실제 이 사건 건물 2층 일반음식점과 3, 4층 유흥주점은 잠겨 있어서 확인하지 못한 것으로 보인다(실제 피고 회사에 대해 변론재개하여 이루어진 집행관 R에 대한 증인신문에서 당심 증인 R은 이 사건 건물 2층 일반음식점과 3, 4층 유흥주점은 승강기도 작동하지 않아 확인하지 못하였다고 증언하였다). 그리고 이 사건 건물 2층 일반음식점과 3, 4층 유흥주점은 피고들이 N   를 받은 후 열쇠를 바꿔 G의 출입도 막은 것으로 보인다. G이 점유·관리하고 있었다면 3번의 방문에서 집행관이 숙박시설 이외에 이 사건 건물 2층 일반음식점과 3, 4층 유흥주점을 직접 확인하지 못할 이유가 없어 보인다.

집행관들의 법정 증언

G의 직원으로 이 사건 건물 열쇠를 관리하던 제1심 증인 M는 집행관이 처음 이 사건 건물의 현황조사를 위해 왔을 때 집행관을 만났고 이 사건 건물 2층 일반음식점과 3, 4층 유흥주점은 피고들이 점유하며 잠가놓아서 확인하지 못하였다고 진술하였다. 이에 배치되는 갑5호증의1, 갑6호증의1과 제1심 증인 H의 증언은 앞서와 같은 이유로

- 현장조사 시 채무자가 법인인 경우 가능한 다수에게 탐문해야 한다. 채무자 측을 설득하더라도 거짓 증언의 유도는 소송에서 위험 부담이 존재한다는 것을 보여주는 사건이다.

- 일반적으로 집행관의 현황조사보고서를 결정적인 증거자료로 생각한다. 하지만 이 사건과 같이 건물의 구조가 분리되어 있는 경우 각별한 주의가 필요하다.

(2) 유치권의 실체에 관한 판단

• 점유개시 시기의 판단

집행관이 작성한 현황조사서상의 부동산의 점유자와 점유권원을 확인한다. 현황조사서상에 '임차인이 전부 점유하고 있다', '채무자(소유자)가 전부 점유하고 있다'라고 기재된 경우 유치권이 성립될 개연성은 없다고 볼 수 있다.

• 피담보채권의 진정성 유무(유치권권리신고서)

– 공사계약서 등에 유치권배제특약사항이 있는지?

– 공사를 한 시설물에 대해서 소유권의 귀속 특약사항이 있는지?

– 공사대금이 과장되었는지?

– 공사비지급방법(대물변제 여부 등), 지급시기?

– 세금계산서의 청구용이 아닌 영수용이 첨부되었는지?

– 세무서 제출 여부

• 공사업자가 공사계약을 한 사실이 진성으로서 유치권을 주장하는 경우에도 매수자는 유치권자의 점유 유무 및 점유개시 시기와 공사대금의 진정성을 검토해서 허점을 발견한다면 진성 유치권도 깰 수 있다.

• 인도명령의 가능성 여부

낙찰자가 유치권자를 상대로 인도명령을 신청하면 유치권에 관한 공사 관련 서류 등을 제출하게 해서 사실심리를 한다.

이러한 서류의 제출은 인도명령신청이 기각되더라도 차후에 유치권을 깨뜨리기 위한 법적조치를 제기하는 경우 유리한 고지를 선점하기 위한 측면에서 활용된다.

(3) 유치권자와의 합의에 의한 해결

① 인도를 위한 협의시도 통지

    가. 시세에 맞는 적당한 조건으로 임대차계약의 재갱신을 체결할 것인가? 조건없는 인도를 할 것인가?

    나. 임차인의 주장 유치권의 성립을 부정하는 판례를 설명하며 인도의 당위성을 고지

    다. 재계약 시 임대차계약서에 '만기도래 시 보증금반환과 동시에 임차인이 설치한 시설물에 대해서는 원상복구하기로 한다'라는 약정을 반드시 기재

② 설득과 협상에 앞서 배짱전략도 선행되거나 병행되어야 한다. 아무리 명도가 급해도 그런 티를 내면 안 된다.

    가. 채권이 허위라거나 점유가 계속되지 않았다는 등 유치권의 약점을 강조

    나. 매수인이 목적물을 증개축하거나 리모델링하는 공사를 유치권자에게 도급하는 조건

    다. 다수의 유치권자일 경우 대장격인 주체를 매수인 쪽으로 끌어들이고 나머지는 각개격파식으로 진행

(4) 장기간 무대응 전략(누가 숨을 오래 참는가?)

유치권을 지키기 위해서는 경매 기입등기 이전부터 점유해서 최소한 1년 이상의 장기간 해당 목적물에 상주해야 한다. 매수인이 낙찰 후 잔금을 낼 때쯤 유치권자는 거의 탈진상태가 된다. 매수인이 돈 줄 생각을 안 하고, 인도도 요구하지 않는 무대응이나 배짱 전략으로 맞선다면 유치권자로서는 난감하고 답답하다.

(5) 법적 대응

매수인은 유치권자를 상대로 명도소송과 형사고소를 동시에 병행해야 한다(인도명령신청 및 점유이전금지가처분신청).

① 증거수집 방법

　가. 채권이나 점유의 존부에 관한 참고인 신문(인도명령) 또는 증인 신문을 하거나 사실확인서를 받아 내거나 대화 내용을 녹취해서 제출한다.

　나. 집행관 현황조사서나 감정평가서 제출 및 현황조사를 한 집행관이나 감정평가를 한 감정평가사에 대한 참고인(증인)신문 내지 사실조회를 신청한다.

　다. 법원에 현장검증 및 감정신청 : 담당재판부가 현장을 검증하고 공사 여부나 정도에 대해 감정을 한 결과 점유나 채권이 인정되지 않으면 유치권이 부인될 가능성이 크다.

　라. 유치권을 주장하는 공사업체나 임차인의 사업자등록, 건설업등록, 매출신고 및 각종 세금납부 등에 관한 관할세무서장에

대한 사실조회를 신청한다.

마. 유치권자와 채무자(건축주)가 친인척이거나 법인과 임원 내지 주주의 관계 등 특수관계인임을 입증하거나 사실조회를 신청한다(가족관계등록부, 제적등본, 주민등록등본, 법인등기부등본, 주주명부 등).

바. 유치권자의 점유현황 및 시기에 관한 사진, CCTV테이프, 녹취문 등을 제출한다.

사. 경비용역계약서 및 점유관리일지의 제출을 요구한다.

아. 공사도급계약서, 설계도서나 공사비 지출증빙, 공사내역 등 공사 관련 증거자료의 제출을 요구한다.

자. 원상복구조항 유무가 기재된 임대차계약서의 제출요구

차. 대출금융기관 등에 유치권 포기특약이 있는 서류 등 제출요구 내지 사실조회신청

카. 아파트나 상가의 경우 관리비 납입 영수증 조회 내지 제출요구(전유부분의 전기, 수도 사용량이 '0'이라는 기재가 있으면 점유의 부인가능성 높다)

타. 유치권자의 공사대금채권을 회수하기 위한 조치, 공사대금청구소송(지급명령)이나 가압류, 가처분 등의 조치 여부를 확인한다. 또한 채권자나 매수인이 현장확인 내지 사진촬영을 위해 출입 시 방해받지 않은 점도 유리한 증거다.

② 민사소송

가. 인도명령

매수인이 대금을 납부 후 6개월 이내에 집행법원에 신청을

하면 법원은 채무자, 소유자 또는 권원 없는 점유자에 대해서 부동산을 매수인에게 인도하도록 명하는 제도다.

인도명령에 대해 상대방이 즉시항고를 할 수 있다. 그러나, 집행정지의 효력이 없다. 상대방이 집행정지명령을 받아야 집행이 정지된다.

따라서 즉시항고 사건이 계속 중에 집행정지가 되지 않아 강제집행이 종료되면 그 불허가를 구하는 즉시항고는 불복의 대상을 잃게 된다. 즉 항고의 이익이 없어 부적법 각하된다. 그러므로 유치권자 입장에서는 인도명령이 발령되면 집행정지결정을 받아 즉시항고를 해야 한다. 매수인 입장에서는 집행정지를 저지시켜 신속히 인도집행을 해서 즉시항고를 각하시킨다.

나. 명도소송

인도명령의 대상자가 아닌 부동산 점유자이거나 인도명령 신청기한인 매각대금을 납부한 뒤 6개월이 지난 인도명령 대상자가 매각 부동산의 인도를 거부하는 경우 매수인이 이들을 상대로 부동산을 명도해달라고 제기하는 소송이다.

다. 유치권부존재확인의 소

경매 신청 채권자가 유치권 주장으로 인한 매수가격의 저감을 방지하거나, 자신이 직접 매수하려는 경우다. 경매 신청 전후에 유치권 주장자를 상대로 유치권이 부존재한다는 확인을 구하는 소송을 제기해서 판결을 받는다. 이후 경매를 신청하거나 중단한 경매를 속행시키기도 한다.

라. 점유이전금지가처분

유치권 주장자에 대해 어렵사리 인도명령이나 명도판결을 받아 막상 집행하려고 하면 그사이 유치권을 양도받은 자나 기타의 자에게 점유를 이전시켜 집행불능이 되게 하는 경우가 적지 않다. 이러한 유치권 주장자의 장난(?)을 막고 신속하게 인도(명도)집행을 하려면 인도명령이나 명도소송을 제기하기 전에 점유를 타인에게 이전하지 못하도록 하는 점유이전금지가처분 결정을 받아야 한다.

마. 점유방해금지가처분과 간접강제

매수인이 매각대금을 완납하고 점유를 확보한 뒤 유치권자가 점유를 침탈하려고 시도하면 점유방해금지가처분과 간접강제를 신청할 수 있다.

간접강제란 심리적 압박을 가함으로써 채무자가 채무를 이행하게 하는 집행방법(민사집행법 제261조)으로 법원이 채권자의 신청에 의해서 상당한 기일을 정한다. 그 기간 내에 채무자가 채무를 이행하지 않을 때, 그 지연기간에 따른 일정한 배상을 명하거나 즉시 손해의 배상을 명하겠다는 등 채무자에 대해서 불이익을 예고하거나 부과함으로써 채무이행을 간접적으로 강제하는 제도다.

바. 명도(인도)단행가처분

매수인이 매각대금 납부 후 점유를 확보했다. 그 후 유치권 주장자가 불법적으로 점유침탈을 하거나, 명도(인도)집행 후 재침입하거나, 매수인과 일정기간 내에 명도해주기로 합의한 후 합의를 깨고 명도를 거부하는 등의 사유가 있을 때, 그 사유를 소명해서 명도(인도)단행가처분을 신청한다. 그러면 매수인에게 점유를 이전할 것을 명하는 판단을 받을 수 있다. 따라서 앞과 같은 사유가 있다면 명도(인도)단행가처분만으로 바로 명도까지 받을 수 있으므로, 따로 점유회수청구를 할 필요는 없다.

사. 손해배상청구 내지 부당이득반환청구소송

인도명령이나 명도소송의 결과 유치권 주장자의 유치권이 인정되지 않는 때는 매수인이 소유권을 취득한 시점인 매각대금 완납 시부터 명도완료일까지 불법점유에 따른 손해배상을 청구할 수 있다. 그 손해액은 통상 임료상당액이 될 것이다. 그 이상의 손해는 특별한 사정으로 인한 손해로서 유치권 주장자가 알았거나 알 수 있었을 경우에만 배상책임이 인정된다.

유치권자가 경매기입등기 이전부터 소유자의 승낙을 얻어 목적물을 사용수익하고 있었던 경우는 유치권 소멸청구의 대상은 아니다. 하지만 매수인에게 매각대금 완납 시부터 명도완료일까지 임료상당의 부당이득을 반환해야 한다.

다만, 유치권자의 유치권행사가 적법한 경우 유치권자는 민법 제323조의 과실수취권에 기해 사용수익에 따른 이익을 그 채권의 변제에 충당할 수 있다. 그 부당이득금을 매수인에게 반환할 의무가 없다는 점에 유의해야 한다.

아. 부동산의 침해방지를 위한 조치

경매개시결정 이후 매각허가결정 전까지 민사집행법 제83조

제3항에 의거해서 압류채권자나 최고가매수인고인은 매각 부동산에 대한 채무자 등의 침해행위를 방지하는 조치를 취해줄 것을 법원에 신청할 수 있다. 침해행위를 방지한 조치에는 가격감소행위를 금지하거나(금지명령), 일정한 행위를 명하는 것(작위명령)이 있다.

채무자나 소유자가 유치권을 발생시킬 목적으로 경매개시결정등기 이후 건물 등을 신축 증축, 개축하는 등의 행위를 할 기미가 보이면 압류채권자가, 최고가매수신고인 결정 이후에는 최고가매수신고인이 침해방지를 위한 앞의 금지명령이나 작위명령을 신청할 수 있다. 그러한 조치로는 소기의 목적을 달성할 수 없을 때는 일정한 담보제공을 조건으로 채무자 등의 사용 수익권을 빼앗아 집행관에게 보관시키는 집행보관명령을 신청할 수 있다. 매각허가결정이 선고된 후 부동산을 인도할 때까지는 민사집행법 제136조 제2항에 의해서 관리인에게 부동산을 관리하게 하는 보전처분이 가능하다.

③ 형사고소

100% 확실한 허위 유치권보다는 일부 허위·과장 채권자이거나 인도명령 결정이 애매한 유치권 주장자에 대해서는 먼저 형사고소를 한 뒤 합의로 해결하거나 민사소송과 병행해서 형사고소를 하기도 한다.

형사고소의 경우 대부분의 수사기관은 다소 소극적인 태도를 견지하고 있다. 형사고소를 하려면 범죄구성요건을 제대로 구성하

고 입증방법으로 참고인, 증거자료를 충분히 확보해서 제대로 고
소해야 한다.

가. 경매입찰방해죄 : 형법 제315조(경매, 입찰의 방해)

나. 업무방해죄 : 유치권을 주장하며 목적물을 점유하는 과정에서
　　 매수인의 공사나 영업 등의 행위를 방해하기도 하는데, 이는
　　 형법상 업무방해죄에 해당할 수 있다.

다. 강제집행면탈죄 : 형법 제372조(강제집행면탈죄)

라. 주거침입죄 : 형법 제319조(주거침입죄, 퇴거불응)

마. 재물손괴죄 : 형법 제366조(재물손괴 등)

바. 부동산강제집행효용침해죄 : 형법 제140조의 2(부동산강제집행효용
　　 침해)

사. 사문서 위조·변조 및 동행사죄 : 형법 제231조(사문서 등의 위조·
　　 변조)

부록1

법정지상권
성립 사례

토지에 저당권이 설정될 당시 그 지상에 건물이 존재한 경우

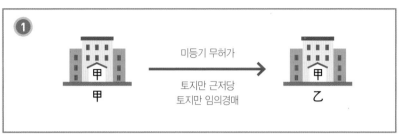

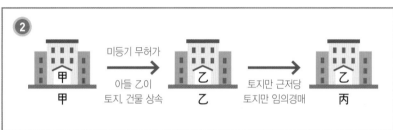

신축 도중에 설정된 저당권으로 건물 소유자가 변경된 경우

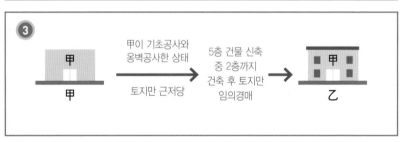

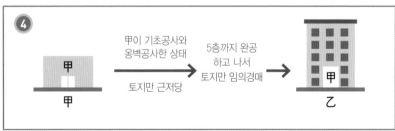

법정지상권 성립 후 증축, 개축 또는 신축된 경우

법정지상권 있는 건물 낙찰받을 경우 법정지상권 승계취득 여부(적극)

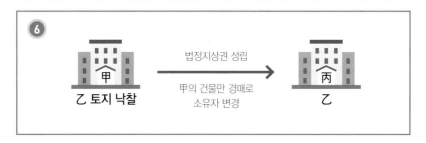

공동 저당권 설정되고 나서 그 건물과 토지 소유자가 달라진 경우

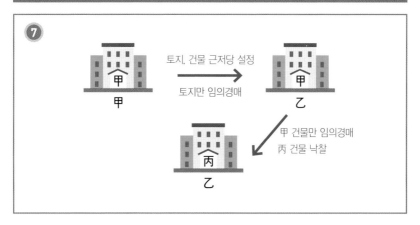

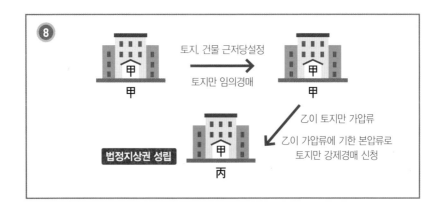

토지와 건물의 공유물에서 법정지상권 성립

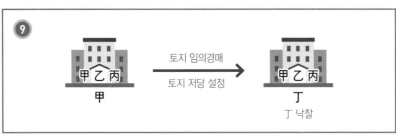

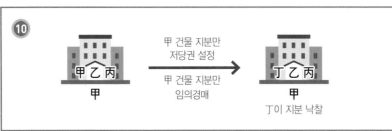

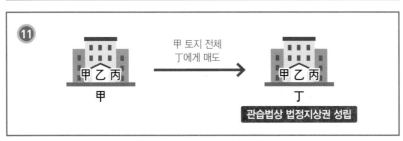

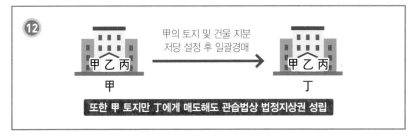

또한 甲 토지만 丁에게 매도해도 관습법상 법정지상권 성립

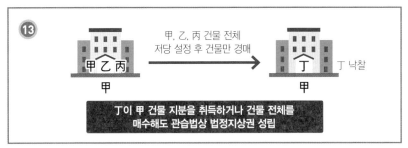

**丁이 甲 건물 지분을 취득하거나 건물 전체를
매수해도 관습법상 법정지상권 성립**

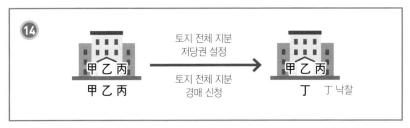

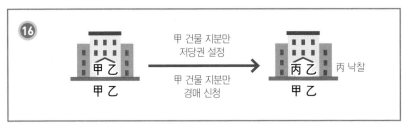

17 구분공유

甲 토지 지분만
저당권 설정

甲 토지 지분만
경매 신청

丙 낙찰

18 구분공유

甲. 乙 토지 전체
저당권 설정

甲. 乙 토지 전체
경매 신청

丙 낙찰

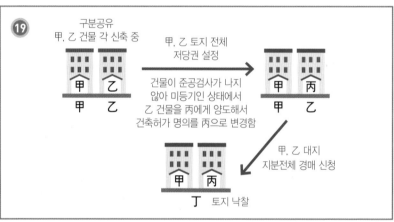

19 구분공유
甲, 乙 건물 각 신축 중

甲, 乙 토지 전체
저당권 설정

건물이 준공검사가 나지
않아 미등기인 상태에서
乙 건물을 丙에게 양도해서
건축허가 명의를 丙으로 변경함

甲, 乙 대지
지분전체 경매 신청

丁 토지 낙찰

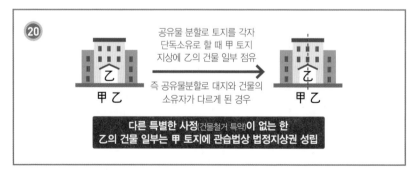

20

공유물 분할로 토지를 각자
단독소유로 할 때 甲 토지
지상에 乙의 건물 일부 점유

즉 공유물분할로 대지와 건물의
소유자가 다르게 된 경우

**다른 특별한 사정(건물철거 특약)이 없는 한
乙의 건물 일부는 甲 토지에 관습법상 법정지상권 성립**

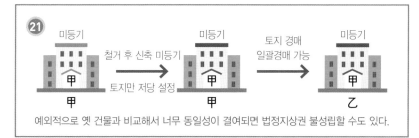

㉑ 미등기   철거 후 신축 미등기   미등기   토지 경매   미등기
토지만 저당 설정   일괄경매 가능

甲   甲   乙

예외적으로 옛 건물과 비교해서 너무 동일성이 결여되면 법정지상권 불성립할 수도 있다.

㉒   토지 경매 신청   토지만 저당 설정   丙 낙찰

甲   토지 낙찰 전 건물 乙에게 매도   甲   丙

㉓ 대지에 대해서 저당권을 설정할 당시에 저당권자를 위해서 동시에 지상권을 설정해주었더라도 저당권 설정 당시 이미 그 대지상에 건물을 소유하고 있고 그 건물에 관해서 이를 철거하기로 하는 등 특별한 사유가 없으면 저당권의 실행으로 그 지상권도 소멸한 경우에는 건물을 위한 법정지상권이 성립한다.

㉔ **관습법상 법정지상권**

건물철거의 합의는 형식적으로 건물을 철거한다는 내용만이 아니라 건물을 철거함으로써 '토지의 계속 사용을 그만두고자 하는 당사자의 의사'가 그 합의에 의해 인정될 수 있어야 한다. '건물을 철거하되 건물을 다시 신축하기로 합의한 경우'는 '관습법상 법정지상권'의 발생을 배제할 수 없다.

㉕ 귀속재산처리법상의 '불하처분'에 의해서 동일 소유자에 속한 토지와 건물의 소유자가 다르게 된 경우에 '관습법상 법정지상권'이 성립한다.

㉖ 토지에 관한 소유권을 상실한 경우

구 민법하에 토지를 기부채납을 받아 그 지상에 건물을 축조했다. 토지 및 건물을 모두 소유하고 있었으나, 민법 시행후 6년 내에 토지에 대해서 등기하지 않아서 민법 부칙 제10조 제1항에 의해서 그 소유권을 상실했다면 이 토지에 건물의 소유권을 위한 '관습법상 법정지상권'을 취득한다.

㉗ 법정지상권이 존속하는 경우

법정지상권을 취득한 경락인이 건물의 소유권을 이전한 경우에 '건물의 전득자'는 토지 소유자에게 법정지상권을 주장할 수 있는가? 종전에는 법률 규정에 의한 법정지상권은 등기 없이는 처분할 수 없다고 했다. 그러나 태도를 변경해서 법정지상권부 건물의 양수인은 그 양도인이 토지 소유자에 대해 가지는 지상권설정 등기청구권을 '대위행사' 할 수 있다. 이러한 의무가 있는 토지 소유자가 철거를 요구하는 것은 신의칙상 허용되지 않는다.

㉘ 옛 건물의 저당권에 의해 경매 신청해서 토지 및 건물이 낙찰된 경우

토지와 건물에 저당권을 설정했으나 구건물 멸실 후 동일성이 없는 신건물이 신축되었고 그 후 저당권자가 구건물의 저당권에 의해 경매 신청해서 토지 및 건물이 낙찰되었더라도 낙찰자는 신건물에 대해 소유권을 취득하지 못한다. 즉 토지와 건물에 저당권이 설정된 이후에 소유자가 그 저당 설정된 건물을 멸실시키고 새로이 건물을 신축했을 경우에 건물이 멸실됨에 따라 구 건물에 설정된 저당권은 그 효력을 잃게 된다.

낙찰자가 지상의 신건물을 취득할 수 없게 되면 이때에는 법정지상권의 문제가 대두된다. 토지 및 지상의 건물 소유자가 동일인이었다가 경매로 소유자가 달라지는 경우 건물 소유자를 위한 법정지상권이 인정되는 경우가 있다(2000다48517).

29 민법 제366조 소정의 법정지상권은 저당권설정 당시 존재하던 구건물과 이를 철거하고 신축한 새 건물 사이에 동일성이 없어도 성립하는지 여부 (적극)

민법 제366조 소정의 법정지상권은 저당권설정 당시 존재하던 건물을 철거하고 건물을 신축한 경우에도 성립하는 것이며(다만 그 법정지상권의 내용은 구건물을 기준으로 해서 그 이용에 일반적으로 필요한 범위 내로 제한된다) 이 경우 새 건물과 구 건물 사이에 동일성이 있음을 요하지 않는다(대법원 1993. 6. 25 선고92다20330 판결).

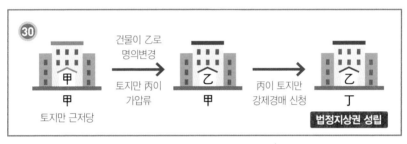

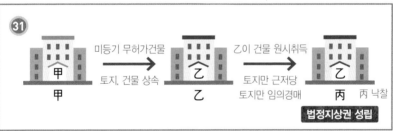

부록2

법정지상권
불성립 사례

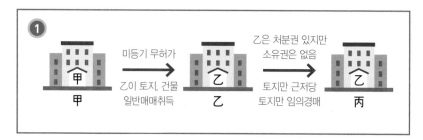

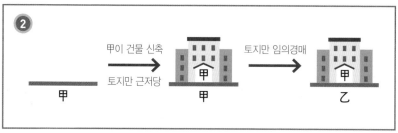

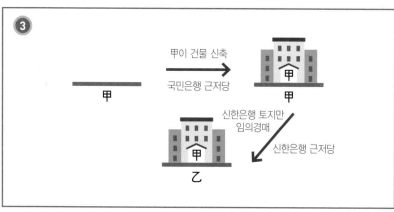

나대지에 저당권이 설정되고 신축 건물만 다른 저당권을 설정한 경우

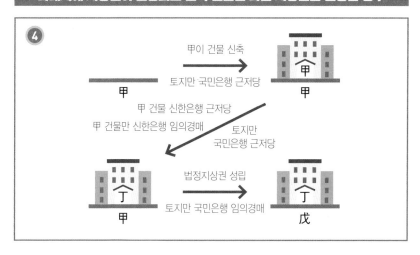

토지에 저당권 설정 될 당시 그 지상에 건물이 존재한 경우

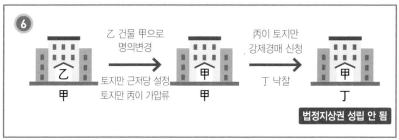

토지와 건물에 공동저당권이 설정되고 나서 건물을 멸실하고 신축한 경우

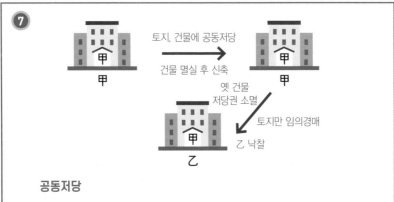

공동저당

저당 당시의 건물을 헐고 새로 지은 경우 신축 건물과 토지 소유자가 동일하고 토지저당 권자에게 신축건물에 대해서 토지와 동일순위의 공동저당권을 설정해주는 등 특별한 사정이 없는 한 경매로 소유자 달라져도 법정지상권 미성립

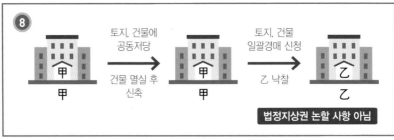

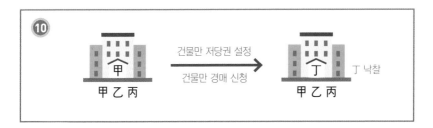

소유 토지 지분만 丁에게 일반매매 매도한 경우

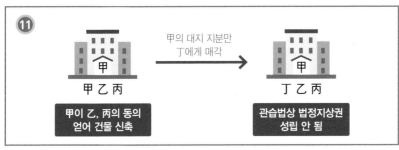

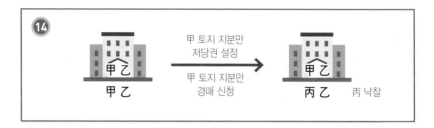

토지가 甲, 乙의 공유이고 건물은 甲, 丁의 공유

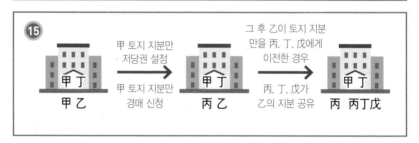

법정지상권 성립하지 않아도 모두 철거 가능한 것은 아니다

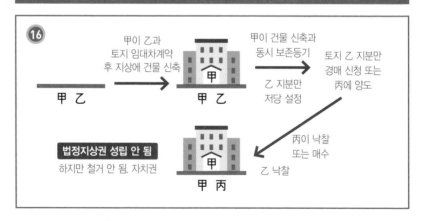

철거 안 되는 이유는 민법 제622조 1항에 따라 임대차의 효력을 주장할 수 있는 대항력을 가지게 되므로 철거할 수 없다는 견해다. 왜냐하면 민법 제622조는 토지 전체를 임차해서 건물을 신축하는 것이지만 토지 일부 지분을 가지고 있는 사람이 나머지 지분을 임차해서 건물을 신축하는 경우에도 마찬가지로 해석해야 한다(건물이 보존등기 되고 나서 설정된 저당권이다).

그러나 건물이 보존등기 이전에 乙 토지 지분이 저당권 설정된 경우 또는 건물이 보존등기 전에 乙 토지 지분이 丙에게 양도된 경우 甲과 乙의 토지 임대차계약은 채권계약이므로 乙 지분 매수인에 대해서 임대차의 효력을 주장할수없다.

그러나 甲이 乙의 대지 지분을 무상으로 사용하는 무상특약으로 계약했다면 乙 대지 지분을 낙찰 받은 병은 낭패를 보게 되는데 그러한 계약까지 승계해야 할까?

대법원 판례 : 그 특약이 지분권자로서의 사용. 익권을 사실상 포기하는 등으로 공유지분권의 본질적 부분을 침해하는 경우에는 특정승계인이 그러한 사실을 알고도 공유지분을 취득했다는 등의 특별한 사정이 없다면 특정승계인에게 당연히 승계된다고 볼수 없다(11다58701).

민법 제622조 1항은 임차인(甲)으로부터 건물의 소유권과 함께 건물의 소유를 목적으로 한 토지의 임차권을 취득한 사람이 토지의 임대인에 대한 관계에서 임차권의 양도에 관한 그의 동의가 없어도 임차권의 취득을 대항할 수 있다는 것까지 규정한 것은 아니다(95다29345). 즉 민법 제622조 1항은 건물의 소유를 목적으로 한 토지 임대차는 이를 등기하지 않아도 임차인이 그 지상 건물을 등기한 때는 토지에 관한 권리를 취득한 제삼자에 대해서 임대차의 효력 주장 가능을 규정한 것이다.

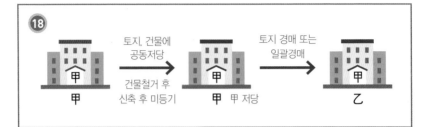

18

토지, 건물에 공동저당 → 건물철거 후 신축 후 미등기

甲 / 甲

토지 경매 또는 일괄경매 →

甲 甲 저당

甲 / 乙

19 신축 중인 토지에 저당권 및 지상권 등기 후 토지 소유자가 제삼자에게 건축명의 변경한 경우 제삼자가 지상권자에게 대항할 수 있는 권원이 없는 한 지상권자는 제삼자에 대해서 목적토지 위에 건물 축조를 중지하도록 요구할 수 있다.

* 토지 소유자인 저당권 설정자가 그 토지에 건물을 지으면서 저당권자와 장차 법정지상권을 인정하겠다고 합의해도 법정지상권이 인정되지 않는다.

20 건물의 소유자가 대지를 매수해서 타인명의로 명의신탁한 경우 명의신탁자는 명의수탁자 이외의 제삼자에게 자기의 소유임을 주장할 수 없다. 대지 및 건물이 동일인의 소유임을 전제로 한 법정지상권은 성립하지 않는다.

21 **대지와 건물을 매도하고 대지만 소유권이전등기를 한 경우** : 형식적으로 대지와 건물의 소유명의인을 달리하게 된 것이라 하더라도 이는 대지와 건물 중 어느 하나만이 매도된 것이 아니어서 '관습법상 법정지상권'을 인정할 수 없고 이 경우 대지와 건물의 점유사용 문제는 '매매계약 당사자 사이의 계약'에 따라 해결할 것이다.

22 **담보등기 후의 건물 신축과 건물 경락인의 지위** : 건물 없는 대지에 담보등기가 경료된 후 대지 소유자가 신축한 건물이 강제경매 진행 중에, 그 이전에 대지에 관해서 설정된 담보등기에 기한 본등기가 경료되었다면, 가등기담보권자를 보호하기 위해서 건물의 경락인은 '관습법상 법정지상권'을 취득할 수 없다.

23 토지 소유자가 건물을 신축할 당시 이미 토지를 타에 매도해서 소유권을 이전해줄 의무를 부담하고 있는 경우에, 토지의 매수인이 그 건축행위를 승낙하지 않은 이상 건물이 장차 철거될 것임을 예상하면서 건축한 것이다. 그 건물을 위한 '관습법상 법정지상권'은 생기지 않는다.

24 경매에서 경매개시결정기입등기는 부동산의 처분을 금지하는 효력이 있다. 그 이후의 소유권 이전은 무효이고 말소된다. 그러나 공매에서는 압류 등기가 처분금지의 효력이 있어 별도의 공매개시결정 기입등기를 하지 않는다.

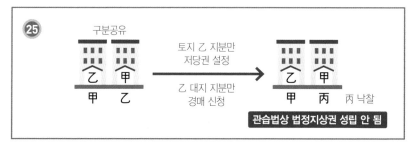

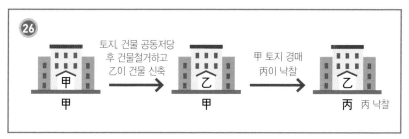

감정평가사가 알려주는
스타트! 소액 특수 경매

제1판 1쇄 | 2022년 1월 3일

지은이 | 차건환
펴낸이 | 유근석
펴낸곳 | 한국경제신문 *i*
기획 · 제작 | ㈜두드림미디어
책임편집 | 이향선, 배성분   디자인 | 노경녀 n1004n@hanmail.net

주소 | 서울특별시 중구 청파로 463
기획출판팀 | 02-333-3577
E-mail | dodreamedia@naver.com
등록 | 제 2-315(1967. 5. 15)

ISBN   978-89-475-4768-0 (03320)

**책 내용에 관한 궁금증은 표지 앞날개에 있는 저자의 이메일이나
저자의 각종 SNS 연락처로 문의해주시길 바랍니다.**

책값은 뒤표지에 있습니다.
잘못 만들어진 책은 구입처에서 바꿔드립니다.

한국경제신문i 부동산 도서 목록

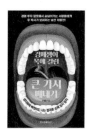

한국경제신문 *i* 부동산 도서 목록

DDM dodreamedia

두드림미디어
경매·경영, 재테크, 자기계발, 실용서 전문 출판 임프린트

가치 있는 콘텐츠와 사람
꿈꾸던 미래와 현재를 잇는 통로

Tel. 02-333-3577   **E-mail.** dodreamedia@naver.com
https://cafe.naver.com/dodreamedia